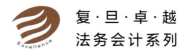

复·旦·卓·越
法务会计系列

江西财经大学法务会计系列

舞弊审计与法律

主　编　贺三宝　杨书怀
副主编　余鹏峰　伍素贞　常　虹

復旦大學 出版社

内容简介

本书是会计审计专业及交叉专业法务会计的特色教材，编写组由从事法务会计、审计教研的高校教师及审计部门有丰富经验的实务专家组成。本书的编写有三大特点。一是体系性。每章都包括教学目标、基本理论、案例参考、复习思考题等版块，打造舞弊审计与法律知识体系。二是前瞻性。本书介绍了美国注册舞弊审查师协会（ACFE）、中国企业反舞弊联盟等国际著名反舞弊机构的最新研究成果，并重点介绍了大数据舞弊审计。三是实践性。本书着重阐述舞弊的防范、发现、调查处理以及法律实务，重点介绍了热点案例和应用文书规范，对实操具有较强的指导性。

目 录

第一章 导论 ... 001
第一节 全球舞弊现状 ... 001
第二节 舞弊审计历史 ... 013
第三节 舞弊审计与法务会计的关系 ... 020

第二章 舞弊相关理论 ... 022
第一节 舞弊冰山理论 ... 022
第二节 舞弊三角理论 ... 024
第三节 GONE 理论 ... 028
第四节 舞弊风险因子理论 ... 031
第五节 审计理论 ... 033
第六节 法务会计理论 ... 034

第三章 舞弊审计概述 ... 038
第一节 舞弊本质与种类 ... 038
第二节 影响舞弊的因素 ... 041
第三节 舞弊审计原则与假设 ... 043
第四节 舞弊审计主体、行为 ... 047

第四章 舞弊防范 ... 050
第一节 舞弊防范理念 ... 050
第二节 舞弊防范机构与人员 ... 055
第三节 舞弊防范制度设计 ... 062

第五章 舞弊发现 ... 072
第一节 舞弊迹象 ... 072
第二节 舞弊线索发现系统 ... 077
第三节 舞弊的初核 ... 079

第六章 舞弊调查 ... 088
第一节 舞弊调查程序 ... 088

第二节　舞弊审计方法与手段 …………………………………… 094
　　第三节　财务报表舞弊调查 ……………………………………… 105
　　第四节　资产滥用调查 …………………………………………… 126
　　第五节　腐 败 的 调 查 …………………………………………… 132

第七章　舞弊报告 …………………………………………………… 138
　　第一节　舞弊的认定 ……………………………………………… 138
　　第二节　舞弊的报告 ……………………………………………… 140

第八章　舞弊法律制度 ……………………………………………… 144
　　第一节　舞弊相关的法律法规和准则 …………………………… 144
　　第二节　舞弊行为的法律责任 …………………………………… 148

第九章　大数据时代的舞弊审计 …………………………………… 155
　　第一节　大数据时代及其特征 …………………………………… 155
　　第二节　大数据时代舞弊审计面临的风险和挑战 ……………… 157
　　第三节　大数据时代的舞弊特征与方法 ………………………… 160
　　第四节　大数据技术舞弊审计应用：基于Python的
　　　　　　数据分析 ………………………………………………… 162

第十章　舞弊审计文书 ……………………………………………… 175
　　第一节　舞弊防范文书 …………………………………………… 175
　　第二节　舞弊发现文书 …………………………………………… 177
　　第三节　舞弊调查文书 …………………………………………… 181
　　第四节　舞弊报告文书 …………………………………………… 186
　　第五节　案例解析 ………………………………………………… 188

第十一章　舞弊审计实务案例 ……………………………………… 192
　　第一节　财务报表舞弊审计类案例 ……………………………… 192
　　第二节　资产滥用舞弊审计案例 ………………………………… 201
　　第三节　腐败舞弊审计类案例 …………………………………… 205
　　第四节　管理层舞弊审计案例 …………………………………… 209
　　第五节　员工舞弊审计案例 ……………………………………… 213

主要参考文献 ………………………………………………………… 218

后记 …………………………………………………………………… 219

第一章 导 论

[教学目标]

通过本章的学习,要求学生通过 ACFE 和普华永道等专业舞弊调查机构发布的舞弊相关报告,了解全球和中国舞弊的现状,从而意识到反舞弊的艰巨性和紧迫性,也认识到舞弊审计的重要性和独特性,并了解舞弊审计作为法务会计的核心课程之一,法务会计与舞弊审计之间的联系。

第一节 全球舞弊现状

自从"公"和"私"的概念在人脑中开始明确起来之后,"舞弊"的种子也就在人们的生活中种下了。1720 年,英国"南海"公司破产事件标志着民间审计的诞生,也标志着人们在微观经济领域反舞弊的社会分工开始分离出来,成为一种独立的职业——审计。审计自从诞生以来就一直与舞弊有着紧密的联系,舞弊是审计的永恒主题。

企业舞弊正日益成为全球性的焦点问题。美国注册舞弊审查师协会(Association of Certified Fraud Examiners,ACFE)发布的全球舞弊报告指出,组织每年因舞弊所造成的损失占其收入的 5%。随着中国企业经济的高速发展、合规监管的日益强化,以及企业治理实践的不断深入,中国企业面临的舞弊风险日益突出,各类舞弊已经成为对企业正常经营管理秩序的最大威胁之一;正是在这种形势下,企业对防范和治理舞弊的需求从来没有像今天这样迫切。了解舞弊发生的现状,寻求如何有效地应对舞弊,进而从源头上预防舞弊发生,正在成为越来越多企业关心和期待的重要议题。

一、全球舞弊调查状况

2020 年 4 月 16 日,《2020 年 ACFE 全球舞弊调查报告》重磅发布!ACFE 是一个国际化的合规/反舞弊专业人士的组织,在全球范围内拥有近 9 万名会员和 200 多个地方分会,注重提升会员舞弊防范和调查取证的专业知识和技能,增强跨行业的专业信息交流和共享,也为打击舞弊犯罪、增强公众信心、减少政府和企业等组织因舞弊而产生的经济和其他损失而积极努力。

ACFE 全球舞弊调查报告自 1996 年首次问世以来,每两年发布一次。面向全球各个国家各个领域的舞弊调查师 CFE 和反舞弊领域从业人员发放调查问卷,由 ACFE 成立专门的团队,投入了大量的时间和精力进行收集、分析、归纳和解释,尤其注重了解舞弊和反舞弊方面的共通性、地域性和发展趋势。之所以这样做,是因为我们认识到两个简单而又重要的事实:① 舞弊给世界各地的企业和政府机构带来了巨大的损失;② 为了解决这一重大问题,首先要认清它。如今,这一报告已成为全球被引用最多的舞弊和职务犯罪数据来源,具有相当高的认可度和借鉴价值。该报告重要发现如下所述。

本次调查报告基于来自 125 个国家的 2 504 份调查报告,其中舞弊案例涉及的直接经济损失超过 36 亿美元(见图 1-1)。

图 1-1 报告中舞弊总体损失

从案发到展开调查,大多数的舞弊案例历时 14 个月;每个案例平均每个月带来的直接经济损失为 8 300 美元(见图 1-2)。

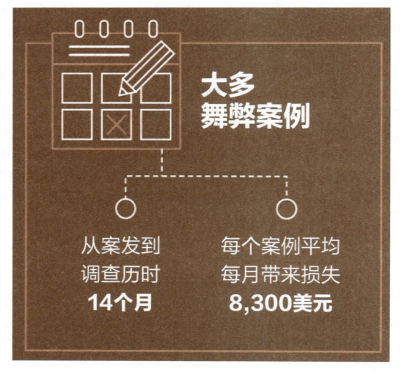

图 1-2 每个等件平均损失

ACFE 预计,舞弊为包括政府和企业在内的各类组织带来的经济损失约为全年总收入的 5%,这个百分比和 2018 年报告中预测百分比持平。各类案件损失中位值为 125 000 美元,所涉及案件的平均损失为 1 509 000 美元(见图 1-3)。

图 1-3　舞弊损失占总收入比例、损失中位数和平均数

腐败依然是全球范围内最常见的舞弊手段(见图 1-4)。

图 1-4　常见舞弊手段

挪用资产行为发生率最高(86% 的案件涉及),带来损失金额最低(损失中位数 100 000 美元)(见图 1-5)。

财务报告造假相对而言发生率最低(10% 的案件涉及),但是造成的经济损失最高(损失中位数为 954 000 美元)(见图 1-6)。

图 1-5　挪用资产行为发生率占比及损失中位数

图 1-6　财务报告造假发生率占比及损失中位数

有约 43% 的舞弊案件通过举报被发现,这里面有约 50% 的举报人是来自组织内部的员工(见图 1-7)。

在组织中进行舞弊防范意识培训,有助于员工通过正规举报通路对舞弊事件进行举报(有 56% 的举报来自有相关培训的组织,有 37% 的举报来自没有相关培训的组织)(见图 1-8)。

举报者倾向于通过热线电话和邮件的方式进行举报(拨打热线电话和发送邮件的比例各占总的举报数量的 33%)(见图 1-9)。

图 1-7　舞弊发现主要方式

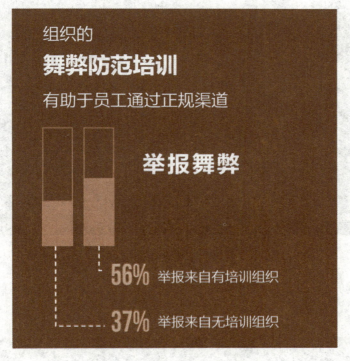

图 1-8　舞弊防范培训对舞弊发现影响

图 1-9　举报舞弊的主要方式

在过去的 10 年里,越来越多的组织采纳或加强各类反舞弊手段的应用。其中,热线电话设置的比例增加 13%,实施反舞弊制度的比例增加 13%,对员工进行舞弊防范培训的比例增加 11%,对管理者和公司高层进行舞弊防范培训的比例增加 9%。另外,近 1/3 舞弊案例的发生源于所在组织的内部控制缺失或者不完善(见图 1-10)。

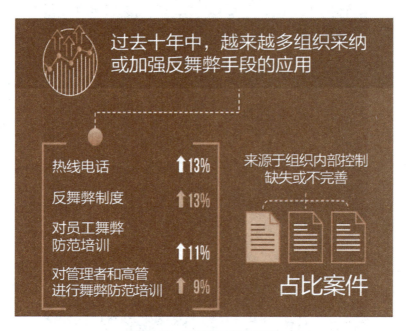

图 1-10　反舞弊手段的应用

各类舞弊防控手段,对于降低舞弊带来的经济损失以及更快地发现舞弊的发生,都有非常明显的效果(见图 1-11)。

图 1-11　舞弊防控手段的效果

某些舞弊事件,更容易在规模较小的组织内部发生(见图 1-12),例如:
- 采购舞弊:小规模企业发生的频次比大公司高出 2 倍;
- 工资舞弊:小规模企业发生的频次比大公司高出 2 倍;
- 付款信息篡改:小规模企业发生的频次比大公司高出 4 倍。

图 1-12　舞弊事件发生的频次比较

从舞弊者的性别来看,男性发生舞弊的频率和对公司带来的经济损失的金额,都远远高于女性。本次调查中,有 72% 的舞弊案件为男性所为;男性舞弊带来的损失中位数为 150 000 美元,女性为 85 000 美元(见图 1-13)。

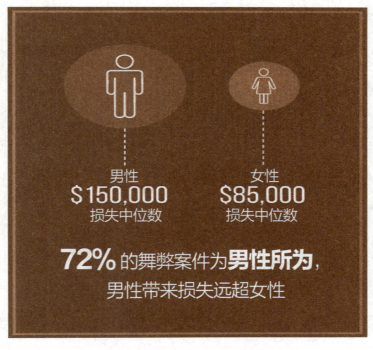

图 1-13　舞弊者的性别比例、性别损失中位数

组织的所有人/高层管理者的职务舞弊罪比例较低(仅有 20% 的舞弊案件涉及),但是为组织带来的经济损失却最大:所有者/高管带来的损失平均为 600 000 美元,经理为 150 000 美元,员工为 60 000 美元(见图 1-14)。

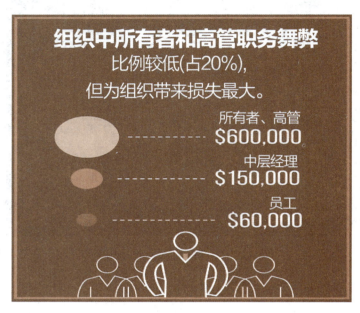

图 1-14　组织中职务犯罪比例及损失平均数

职务舞弊大都集中在四个部门:运营部门(占比 15%),财务部门(14%),高层管理者(12%)和销售部门(11%)(见图 1-15)。

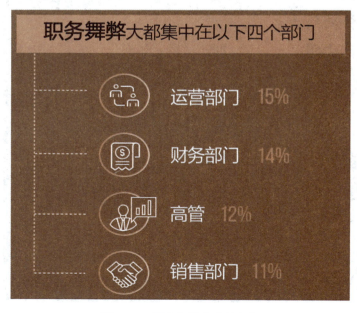

图 1-15　职务舞弊集中的部门

约有80%的舞弊分子会受到组织内部不同程度的处罚,但是有46%的组织会拒绝移送司法机关,他们的解释是内部的处理决定已经足够了(见图1-16)。

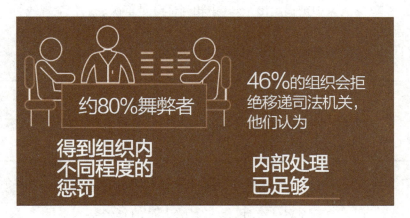

图 1-16　舞弊受处罚情况

约有42%的职务舞弊者的生活标准高于收入水平;有26%的舞弊者个人或家庭存在财务困难(见图1-17)。

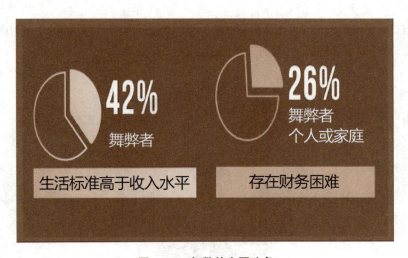

图 1-17　舞弊的主要迹象

二、中国舞弊现状

普华永道发布了《2018中国企业反舞弊联盟现状调查》报告,通过网上问卷调查的形式收集第一手数据,对以中国企业反舞弊联盟成员单位为主的上百家中国企业的舞弊发生、反舞弊现状、反舞弊管控等方面进行了深入的分析与研究。此报告为2018年企业治理和合规系列专题中的又一新作。

《2018中国企业反舞弊联盟现状调查》力求通过对第一手数据的采集、综合与分析,为以上问题提供相对全面而深入的研究基础,并对受访企业的舞弊发生与企业反舞弊管理控制的实践提供全新的剖析视角。随着受访信息归纳和数据交叉分析的进展,许多发现从纷繁的表象中被揭示出来,其中相当部分是首次进入公众视线。

1. 舞弊低龄化

如图 1-18 所示,舞弊者的年龄呈现低龄化趋势。

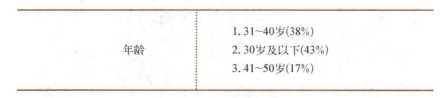

图 1-18 舞弊者主要年龄分布

根据企业已调查的舞弊案件统计,参与舞弊人员的年龄基本集中在 30 岁及以下(43%)以及 31～40 岁(38%),两者合计占比 81%。

2. 高额舞弊来自工作年限长的雇员

在企业工作时间较长的老员工参与舞弊的可能性较低。统计舞弊参与人员的情况可知,工作年限在 1～5 年的比例最高,占 58%,工作年限在 10 年以上的舞弊者仅占 6%。按照舞弊者职级来看,中低层员工的占比较高,普通职员为 38%,经理层为 39%,高级管理层为 17%,企业所有者则为零(见图 1-19)。

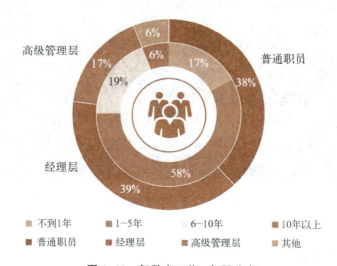

图 1-19 舞弊者工作:年限分布

值得注意的是,虽然老员工参与舞弊的概率较低,但数据表明,舞弊者工作年限越长,造成的经济损失也越大:与工作年限不足 5 年的舞弊者相比,那些工作年限为 10 年以上的舞弊者造成的经济损失额是前者的 4.7 倍。

这里的统计基于的是已经查明的案件。企业舞弊的全貌依然隐藏在重重迷雾之下。

3. 舞弊案件基本发生于企业内部

总体来看,企业舞弊案件中约70%为纯内部人员舞弊,比例超过内外勾结作案的两倍。

其中,内部人员舞弊案件占比较高的行业为批发和零售业(90%),信息传输、软件和信息技术服务业(75%),以及房地产业(73%)(见图1-20)。

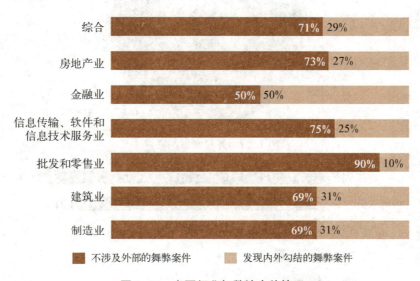

图 1-20 主要行业舞弊涉内外情况

4. 舞弊多发领域

按业务环节统计,在销售和采购环节发生舞弊的概率最高,分别为31%与26%。同样地,舞弊者来自销售与采购部门的比例也是最高的。

5. 收受贿赂与挪用资产最高发

按舞弊的性质区分,舞弊案件最高发的类型为收受贿赂,其次为挪用资产,占比均为26%上下。

6. 外部举报的来源

99%的受访企业设置了举报平台。这一比例远高于全球平均水平(63%)。

外部举报的前五大来源分别是供应商(31%)、客户(24%)、企业离职员工(24%)、经销商(13%)以及行业竞争对手(3%)(见图1-21)。

7. 内审发现舞弊最有效

企业发现舞弊的渠道来源,占比最高的依次是内部审计(34%)、内部举报热线(31%)以及外部举报(17%)(见图1-22)。

内部审计依然是发现并揭露舞弊行为的最重要也最有效的部门。

8. 电子证据协助舞弊案件调查

随着企业业务的日益信息化,在舞弊调查中获取的电子证据日益增多,也越发重要。舞弊案件的直接证据来源中,电子证据占比已经达到约40%,包括社交工具(17%)、电子邮件(10%)以及其他电子文档(14%)(见图1-23)。

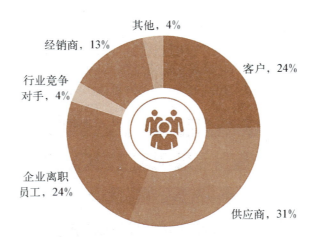

图 1-21 外部举报的来源

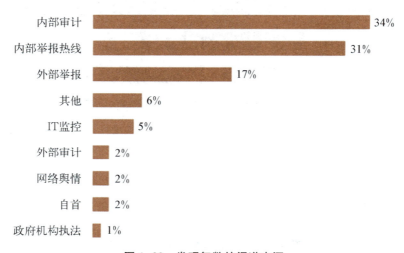

图 1-22 发现舞弊的渠道来源

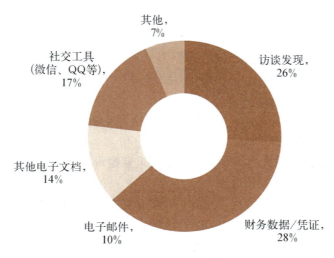

图 1-23 舞弊的直接证据来源

9. 得以挽回的直接损失不到 1/5

对舞弊案件的案值进行逐案统计表明,在过去的一年中,被调查企业通过调查查明的直接舞弊损失中,通过各种处置手段挽回的总额仅为直接经济损失总额的 18%。

无法精确统计的其他损失还包括企业风气受损、商誉损失以及后续运营中断等造成的间接损失,因而全部实际损失可能比账面数字要大得多。

10. 对舞弊者的处罚效力低

与查明的舞弊案件总数相比,平均每起调查完成的舞弊案件中仅有 0.86 名舞弊者受到所属企业的行政处分,0.69 名舞弊者被企业解除劳动合同,0.11 名舞弊者被提请司法机关处置。

换言之,平均每 1.25 起舞弊调查才有 1 名舞弊者受到企业行政处分,每 1.4 起调查才有 1 名舞弊者被解除劳动合同,每 9 起调查才有 1 名舞弊者被提请司法机关处置。

另外,根据《2019 年度中国企业员工舞弊犯罪司法裁判大数据报告》,2019 年,31 个省(自治区、直辖市),经过司法裁判的企业员工舞弊案件共 3 995 例,舞弊案件金额总计 73 亿余元,平均案值约 182 万元。针对常见的职务侵占、挪用资金、商业贿赂、侵犯公民个人信息、利用计算机实施舞弊等重点舞弊刑事处罚罪名,报告选取了 2019 年度全国 31 个省(自治区、直辖市)的刑事判例进行大数据分析。报告显示,职务侵占案件数量最多,占案件总数的 63.08%。

第二节 舞弊审计历史

审计师查错揭弊的责任可谓由来已久。从民间审计产生伊始,审计职业界便被赋予了揭露舞弊的历史使命。但在审计发展的过程中,是否承担查错揭弊责任、如何面对这一责任,审计界对此的态度一直处于变化之中。审计师对于审计舞弊的责任有着不同的态度取向,有时承担舞弊审计责任,有时推诿舞弊审计责任,有时又回归于承担舞弊审计责任。一方面,这种摇摆不定的态度与各个历史时期的社会背景、经济法律背景密切相关,并随着历史的发展、环境的变化而不断变化。另一方面,这也与审计技术、审计准则的发展密不可分。无论社会如何施压,无论审计职业界承担的压力如何巨大,只有审计职业界自身认可、承认、接受其负有的查错揭弊责任,才能真正有助于实现审计目标。为此,我们进行系统的回顾整理,以期厘清审计职业界对于查错揭弊责任的态度演变历程。

一、社会审计中舞弊审计规范的历程

(一)国际社会审计舞弊审计规范的发展

1. 审计师承担查错揭弊责任的曲折历程

最初,社会公众包括审计职业界自身均认为查错揭弊是审计师财务报表审计的主要目标。如汤姆·李(Tom Lee)在其《公司审计》一书中指出,自 1854 年爱丁堡会计

师协会开始,审计职业组织相继建立,公司审计的主要目标是揭露欺诈舞弊和差错。早期的《蒙哥马利审计学》列示了审计的三大目标,其中第一项就是侦查舞弊。与这一时期的审计目标相对应,注册会计师承担的主要职责即揭露舞弊和差错,这一时期一系列法庭判决充分说明了注册会计师承担的此项责任。例如,1887年英国"利兹地产建筑投资公司对谢泼德案"(Leeds Estate, Building and Investment Company v.Shepherd)及1925年美国"克雷格对安荣案"(Craig v. Anyon)即较有影响的两个案例。在后者的法庭判决中,注册会计师被认为应对其未查出公司雇员盗用100万美元的重大舞弊事件负责并赔偿损失。

然而在20世纪40年代,审计职业界的态度发生了明显变化,审计师更倾向于接受查错揭弊只是财务报表审计目的之一,而不是全部责任。这种变化集中表现在审计程序公告(Statement of Auditing Procedure,SAP)No.1《审计程序的扩展》("Extensions of Auditing Procedure")首次将查错揭弊定义为独立审计可能的目标之一,而不是全部目标。SAP No.1对审计师查错揭弊责任范围的界定对于审计职业界产生了巨大影响,由此产生的审计期望差距问题愈发突出和尖锐。

20世纪50年代末期,SAP No.1连同审计职业界一起受到了激烈攻击。强大的社会压力迫使行业协会不得不重新考虑审计职业界的观念和立场。1960年,美国注册会计师协会(American Institute of Certified Public Accountants,AICPA)专门发布了新准则SAP No.30《独立审计师在检查财务报表中的责任和职能》。SAP No.30否认审计师承担查错揭弊的责任,多数人士认为该准则并没有增加查错揭弊责任的任何新内容,因而未能恰当回应审计报告使用者的需求和呼声,如著名的科恩(Cohen)报告便认为审计师应当承担适当的责任,特别是承担发现舞弊的责任。

1977年的审计准则公告(Statement of Auditing Standard,SAS)No.16《独立审计师在发现错误或违规中的责任》("The Independent Auditor's Responsibility for the Detection of Errors or Irregularities"),承认审计师在财务审计中负有搜索舞弊方面的某些责任。尽管该准则要求审计师"搜索"舞弊,但它并未要求审计师发现舞弊(detect fraud);SAS No.16还包含了SAS No.1、SAS No.30共有的"防御性、定性语言"等审计职业界特有的自我保护语言,这在一定程度上表明审计职业界仍未接受或承认其负有发现舞弊的实质责任。

2. 从舞弊发生的源头共同努力

1987年10月,美国反欺诈财务报告全国委员会(Treadway Commission)就欺诈性财务报告发布了一份著名报告。这份报告帮助企业界重新关注欺诈性财务报告。考虑到Cohen报告后的变化,Treadway报告对财务舞弊的研究也集中于如何让更多方面关注舞弊,进而从源头上综合治理欺诈性财务报告。该报告中的建议涉及公众公司高管及董事会、会计师职业、美国证券交易委员会(Securities and Exchange Commission,SEC)和其他监管机构、执法部门及学术机构等诸多方面。

与Treadway报告相对应,针对日益扩大的期望差距造成的公众对审计职业界信心的日益低落,AICPA的审计准则委员会(Auditing Standards Board,ASB)旋即发布了SAS No.53《审计师发现和报告错误与违规的责任》。SAS No.53明确扩展了审计师责任,要求审计师"设计审计程序,为发现错误和舞弊提供合理的保证来强化审计师在财务报告审计中查错揭弊的责任",还要求审计师对发现重大违规提供合理保证。SAS No.53发布后,公众监督委员会(Public Oversight Board,POB)发布了题为《公众利益:审计职业面临的问题》的特别报告。该报告提出了如何强化审计职业界发现舞弊的责任,并呼吁应进一步改进审计指南,帮助审计师提高判断舞弊的能力,强化审计师的独立性和专业主义精神。其中,报告特别强调了审计职业界应负有发现管理层舞弊的责任。

1993年,AICPA在名为《满足未来财务报表的需要:对公共审计职业的公开评论》的报告中,表明自己的决心:针对因舞弊产生的重大误述,AICPA支持任何旨在帮助审计师提高发现舞弊能力的建议和创新,鼓励每个参与者(包括公司管理当局、外部监管者和审计师)分担防范财务报告舞弊这一责任。

3. 切实协助审计师提高查错揭弊的能力

上述报告出台后,AICPA便着手采取措施切实改进审计师发现舞弊的能力。AICPA证监业务部成立了职业问题任务小组(Profession Issues Task Force,PITF)。该小组针对审计诉讼、同业互核、协会内部检查中产生的诸多紧急的、未决的专业问题发布了一系列指南。同时,AICPA的证监业务部还创立了"发现及防范舞弊任务小组"(Detection and Prevention of Fraud Task Force)。1994年,该小组发布题为《审计客户的签约与续约程序》的报告。该报告强调,了解审计项目风险对决定审计师是否签约、续约是至关重要的。

在SEC时任主席阿瑟·利维特(Arthur Levitt)的要求下,POB任命了一个八人小组——审计效果小组(Panel on Audit Effectiveness),负责彻底审查先前的审计模式,以便提高审计质量,增强社会各界对财务报告的信心。小组建议之一是:"审计职业需要专门对外报送针对财务舞弊的审计报告,包括针对非法盈余管理舞弊的审计报告;应要求审计师在所有审计项目的外勤阶段采取法庭调查式的实地调查方法。"采取这种"法庭式调查"时,审计计划应根据客户管理层品行是否诚实、是否存在串谋、是否存在管理层凌驾于内部控制之上以及是否存在伪造文件等情形而定;对可能的舞弊项目应直接实施实质性测试。小组的总体建议包括两个方面:一方面,增强审计师发现舞弊的能力;另一方面,通过建立一套隐蔽的防范舞弊工程让舞弊者不再逍遥法外。

4. 重申舞弊责任的审计准则

1997年,美国注册会计师协会公布了SAS No.82《财务报表审计中对舞弊的考虑》。

SAS No.82界定了审计师的舞弊发现责任,并提供了相应指南,包括应有的职业关注、计划审计、评价内部控制、收集充分适当的证据事项支持审计师的意见等方面内容。和以往的舞弊准则相比,SAS No.82对审计实务的指导更具综合性。尽管该准则并未改变公认审计准则(Generally Accepted Auditing Standards,GAAS)对于审计责任的认定"合理保证财务报表中不存在重大误述",但它更多地阐述了发现舞弊的方法。更重要的是,与以往准则相比,SAS No.82是第一份单独提及舞弊的审计准则,而此前的准则是将"错误"和"违规"一同提及。该准则第一次使用了"舞弊"一词,而以前在提及舞弊事项时更多地使用"违规"一词。SAS No.82将审计师审查舞弊的责任明确为审计全过程，不仅仅局限于计划阶段，而以前的准则未明确审计计划阶段后审查舞弊的责任。SAS No.82 要求审计师应书面记录其确定舞弊风险的过程，而以前的准则并无具体规定。SAS No.82 要求审计师书面记录其如何应对发现的舞弊风险，而以前的准则极少提及舞弊风险应记录、评估。SAS No.82 强调审计师应以"职业怀疑"与客户打交道，并提供了针对需要审计师考虑的各类风险的具体指南；该准则还要求审计师应专就舞弊风险询问管理当局，以从舞弊产生的源头开始审查。

5. 全面革新的舞弊审计准则

2002 年，AICPA 综合理论界、实务界的多方建议，发布了 SAS No.99，全面取代了 SAS No.82。与 SAS No.82 相比，SAS No.99 围绕审计师如何提高发现舞弊的能力、审计师应在多大程度上承担发现舞弊的责任等方面进行了重大修改。具体而言，变化主要包括四个方面。第一，进一步强化了职业怀疑对审计师审计工作的重要性，要求审计师由"合理怀疑"到"怀疑一切"。第二，要求审计小组直面舞弊。从审计计划阶段开始，就应集中审计项目小组的智慧，重点研究客户财务报告可能在哪些方面产生舞弊以及舞弊的情况、性质。在审计实施阶段，应执行舞弊审计程序。第三，要求审计师实施非常规审计策略，包括对被审计单位不曾预料到的地区、场所、账户进行测试，询问对象既应包括管理层也应包括其他单位或者个人。第四，对管理当局凌驾于控制程序之上的，应明确实施相关审计程序，测试管理当局凌驾控制的程度。总之，SAS No.99 体现出的审计思想已经是不折不扣的舞弊审计。

可见，审计职业界对于是否承担以及如何承担查错揭弊责任的态度曾经走过了一条曲折渐进的历史道路：从最初的肯定到模糊、推诿，再到直面、正视；从片面、犹疑到全面、成熟。通过这条道路，我们需要进一步思考：为什么 20 世纪 30 年代以前，包括审计师在内的社会各界均认同查错揭弊是审计师义不容辞的责任？而为什么在以后长达 70 年的岁月中，审计职业界却反复推卸、逃避这一责任？是什么原因使得审计职业界终于认同社会共识，审计目标从终点又回到起点？我们需要结合各个历史阶段不同的社会环境、经济环境、法律环境和科学技术环境来思考上述问题。

2004 年 2 月，国际会计师联合会（International Federation of Accountants, IFAC）下属的国际审计与鉴证准则委员会（International Auditing and Assurance Standards Board, IAASB）在综合理论界、实务界众多建议的基础上，颁布了《国际审计准则 240 号——审计师在财务报表审计中对舞弊考虑的责任》（以下简称"新 ISA240"），取代了 2002 年颁布的《国际审计准则 240——审计师在财务报表审计中对错误和舞弊考虑的责任》（以下简称"旧 ISA240"）。单从准则的名称上就可以看出，新 ISA240 没有涉及"审计师在财务报表审计中对错误考虑的责任"，而专门就"审计师在财务报表审计中对舞弊考虑的责任"制定了基本原则、基本程序和提供指南。在当前世界范围内财务报告舞弊案件层出不穷的大背景下，IAASB 新 ISA240 的出台是形势所需，其目的是提高注册会计师执行财务报告审计时发现和揭露公司舞弊财务报告的能力。

新 ISA240 首先区分了舞弊和错误，并描述了与审计师有关的两种类型的舞弊——产生于非法挪用资产的错报和产生于欺诈财务报告的错报，描述了被审计单位的董事和管理当局对防止和发现舞弊各自应承担的责任，描述了舞弊审计中的固有局限,并阐述了审计师发现因舞弊导致的重大错报的责任。新 ISA240 着重强调了职业怀疑,要求审计师抱着职业怀疑的态度去发现因舞弊导致重大错报的可能性,即使审计师凭过去的经验认为被审计单位的管理当局和董事是诚实和正直的。此外,新 ISA240 要求审计小组成员讨论被审计单位因舞弊导致重大错报的财务报表的敏感之处,并要求项目负责人考虑哪些问题要和没参与讨论的审计人员进行沟通。要求审计人员:① 实施审计程序来获取用于发现因舞弊导致的重大错报风险的信息。② 在会计报表层次和认定层次识别和评估因舞弊导致的重大错报风险,并针对那些可能因舞弊导致重大错报的已评定风险,评价被审计单位相关内部控制的设计及相关控制活动,从而确定它们是否已经得到贯彻。③ 在财务报表层次,确定因舞弊导致的重大错报风险的总体审计程序,并考虑全体人员的任务和监督;考虑被审计单位使用的会计政策,并在选择将要实施的审计程序的性质、时间和范围时考虑不可预测的因素。④ 制定和实施针对管理当局逾越内部控制风险的审计程序。⑤ 确定针对已评定的因舞弊导致的重大错报风险的审计程序。⑥ 考虑已发现的错报是否是重大错报的迹象。⑦ 获得管理当局关于舞弊的书面声明。⑧ 和管理当局及董事沟通。另外,新准则还提供与监管和执法等权力机构沟通的指南;提供了审计师遇到因舞弊或可能的舞弊对其继续履行审计产生影响的异常情况时如何进行处理的指南,并提出了审计师要建立工作底稿的要求。新 ISA240 还多次强调,为了将审计风险降低到一个可接受的低水平,审计师在计划和实施审计中应考虑因舞弊导致财务报表重大错报的风险。

(二) 中国社会审计舞弊审计规范的发展

在我国,由于注册会计师行业起步较晚又长时间没有独立的审计准则进行指导,所以很长一段时间内,公众、审计师、政府、公司都对注册会计师在审计中应当承担的舞弊审计责任认识模糊。1996 年,中国注册会计师协会颁布了《独立审计具体准则第 8 号——错误与舞弊》,明确要求注册会计师在编制和实施审计计划时,应当"充分关注"可能存在的导致会计报表严重失实的错误与舞弊,但同时指出,注册会计师对会计报表的审计并非专为发现错误或舞弊,审计测试及被审计单位内部控制的固有限制也使得注册会计师无法保证一定能发现所有的舞弊。虽然第 8 号准则首次提出了我国注册会计师对舞弊审计的责任,然而由于它缺乏有效发现舞弊审计的概念框架、审计舞弊的详细指南和需要关注的舞弊风险因素,造成审计效果欠佳,我国资本市场上的舞弊案例依然接连不断。2006 年,中国注册会计师协会对独立审计准则进行了修订,将原来第 8 号准则中对错误和舞弊的关注分列开来,颁布了《中国注册会计师审计准则第 1141 号——财务报表审计中对舞弊的考虑》。[①] 该准则要求注册会计师在计划和实施审计工作以将审计风险降至可接受的低水平时,应当考虑由于舞弊导致的财务报表重大错报风险,同时对于舞弊的表现特征、产生原因和发现方法进行了系统的描述,对舞弊审计起到了一定的指导作用。然而该准则中也存在保护条款:如果在完成审计工作后发现舞弊导致的财务报表重大错报,特别是串通舞弊或伪造文件记录导致的重大错报,并不必然表明

---

① 该准则后经 2010 年、2019 年两次修订,现已更名为《中国注册会计师审计准则第 1141 号——财务报表审计中与舞弊相关的责任》。

注册会计师没有遵守审计准则。

二、内部审计舞弊审计规范的历程

(一) 国际内部审计实务指南和框架

2008年,美国注册舞弊审查师协会(ACFE)、美国注册会计师协会(AICPA)以及国际内部审计师协会(Institute of Internal Auditors,IIA)共同发布《管理企业舞弊风险:实务指南》。新指南由一个来自私营和公共部门以及学术界的20人舞弊管理专家小组耗时两年编制完成。新指南已经得到英国特许公认会计师公会(Association of Chartered Certified Accountants,ACCA)、加拿大特许会计师协会(Canadian Institute of Chartered Accountants,CICA)、美国管理会计师协会(Institute of Management Accountants,IMA)、开放遵循和道德小组(Open Compliance & Ethics Group,OCEG)、公司遵循和道德公会(Society of Corporate Compliance & Ethics,SCCE)以及价值联盟(Value Alliance,VA)的认可。该指南对各种类型和规模的组织建立有效舞弊风险管理体系的原则进行了概述,为承诺保持利益相关者价值的公司提供了可行的方法。根据该指南可以评估或改进组织的舞弊风险管理计划,而没有制定舞弊风险管理计划的组织也可以依此制定一个有效的计划。新指南涵盖了公司治理、风险评估、舞弊防止和侦测、调查以及校正行为等五个主要原则。遵循新指南将有助于确保存在恰当的对舞弊风险管理的监管,舞弊风险敞口得以确认和评估,实施了恰当的过程和程序来管理这些敞口,并且对舞弊行为的处理是及时的。新指南概述了舞弊防止和公司治理之间的关系,指出董事会的角色是至关重要的,因为过去绝大多数重要的舞弊案件中都存在高层管理人员和其他职员相互勾结的情形。该指南进一步指出,组织内部各级别的职员都有对抗舞弊风险的责任。上至董事会、下至收发室的人都应当了解组织如何对加强的监管和公众与利益相关者的详细审查做出回应:哪种形式的舞弊风险管理计划是恰当的;舞弊风险如何确认;如何做才能防止和发现舞弊,以及正确调查舞弊和采取正确行动。

2010年,IIA发布两项新指南,帮助组织应对舞弊风险,其一是《内部审计与舞弊》,其目的在于提高内部审计人员发现及防范舞弊的意识,并为舞弊审计提供指引。该指南包括舞弊的相关内容、舞弊要考虑的问题、舞弊风险评估模型,也包括舞弊意识(如舞弊的原因及案例、潜在的舞弊指标)、舞弊的预防与检查的作用和职责、内部审计的职责(如实施职责和与董事会的沟通)、舞弊风险评估(如识别舞弊风险的相关因素,描述现有的针对潜在舞弊的控制,识别并确认控制措施方面存在的差距)、舞弊调查,以及针对与舞弊相关的内部控制形成审计意见。其二是《全球审计技术指南:自动化环境下舞弊的预防与检查》,主要针对的是信息技术环境下的舞弊问题,该指南也是IIA"全球技术审计指南"系列的第13部分。

《国际内部审计专业实务框架》是IIA发布的权威标准的概念性框架。该框架自2009年第一次发布以来,根据IIA建立的持续审核机制,按每三年一次的频率,对标准体系进行适时调整或更新。2017年,IIA对该框架进行了再一次的修订,修订后的框架由3个部分构成:《内部审计的使命》、强制性指南和推荐性指南。其中有不少舞弊的相关内容,如《国际内部审计专业实务标准》第2400条的解释适用于公布舞弊调查结果的调查报告。

(二) 中国内部审计反舞弊的准则

中国内部审计协会于2003—2011年先后发布了《内部审计基本准则》《内部审计人员职业道德规范》、29个具体准则和5个实务指南,初步形成了内部审计准则体系。2013年8月20日,中国内部审计协会以公告形式发布了新修订的《中国内部审计准则》,并于2014年1月1日起施行。新准则的发布标志着我国内部审计准则体系进一步完善和成熟,并逐步与国际惯例接轨。截至2022年6月,用于指导有关舞弊审计的准则主要是第2204号内部审计具体准则。该准则强调内部审计人员应保持应有的职业谨慎,对舞弊行为进行了界定,强调了舞弊的预防和对舞弊的检查过程,并对舞弊报告提出了具体要求。

三、政府审计舞弊审计规范的历程

(一) 亚洲审计组织反舞弊和腐败指南

《亚洲审计组织反舞弊和腐败指南》草案第一稿于2003年10月19日得到最高审计机关亚洲组织(Asian Organisation of Supreme Audit Institutions,ASOSAI,简称"亚审")培训委员会审议、批准,于2003年10月20日得到亚审理事会批准,于2003年10月22日得到亚审第九届大会批准。该指南就如何反对舞弊和腐败行为,提出了30条具体的审计指导条款,每条指导条款都对应着世界审计组织审计准则所规定的审计原则、准则和指南。同时,指南中还单列一章,对亚审组织各成员国对舞弊和腐败的理解进行了阐述。具体而言,指南主要包含两大核心内容:一是对舞弊和腐败的理解;二是对舞弊和腐败行为的处理及应对。

(二) 我国国家审计准则中关于舞弊审计的规定

我国的政府审计准则称为国家审计准则,2010年9月《中华人民共和国国家审计准则》经审计署审计长会议通过并公布,从2011年1月1日起施行。国家审计准则分为七章,分别为第一章总则、第二章审计机关和审计人员、第三章审计计划、第四章审计实施、第五章审计报告、第六章审计质量控制和责任和第七章附则。其中,第四章第四节是关于重大违法行为的检查,准则指出重大违法行为是被审计单位和相关人员违反法律法规、涉及金额比较大、造成国家重大经济损失或者对社会造成重大不良影响的行为。尽管准则没有明确提到"舞弊",但从准则对重大违法行为的界定可以看出,重大违法行为实际上包含了舞弊行为,因此,针对违法行为的检查也包含了对舞弊行为的审计。

从中外准则制定的变化中我们可以看出:一方面,迫于社会的压力,舞弊审计行业不断地扩大自己在舞弊审计中的责任;另一方面,却也一再地强调舞弊审计在发现舞弊方面的不足,试图将舞弊审计限定在一个有限的范围内。每一次新准则的颁布都是行业与社会公众达成的一次均衡,是就审计师承担舞弊审计责任程度的一次新的契约安排。

第三节 舞弊审计与法务会计的关系

法务会计的重要理论来源于舞弊审计,但是法务会计作为一个独立的学科领域,有自己的理论体系和业务要求。因此,法务会计与舞弊审计相互促进,又各有特点。

一、法务会计与舞弊审计的联系

1. 法务会计与舞弊审计在人力资源上的联系

这一点主要体现在从事舞弊审计业务的注册会计师是法务会计师的重要组成部分,法务会计的很多业务都由经验丰富的注册会计师承担。

2. 法务会计与舞弊审计在职业准则上的联系

在尚未制定系统的法务会计准则的情况下,某些审计准则为法务会计提供了可供参考的技术标准,如 SAS No.99。

3. 法务会计与舞弊审计在工作程序上的联系

法务会计师和注册会计师在开展工作时,都需要对相关的会计资料进行查阅、分析和核对。

4. 法务会计与舞弊审计在职业道德上的联系

职业胜任能力、合理职业谨慎、计划和监督、足够的相关信息、与客户的理解以及与客户的沟通是舞弊审计与法务会计均应该遵守的职业道德准则。

二、法务会计与舞弊审计的区别

1. 法务会计与舞弊审计在舞弊控制范围上的不同

注册会计师对舞弊的审计是为了发现导致会计报表严重失实的错误与舞弊,以保证所出具的审计报告客观、公正。法务会计则关注所有的舞弊,不局限于导致会计报表严重失实的重大舞弊,不对整个会计报表发表意见。

2. 法务会计与舞弊审计的控制机理不同

法务会计对财务舞弊的控制机理是借助"法"和"罚"来控制和防范财务舞弊行为的发生。舞弊审计是指注册会计师揭发违法乱纪行为,依法追究责任、执行经济裁决或提请给予行政处分或刑事处罚。

3. 法务会计与舞弊审计介入时间不同

注册会计师受托审查财务报表时并不知道所发生的舞弊案。在审计过程中发现舞弊可能存在的迹象时,注册会计师将对其重要性进行评估,确定是否修改或追加审计程序。法务会计师的介入是基于投诉、质疑、疑问和谣言所做出的反应。

4. 法务会计与舞弊审计运用的技术不同

法务会计需要利用审计的技术和方法,但又与传统的财务报表审计有许多技术上的不同。

5. 法务会计与舞弊审计的理论根据不同

舞弊审计试图发现与公认会计准则和审计实务发生的重大偏差。注册会计师关注控制的结构方面,如控制程度是否足够、设置控制的环节是否合适、员工是否受到足够监督等。法务会计师则以能最大程度发现舞弊,作为其采用该方法为原则以认定舞弊是否发生以及谁涉及该舞弊的基本目标。

思 考 题

1. 舞弊会存在于任何国家和组织吗?
2. 中外舞弊现象有何异同点?
3. 对舞弊审计规范如何评述?
4. 舞弊审计与法务会计有何联系和区别?
5. 了解舞弊现状后,你对法务会计职业有何联想?

第二章 舞弊相关理论

[教学目标]

通过本章的学习,要求学生了解舞弊冰山理论、舞弊三角理论、GONE 理论和企业舞弊风险因子理论及其基本要素;掌握舞弊风险因子理论的具体内容;熟悉舞弊风险因子理论与 GONE 理论之间的关系;能够利用舞弊相关理论初步解释财务报表舞弊的动因。

第一节 舞弊冰山理论

一、冰山理论的起源

心理学家西格蒙德·弗洛伊德(Sigmund Frend)、著名作家欧内斯特·海明威(Ernest Hemingway)、心理治疗大师维吉尼亚·萨提亚(Virginia Satir)曾经在各自领域将"冰山理论"提出并加以应用。1895 年,弗洛伊德与约瑟夫·布洛伊尔(Josef Breuer)合作发表《歇斯底里症研究》,弗洛伊德著名的"冰山理论"也就传布于世。弗洛伊德认为,人的心理可由无意识、前意识和意识构成:无意识处于心理的底层,是心理的基础和动力;意识则位于心理的表层;前意识是无意识进入意识的缓冲带和中间带,它处于意识的边缘,很容易变化为意识。弗洛伊德做了一个生动形象的比喻。人的心理就像大海中的冰山,意识只不过是显露在海面上的冰山的小小山顶,而隐藏在海洋下面的山体则是无意识的领域。他说,以前的心理学家仅仅看到呈现于海洋上面极小的山顶——意识,仅看到人的精神生活的表面的那一部分,因而可称之为"表层心理学"。他则深入海面以下巨大的冰山,亦即人精神领域的深层,因此,他把自己的心理学称为"深层心理学"。他认为,人精神领域深层的无意识才是心理的本质。在弗洛伊德的人格理论中,他认为人格就像海面上的冰山一样,露出来的仅仅只是一部分,即有意识的层面,剩下的绝大部分是无意识,而这绝大部分在某种程度上决定着人的发展和行为。

1932 年,海明威在他的纪实性作品《午后之死》中,第一次把文学创作比作漂浮在大洋上的冰山,他写道:"如果一位散文作家对于他想写的东西心里有数,那么他可以省略他所知道的东西,读者呢,只要作者写得真实,会强烈地感觉到他所省略的地方,好像作者已经写出来似的。"他说,冰山运动之所以雄伟壮观,是因为它只有八分之一在水面上。文学作品中,文字和形象是所谓的"八分之一",而情感和思想是所谓的"八分之七"。前两者是具体可见的,后两者是寓于前两者之中的。后来,大家在研究任何文学作品的时候,总是首先要搞清楚水下的"八分之七",因为这一部分是冰山的基础。

美国最具影响力的首席心理治疗大师维吉尼亚·萨提亚(Virginia Satir)提出了家庭治疗中的冰山理论。她认为,在人们经历事情的时候,在六个层次上同时有着体验、行为、应对、感受、观点、期待和渴望,如图2-1所示。

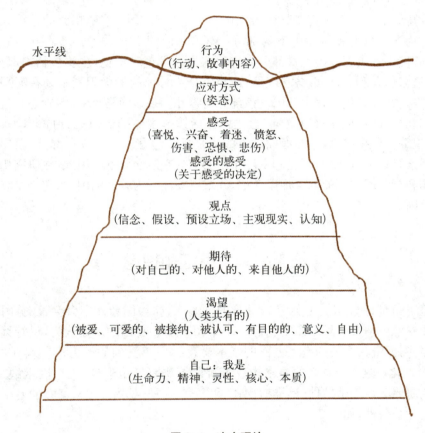

图2-1 冰山理论

行为是那可被观察的一部分,就像一座漂浮在水面上的冰山,能够被外界看到的行为表现或应对方式只是露在水面上很小的一部分,而暗涌在水面之下的更大的山体,则是长期被压抑并被我们忽略的"内在"。揭开冰山的秘密,我们会看到生命中的渴望、期待、观点和感受,看到真正内在的自我。这个过程被称为冰山隐喻或冰山理论。

根据上述描述可知"冰山"具有三个特征:① 冰山露出来的是极少的一部分,大部分的冰体潜伏在水的下面;② 水面以下的那部分决定了整个冰山的存在状态;③ 露出水面的部分是容易对付的,潜伏在水下面没有露出来的部分才是不容易处理和把握的。正是弗洛伊德、海明威和萨提亚等人在各自领域将"冰山理论"提出并加以应用,"冰山理论"才得以广为流传。随后,冰山理论被引入管理学、经济学等领域,如员工招聘管理、素质评估与激励、商业模式分析、安全生产管理、物流成本管理、会计舞弊动因分析等方面。

二、会计舞弊的冰山理论

美国的G.杰克·波罗格纳(G. Jack Bologna)和加拿大的罗伯特·J.林德奎斯特(Lindquist J. Robert)提出了会计舞弊的冰山理论,也称"二因素论"。

会计舞弊的冰山理论把舞弊行为比作海上的一座冰山,按照舞弊的结构和行为将舞弊划分为海面以上和海面以下两部分:露出海面的部分是舞弊结构方面的考虑因素,是舞弊发生的表面原因。这部分内容很容易被发现和察觉,主要包括内部控制、治理结构、经营情况和目标、财务状况等;而舞弊行为方面的考虑因素是处在海平面以下的部分,它是舞弊发生的根本原因。该部分内容并不是显而易见的,特别是当行为主体故意隐瞒和掩饰时,更加难以察觉,它主要包括舞弊主体的价值观、道德水平、贪婪程度、诚信观等。根据该理论,在海面之上的只是舞弊考虑因素的一小部分,而导致舞弊的关键因素是行为方面的,真正起主导作用的部分在海面以下。因此,在研究舞弊时应结合结构和行为两方面的因素加以考虑,并重点关注行为方面的因素,它是舞弊发生的最根本动因。

第二节 舞弊三角理论

舞弊三角理论最初是由美国ACFE的创始人、原美国会计学会会长、美国著名的内部审计专家史蒂文·阿尔布雷克特(Steve Albrecht)提出的。他认为,尽管舞弊形成的因素很多,但最为主要的有三方面的基本要素:① 感受到的压力;② 舞弊的机会;③ 自我合理化。这三个方面的要素构成了所谓的舞弊三角理论,三个因素缺一不可。就像燃烧需要满足三个条件(燃烧物、温度和氧气)一样(见图2-2),舞弊的发生也必须同时满足三个条件,如图2-3所示。

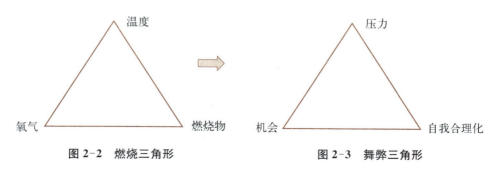

图2-2 燃烧三角形　　　　图2-3 舞弊三角形

舞弊者得到作案的机会越多或承受的压力越大,实施舞弊所需要自我合理化的借口就越少;某人的诚实程度越低,其实施舞弊活动所需的机会与压力程度则越小。我们可以运用这一理论探讨如何才能有效地预防舞弊的发生。人们一般认为,预防舞弊发生的主要途径是通过完善公司内部控制,减少为舞弊者提供的机会,较少有人注意到对压力和自我合理化两个因素的改进。

一、压力

舞弊可以为舞弊者个人或组织带来短时的利益或好处,这样的利益或好处可以有效地缓解或消除舞弊者所承受的各种压力。大部分专家认为这些压力可以分为四种类型。

(一) 与财务相关的压力

根据阿尔布雷克特的研究结论,有95%的舞弊案与舞弊者面临的财务问题有关。财务问题是诱发舞弊案最为主要的因素。财务压力可能包括以下六个方面:贪婪;追求奢侈豪华的生活方式;过重的债务负担;不良的信用记录;蒙受重大财务损失;未预料到的财务需求。上述六个方面虽然没有涵盖所有的财务压力,但是研究表明,这六个方面的财务压力与多数舞弊案的发生有关。

(二) 与恶习相关的压力

与财务压力紧密相关的压力是人的恶劣习惯所带来的压力。这些恶劣习惯主要是指赌博、吸毒和酗酒三类不良行为,这三类不良行为往往都会给人带来严重的财务问题。与恶习相关的压力被认为是最为糟糕的一类压力。赌博、吸毒和酗酒三种恶习经常被人们认为是驱动诚实的人开始实施舞弊的"触发器"。

(三) 与工作相关的压力

有些人常常采用实施舞弊的办法消除工作带来的压力,如报复单位的管理者,以发泄对雇主的不满。与工作相关的压力因素包括个人的良好表现没有被组织足够认可、对工作职位或岗位不满意、害怕失业丢掉饭碗、提职时被忽视、认为工资薪金过低等。

(四) 其他压力

我们将无法归入上述三种类型,但是能够诱发舞弊行为的压力一律归为其他压力。人们生活在一个充满各种各样压力的社会中,每一个人都面临着这样或那样的压力。有的人有过入不敷出的难堪;有的人做过愚蠢的投资;有的人上过当、受过骗;有的人为上瘾的不良嗜好而疯狂,为长期加班得不到报酬而气愤,为工作业绩得不到认可而苦恼,为得不到提升而恼怒,为他人快速升迁或暴富而嫉妒,为失恋而痛不欲生。这些来自生活中的各种各样的压力如果没有很好地引导与释放,就很有可能成为诱发舞弊行为的导火索。

二、机会

在舞弊三角中,舞弊发生的另一个重要因素是环境为舞弊者提供的机会。一般认为，至少有以下六个主要因素可以形成组织内部个人实施舞弊活动的机会。虽然形成舞弊机会的因素很多，但是这六个主要因素却表明了创造舞弊机会的系统缺陷，具体包括：缺少或绕过能够防止或发现舞弊活动的控制；无法评价雇员工作质量；疏忽了对员工的纪律约束；缺乏信息的沟通；无知、冷漠、低能；缺乏内部审计追踪。建立一个有效的内部控制架构是减少舞弊机会、预防与发现组织内部舞弊活动最为重要的措施。这样的控制架构有三个组成部分，即控制环境、会计制度和控制程序。

（一）控制环境

控制环境是指一个组织为其雇员所建立起来的工作氛围。建立良好和谐的控制环境是预防与阻止舞弊发生的重要环节。

（二）会计制度

内部控制架构的第二个组成部分是一套完善的会计制度。有效的会计制度可以提供能导致舞弊被发现的审计踪迹，也可以使舞弊难以隐藏。

（三）控制程序

内部控制的第三个组成部分是控制程序。对于任何类型的企业，都需要有五个基本的控制程序，即职责分离与双重监管、授权制度、独立检查、安全保障的物理措施，以及文件与记录。

总之，控制环境、会计制度以及上述五项控制程序一并实施可以有效地消除或减少雇员和其他人进行舞弊的机会。良好的环境控制可以营造这样一种氛围：树立良好的诚实守信行为的榜样；聘用诚信的雇员；雇员的职责分明；会计系统提供详细的交易记录；设置必要的物理防护措施；使舞弊者难以接近重要资产；使舞弊行为难以藏身。

三、自我合理化

舞弊三角理论的第三个因素是"自我合理化"。自我合理化是指人们在实施舞弊时通常会找各种借口或理由说服自己，让自己的舞弊行为成为自我想象中的可接受行为。自我合理化实质上是忠诚性的缺乏。忠诚性是自始至终都按照最高的道德价值标准来约束行动的一种能力。缺乏忠诚性的员工，在适当的动机和压力下就可能实施舞弊行为。这时，忠诚性缺乏就转化为自我合理化，自我合理化实际上是一种个人的道德价值判断。

几乎所有的舞弊都会涉及自我合理化的问题。大部分舞弊者实施舞弊活动之前都会找到一些似乎合理的借口或理由。以下是舞弊者常用的自我合理化的理由：组织有负于我；我只是借些钱，我将来会还的；我不会伤害任何人；这是我应得的；我的出发点是好的；只要我们渡过财务困难，我们会恢复真实的账簿记录；我这样做是为了大家的利益；我是不得已才牺牲个人的诚信与声誉的。

"法不责众"是舞弊者运用最多的合理化理由。"我周围的许多人都在贪，我为什么就不能贪一点呢？"这是许多贪污者的真实想法。自我合理化与人的教育背景及素质有关。一般认为，员工受教育程度越高，其实施舞弊所需要的自我合理化的"门槛值"就越高，他也就越不容易说服自己实施舞弊。

案例分析

帕玛拉特事件舞弊三角分析

帕玛拉特(Parmalat)是典型的意大利家族式企业集团,在全球30个国家开展业务,共拥有3.6万余名雇员,年收入超过75亿欧元,并一度被视为意大利北部成功企业的代表。但是转眼之间,爆炸性新闻接二连三:其资产负债表出现了143亿欧元的黑洞;公司提出破产保护申请;帕玛拉特股票急剧波动直至最终停牌;司法、财政机构迅速介入;债权人公开宣布追讨投资;创始人兼公司董事长卡利斯托·坦齐(Calisto Tanzi)锒铛入狱……短短2周多时间,号称牛奶帝国的帕玛拉特就终结了它的神话。针对帕玛拉特公司的舞弊三角分析如下。

1. 压力因素

在帕玛拉特案件中,帕玛拉特管理层面临着怎样的压力呢?这要从帕玛拉特公司的历史谈起。20世纪60年代初,坦齐创建帕玛拉特公司。20世纪80年代,公司首先进行食品行业内的产品多元化。20世纪90年代中期,公司开始了在世界范围内大规模的扩张,这种跨地区的扩张需要大量资金支持。在公司进行产品多元化后,坦齐又开始走上行业多元化的道路,整个坦齐家族集团不仅拥有帕尔玛足球俱乐部,还经营旅游、建筑公司等。由于跨行业经营的困难等原因,其中一些公司由于经营不善和投资不利产生了巨额亏损,维持其经营也需要巨额资金。此外,20世纪90年代,意大利开始了大规模的私有化,为了鼓励私人购买,公有企业出售价格是相对较低的。对于那些企图扩张的企业来说,能够筹集到资金购买这些国有企业就相当于吃到了便宜的"馅饼"。跨地区扩张所需的大量资金支持、跨行业扩张产生的亏损和廉价收购国企的现金需要,都使帕玛拉特的管理层患上了资金饥渴症。1990年,帕玛拉特在米兰股票交易所上市,从公众手里筹得资金后,管理层就迫不及待地将公众公司(即帕玛拉特)的资金转移至其家族企业,将公众公司掏空。由于资本市场是坦齐资金来源最便捷也最重要的方式,所以公司管理层不惜粉饰报表,以造就"表面的繁荣"来蒙蔽投资者。这就是帕玛拉特管理层舞弊的动机,也即企业舞弊的压力因素。

2. 机会因素

管理层具备了舞弊的动机,又是什么给他们的舞弊行为造就了机会呢?

首先,家族型上市公司使内部治理无法发挥制衡作用。帕玛拉特属于家族型公众公司,家族集团在企业中占有绝对数额的股份。意大利股票市场规模小、不活跃,又没有强有力的机构投资者向董事会派驻董事以制约大股东,再加上意大利证券监管机构监管不力,所以股票市场上非控股股东力量无法对控股股东形成有效制约。坦齐既是家族企业的首领,也是上市公司的首领,董事会为大股东所控制,为其掏空上市公司(向家族公司转移资产、操纵财务报表)大开方便之门。

其次,各种外部治理机制失效。

（1）在欧洲大陆国家，公司治理主要以银行为主。在这种模式下，公司控制权市场不发达，很少发生敌意购并行为。

（2）家族企业的高层一般都是家庭成员，因而另一种外部治理机制（经理市场）在家族企业中无法发挥作用。

（3）意大利属德日公司治理模式，允许作为上市公司债权人的银行持有公司股份，从而影响上市公司的行为。但那些贷款给帕玛拉特的银行没有积极地发挥作用制约公司的行为，因为很多贷款是关系贷款。

（4）除向银行贷款外，帕玛拉特还发行了巨额的债券，为帕玛拉特发行债券的都是国际上有名的投资银行，其中包括花旗银行、J.P.摩根等，它们都利用自己的影响为赚取手续费而唯利是图，并没有对帕玛拉特形成有效的监督。有国际性投资银行支持，又有资产负债表上大量的现金作为保证，投资者自然对帕玛拉特债券青睐有加。对于帕玛拉特管理层的舞弊行为，银行难辞其咎。

最后，注册会计师在帕玛拉特事件中也扮演了不光彩的角色。审计帕玛拉特在开曼群岛的子公司 Bonlat 财务报表的均富会计师事务所在案发后声称，他们也是"受害者"，因为公司提供了虚假的审计资料给他们。但对于如此大额（近 40 亿欧元）的现金资产，注册会计师为何凭一张传真文件就相信了它的存在呢？注册会计师的职业谨慎到哪里去了呢？公司的财务状况他们最清楚，公司那么多现金怎么不用来偿还债务，为什么放在加勒比海不知名的小岛上，注册会计师的职业怀疑到哪里去了呢？此案中他们以自己是"受害者"而推卸责任，"默许"了舞弊的发生。

3. 借口因素

舞弊的动机和机会有了，公司管理层又找什么借口，使自己能够心安理得呢？公司创始人坦齐承认，他曾向家族公司转移过 5 亿欧元的资产，并希望用自己持有的公司股票偿还给投资者。言下之意，他虽然挪用了资产，但只要还了就行。对于财务欺诈，坦齐说他只知道大略数字，至于如何操作则全是 CFO 的责任。公司 CFO 唐纳也是舞弊的参与者之一，而他说伪造银行文件以虚增资产、制造复杂财务结构以隐瞒负债等财务欺诈都是坦齐授意的，他只是执行而已。总之，管理层采取自欺欺人的说法，使自身行为合理化。

第三节　GONE 理论

GONE 理论是由杰克·布鲁根（Jack Bologna）和热赛弗·韦尔斯（Joseph Wells）在 1993 年提出的。该理论是在舞弊三角理论的基础上进一步拓展得到的，是理论界对舞弊风险因素的另一种解释方法。该理论认为：舞弊由 G、O、N、E 四个因子组成，因而又称舞弊四因素理论。GONE 由四个英语单词的首字母组成，分别是："G"表示"greed"，即贪婪、贪欲；"O"表示"opportunity"，即机会；"N"表示"need"，即需要；"E"表示"exposure",即暴露。"GONE"意为"过去的;用完了;无可挽救的",意思是在这四个因素共同作用下,舞弊或财产的侵占就会发生,受害者的财产利益等就将离他而去。这四个因子相互作用,密不可分,没有哪一个因子比其他因子更重要。它们共同决定了舞弊风险的程度,如图2-4所示。

用舞弊三角理论解析,GONE理论之中:"G"即"贪婪",可归属于道德的范畴;"N"即"需要",属于"压力"或动机;"O"是机会;增加了一个"E",即舞弊被发现的概率和被惩罚的严重程度,属于"机会"的一部分,认为舞弊行为被发现和揭露的可能性大小以及被发现和揭露后的惩罚强弱将会影响舞弊者是否实施舞弊行为。该理论对舞弊三角形理论具有明显的继承。

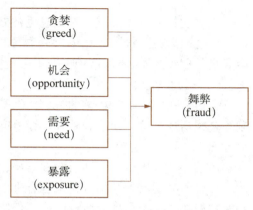

图 2-4　舞弊 GONE 理论

从这个理论可以看出,在防范财务舞弊的过程中,我们需要对 GONE 理论的四个方面同时控制,否则就很难将财务舞弊的风险控制在较低的水平。财务舞弊不仅含有内部动机,外部环境更加重要。企业缺乏内部控制,监管法律法规不到位,甚至只是恶劣的外部总体环境,都会像"破窗理论"一样对财务舞弊产生影响。因此,对于财务舞弊应该进行基于各种因素的联合控制,不给财务舞弊以任何可乘之机,从根源上杜绝财务舞弊产生的因素,否则就会导致财务舞弊治理的失败。下面将逐一对四个因子进行阐述。

一、贪婪

贪婪,原意为渴望而不知满足,但这里"贪婪"已超越了其本义,被赋予了道德的规范,指道德水平的低下。虽然它是个人主观方面的属性,但客观的社会价值、道德环境对其也造成影响。

贪婪因子是基于古典经济学假设"理性经济人"提出的,舞弊主体正是源于追求个体效用最大化的心理,容易导致企业实施财务舞弊。舞弊主体贪婪的心理特征在企业中可以体现于管理层的风险偏好水平、管理层持股比例以及管理层控制权和剩余索取权的不匹配等等。管理层风险偏好和管理层持股比例更容易激发贪婪心理,使舞弊主体通过舞弊来攫取超过自身合法的额外利益,即舞弊收益。获得的舞弊收益越多,个人的贪婪心理越容易膨胀,由此形成实施财务舞弊的恶性循环。

道德对舞弊个人而言是一种心理因素,在行为产生与实现过程中对行为主体的作用是无所不在的。它表现为一种个体价值判断,对符合自身价值判断的行为就推动其实施,对不符合自身价值判断的行为予以否定放弃。舞弊者通常有不良的道德意识或在道德意识方面不良价值判断占据了上风,或者个体已为违背良好的道德规范找到合理的借口。在这种不良道德观作用下,财务舞弊成为一种符合其价值判断的行为。

二、机会

机会是行为主体实施舞弊而避免被处罚的时机,即实施舞弊行为可能的途径与手段。机会同潜在的舞弊者在组织中掌握的一定权力有关,由于资产必须在具体的岗位由雇员掌握和控制,所以这种机会不可能完全消除,只能尽力减少,以确保这种风险要素低于一定水平。

上市公司实施财务舞弊的"机会"因子通常源于股权结构、董事会及监事会、内部控制等公司治理结构的缺陷和外部审计等问题,具体又可区分为内部因子和外部因子两大方面。

内部"机会"因子主要涉及股权结构、董事会、监事会及内部控制等公司治理结构方面。良好的公司治理结构首先来自合理的股权结构,股权结构决定了公司治理结构的基调与框架。一个合理的股权结构是保障公司实现利益相关者价值最大化的基础,是消除公司内部利益冲突、维护公司长期健康发展的根本,也是决定公司具体治理措施及安排有效开展的基石。合理的股权结构可以保证董事会、监事会及内部控制等公司治理具体安排的有效设计及落实。股权结构主要涉及两类因素:一是股权构成,即各个不同类型的股东集团分别持有多少股份,在我国主要指国家股、法人股和流通股比例;二是股权集中度,即主要股东的持股比例。股权适度集中能在一定程度上产生利益趋同效应,使控股股东和中小股东的利益趋于一致,有利于公司治理效率的提升。但是,股权过度集中将产生利益侵占效应,即在控股股东和非控股股东发生利益冲突时,控股股东可能以牺牲小股东的利益为代价来追求自身利益。可见,当股权集中度越高,控股股东产生利益侵占效应越大,公司发生财务报告舞弊的可能性通常越大。

外部"机会"因子主要涉及外部审计监管方面。财务报告披露前必须由注册会计师实施审计,外部审计作为防范财务报告舞弊的最后一道防线,其不足或无效无疑为财务报告舞弊提供了机会。尽管现行审计委托制度规定,由股东大会决定注册会计师的聘用、解聘或者不再续聘,但在内部人控制情况下,股东大会往往只是名义上的委托人。当注册会计师客观地出具审计意见而不利于管理当局时,管理当局可能以解聘或者不再续聘相胁迫,因而小型会计师事务所可能迫于经济压力而被管理当局"俘获"为同谋。相比之下,大型会计师事务所由于客户多、承受力强、独立性高,一般不容易屈从于管理当局的压力。

三、需要

需要是指个人基本生活消费需求的满足程度。需要是一种行为的动机,舞弊者的需要是由一系列复杂繁多的因素构成,最基本的动机是经济需求。

动机是会计行为产生的关键,正当的会计行为动机产生适当的会计行为,而不良的行为动机则容易在外界刺激下产生不正当的会计行为,即会计舞弊。可见,"需要"是会计舞弊的直接动因。舞弊的"需要"来源于公司期望获取不当利益,这些利益或来自资金渴求,或来自良好股价表现,抑或是企业经营者谋求其自身利润分红计划等。这种需求"不正当利益"的行为被定义为"不当套利",和有效资本市场中的假说"合理套利"进行对应。具体表现就是虚假信息破坏了市场资源职能的合理配置有效性,从而导致资源配置不当或者市场调节能力低下。由于现实市场中存在的高额信息成本、代理成本等交易费用,市场参与者无法有效地以较低交易费用的代价甄别出上市公司传递的"虚假"信号与"真实"信号。因此,上市公司的舞弊"需求"持续存在,公司也正是在舞弊"需求"的刺激下将财务报告"真实且公允"的披露嬗变为财务报告舞弊。

四、暴露

GONE 理论首次提出"暴露"这一外部环境因子,使得划分舞弊内外因子成为可能。"暴露"有两部分内容:一是舞弊行为被发现、揭露的可能性;二是对舞弊者惩罚的性质及程度。舞弊行为为达到目的,总是具有一定欺骗性和隐蔽性的,发现这种行为可能性的大小就会影响舞弊者在行为实施之前对舞弊行为结果能否成功的判断。惩罚的性质与程度也会关系到行为实施前的判断,从而给潜在的舞弊者以足够的威慑力。从舞弊的"暴露"因子看,舞弊行为被发现和披露的可能性越大,公司财务报告舞弊的可能性就越低。另外,对舞弊者的惩罚性质及程度越大,公司财务报告舞弊的成本就越高,则公司财务报告舞弊的可能性也就越小。因此,基于暴露概率的分析和惩罚力度的考虑,两者的提高均会极大减少财务舞弊的发生。

上述四个因子实质上表明了舞弊产生的四个条件,即舞弊者有很强的贪婪之心,又对财富有着十分迫切的需求,只要有适当的机会,并认为事后不会被发现,或是即使被发现,受到严厉处罚的预期较小时,他就一定会实施舞弊,从而导致"you can consider your money gone"(被欺骗者的钱、物、权益等离他而去)。由此便产生了一种说法,即"在贪婪、机会、需要和暴露四个因子共同作用的特定环境中,一般都会滋生舞弊,会使舞弊受害者的钱、财、物、权益等离他而去"。

具体而言,财务报表舞弊的主体是管理当局,他们的"贪婪"是为了提高自身报酬或控制权收益,这种贪婪可转化为对财务报表进行舞弊的"需要"。当管理当局在机会主义价值观的作用下,加上其拥有的财务报表编制权和信息不对称的相对优势,就产生了财务报表舞弊的"机会",而"暴露"则主要取决于注册会计师揭露财务报告舞弊的可能性大小以及对舞弊者惩罚的严重程度。显然,舞弊四因素理论中的"贪婪"和"需要"是从舞弊者自身的角度对舞弊"必要性"的考虑,更大程度上与行为人个体有关;而"机会"和"暴露"是从外部角度对舞弊被发现后果的考虑,更多同个体所处的组织环境有关。

第四节 舞弊风险因子理论

舞弊风险因子理论也是由布鲁根和韦尔斯提出来的。该理论在 GONE 理论基础上做了进一步完善。风险因子理论有五个要素,分别是道德品质、动机、舞弊机会、发现可能性,以及舞弊受惩罚的性质和程度。这五个因子归类为个别风险因子与一般风险因子,舞弊风险因子与GONE组成因子的关系如表2-1所示。

表2-1　舞弊风险因子理论与GONE理论要素比较

舞弊风险因子理论		GONE 理论
个别风险因子	道德品质	G(贪婪)因子
	动机	N(需求)因子
一般风险因子	舞弊机会	O(机会)因子
	舞弊被发现的概率	E(暴露)因子
	舞弊发现后惩罚性质和程度	E(暴露)因子

一、个别风险因子

不在团体或者组织控制范围之内的因素,个别风险是由个体的道德扭曲和动机不良引起的,主要包括道德品质和动机。

（一）道德品质

道德品质方面问题与个人的内在特性相关。财务舞弊不仅仅是一种经济行为,从深层次方面来看更是一种道德扭曲,道德品质扭曲指的是个体行为缺乏诚信道德。

（二）动机

动机指的是体制上存在漏洞和不足会给舞弊输送利益,舞弊者实施舞弊的动机有很多,如管理层或治理层个人经济利益受到公司业绩或状况的影响等。财务舞弊行为个体有类似于上市圈钱、偷税漏税、获得流通市场暴利等行为的,就是不良动机。

二、一般风险因子

一般风险因子是舞弊者可以控制的因素。一般风险是暴露的可能性小以及受惩罚程度轻等问题所引起的风险,包括潜在的舞弊机会、舞弊被发现的概率以及舞弊发现后受到惩罚的性质和程度。

（一）潜在的舞弊机会

潜在的舞弊机会主要是指舞弊者从本岗位的权利和责任以及相关制度的设置考虑,可能发生财务舞弊的机会或者具体情形。舞弊发生的机会因子是不可能完全消除的,但是可以采取一些手段将机会因子控制在合理水平之内。

（二）舞弊被发现的概率

舞弊被发现的概率高,会起到抑制舞弊的作用。内部控制系统决定了舞弊发现的概率,尽管内部控制措施不能完全让所有舞弊行为消失,但是在理论上,它们能够防止和发现大多数重大舞弊行为。所以,如果舞弊发生的机会水平一定,那么降低舞弊风险可以通过加大发现舞弊的概率来实现。

(三)舞弊发现后惩罚的性质和程度

发现舞弊本身形成不了一定的震慑作用,还必须有严格的惩罚措施对舞弊者加以威慑。虽然关于舞弊与惩罚的关系的研究还比较少,但是从证券市场经验来看,舞弊发现后受到的惩罚的性质和程度具有一定的威慑力。舞弊者所在组织和团体应该明确制定相关惩罚政策并严格实行。

第五节 审计理论

舞弊审计本质上是一种具备独立性的审计活动,构建完整的舞弊审计理论内容也应当建立在审计理论的基本组成部分以及各部分之间内在逻辑关系的基础之上。其中,审计免疫系统论和风险导向审计理论为舞弊审计提供了重要的理论支撑。

一、审计免疫系统论

有学者通过分析审计本质的内涵发展,认为国家审计是国家治理的重要组成部分。国家治理是通过配置和运行国家权力,对国家和社会事务进行控制、管理和提供服务,确保国家安全,捍卫国家利益,维护人民权益,保持社会稳定,推动科学发展。在国家治理中,国家审计实质上是国家依法用权力监督制约权力的行为,其本质是国家治理这个大系统中的一个内生的,具有防御、揭示和抵御功能的"免疫系统"。[①]

国家治理的目标决定了国家审计的方向,国家治理的模式决定了国家审计的制度。国家审计伴随着中国改革开放的发展,立足民主法制、经济社会发展和国家治理大局,重点关注影响国家经济安全、民主法制、廉政建设、科学发展和人民利益的各项经济社会管理活动。国家审计作为国家治理的重要组成部分,在保证国民经济健康发展、维护社会稳定增长方面具有不可替代的作用。因此,免疫系统指导下的审计是中国反舞弊审计的利器。

二、风险导向审计理论

从20世纪80年代起,世界进入了信息社会和知识经济。随着所有权与经营权进一步分离,企业组织形式复杂变化,为解决委托代理问题而实施的激励计划多样化,管理层舞弊的驱动力更强。各种管理创新工具层出不穷,经济业务日益复杂化,管理层操纵的空间更大、手法更多。管理层舞弊给有关利益关系人造成的损失更大,给社会带来

---

① 刘家义:《论国家治理与国家审计》,《中国社会科学》2012年第6期。

的影响也更为广泛。

然而,账项导向审计、制度导向审计等传统审计模式无法有效应对前述问题,需要将风险因素的评价与控制纳入审计工作。由此,形成了以企业经营风险为中心的审计新模式——风险导向审计。

风险导向审计是指审计人员在对审计全过程中各种风险因素进行充分评估分析的基础上,将风险控制方法融入传统审计方法中获取审计证据,形成审计结论的模式。它的原理在于审计人员先确定一个预期风险水平值,然而通过固有风险和控制风险的确认和评估,确定检查风险,并根据检查风险确定实质性审查的范围和重点。

从账项导向审计到制度导向审计,再到风险导向审计,既是社会经济发展的必然要求,更是应对舞弊的重要理论支柱。

第六节　法务会计理论

法务会计是特定主体综合运用会计学、审计学、诉讼法学、证据法学和侦查学等学科的相关知识与专业技能,对舞弊与经济犯罪活动所引起的资金非正常流动等进行调查、审核、估算、分析和鉴定等,据以提出法律鉴定或为庭审作证的特定专业服务活动。舞弊审计是指审计人员对被审计单位的内部人员及其有关人员为牟取自身利益或为使本组织获得不正当经济利益而自身也可能获得相关经济利益,而采取违法手段使组织经济利益受损的不正当行为,使用检查、查询等审计程序进行取证并向委托者或授权者出具审计报告的一种监督活动。

正是因为法务会计与舞弊审计都包含了查错防弊的内容,所以两者之间的关系往往受到理论界的关注,对此学界形成了不同的观点。

一种观点认为,法务会计与舞弊审计都包含对会计工作进行检查和评价的内容,两者是相互交叉的两个范畴,两者既有联系又有区别。[1]

另一种观点认为,舞弊审计是法务会计的重要组成部分,舞弊审计与法务会计的关系类似"巡警"与"侦探"。[2]

两者之间的分歧在于法务会计的学科定位。前一种观点认为舞弊审计是审计学科的一个组成部分,天然地具有审计的一切特点,对财务活动和会计信息进行监督是其固有的职能,而法务会计是司法服务的一个组成部分,是对涉及财务欺诈等行为的法律认定,需要以专家身份对财务活动真实客观性进行调查并发表专业性评价。因此,从学科上看,舞弊审计与法务会计是相互独立的范畴。后一种观点则认为,法务会计的主要目的是通过对相关资料的审核与分析,寻找经济犯罪与舞弊的证据,作为确定刑事责任与民事责任的依据,以解决相关的法律问题。因此,从学科内容上讲,舞弊审计是法务会计的重要组成部分。

---

[1] 李华、王素梅:《舞弊审计学(第二版)》,中国时代经济出版社,2018,第37—38页。
[2] 张苏彤:《法务会计:理论·实务·案例·习题》,首都经济贸易大学出版社,2019,第21—22页。

前一种观点只认识到了法务会计与舞弊审计在审计层面上的异同,并将法务会计局限于司法服务的范畴。殊不知,法务会计是一门融会计学、审计学、诉讼法学、数据学、侦查学等学科为一体的新兴学科,对象涵盖舞弊与经济犯罪活动所引起的资金非正常流动及其结果。所以,后一种观点较好地描述了舞弊审计与法务会计的关系。

换言之,法务会计的理论体系,如法务会计目标、内容、对象、范围、假设、标准、职能、原则等基本框架内容,都可以为舞弊审计提供理论借鉴与实践参考。

案例分析

基于舞弊风险因子理论的圣莱达财务舞弊分析

2004年,宁波圣莱达电器股份有限公司(简称圣莱达)正式成立。经过十几年的发展,公司拥有总资产45 166万元。公司在高端电热水壶和温控器的经营方面颇有成就,已经跻身全球该领域的前八强。自成立以来,经过7年的发展,公司取得了上市资格,成功在A股上市,并且成为国内温控器及中高端电热水壶行业中第一家上市的公司。2016年,由于两年前圣莱达与祥云飞龙计划进行重大资产重组,该交易中存在违规事项,中国证监会对圣莱达立案调查。2017年4月,圣莱达接到证监会调查通知书,证监会依法对圣莱达信息披露违法违规行为进行了立案调查。2018年5月,证监会调查结果如下:圣莱达通过资产重组和政府补贴两项手段,共虚增2015年收入2 000万元,共虚增2015年净利润1 500万元,对圣莱达责令改正,给予警告,并处以60万元罚款,对圣莱达的负责人胡某和覃某等人做出罚款以及市场禁入处罚。

以下基于舞弊风险因子理论的要素,对圣莱达财务舞弊的动因进行分析。

1. 道德品质

覃某作为公司的实际控制人、第一大股东,应该履行监督公司高层的责任;但是面对董事长的财务舞弊计划,覃某却并未否认,而是同意用这种手段来虚增利润。但是上市公司并不能只是圈钱,而应为公司的相关利益人员考虑。大股东的暗箱操作,最终损失的承担者是公司的广大投资者。公司的实际控制人以及高层管理人员,其自身的道德品质影响着整个公司的企业文化。道德品质薄弱、一味只考虑利益的管理人员,往往会利用非正常手段来提高公司的经营业绩。圣莱达最终走上财务舞弊的道路,其管理者道德品质的缺失是根本原因。

2. 动机

一是经营业务不佳。圣莱达的经营业绩、盈利能力、财务状况等从2013年开始下降,2014年继续恶化。对于上市公司,一份"好看"的财务报表是至关重要的,因此,为了掩盖公司财务状况的继续恶化,管理层利用极其隐蔽的手段实施了财务舞弊,虚增2015年的收入和利润。二是重大资产重组失败。2013年,圣莱达与云南祥云飞龙再生科技股份有限公司(以下简称"祥云飞龙")实施资产重组,然而,证监会对此次交易进行审核的结论是,祥云飞龙并没有达到上市资格,该公司的会计系统不健全,内部控制薄弱。该资产重组并没有完成,圣莱达让壳失败。三是重组保业绩避免

ST。由于与祥云飞龙的重大资产重组也没有完成,公司的经营能力以及盈利能力都出现了大幅度的下滑,很可能被ST,甚至面临退市。

3. 机会

机会主要表现在四个方面。一是会计系统控制存在缺陷。圣莱达将3 000万元影视版权费用转给华视友邦。违约之后,华视友邦将4 000万元版权费以及违约金返还给圣莱达。然后,这些资金分批转给关联公司北京圣莱达,资金通过北京圣莱达最终回流到星美系公司。会计系统控制对于这一笔非正常的资金转移并没有行使监督职责,对于公司的货币资金、资金循环并没有严格的规范流程。二是大股东没有行使监督职能。圣莱达的第一大股东是覃某控制的星美圣典,其通过股权转移成为公司的实际控制人,持股18.125%。圣莱达的股权结构较为分散,第一大股东持股比例较低,其行使监督职能的动机较弱,失去了监督管理层的主动性。三是董事会和监事会没有各司其职。圣莱达近几年董监高变更频繁,不利于公司业绩以及公司长远的发展,在新旧人员交换之时,对公司的管理难免会出现漏洞。四是独立董事监督不到位。圣莱达的三位独立董事出席董事会会议的次数越来越少。2016年,三位独立董事以远程通信参加董事会会议只有一次;2017年,独立董事徐某和赵某现场出席会议只有三次,以远程通信参加有八次。独立董事没有对公司非日常经营活动发表意见,没有尽到勤勉义务。

4. 被发现的可能性

一是圣莱达的舞弊手段极其隐秘。圣莱达利用签署版权协议(审查影视版权转让难度较大)这一手段来达到虚增营业外收入的目的。二是高级管理人员凌驾于内部控制之上。圣莱达的董事长与总经理胡某以及财务总监康某串通,公司版权转让和财政补助事项的资金划转、协议流转、洽谈对接等都被合理化,从相关的书面记录、凭证记录、票据等方面很难发现舞弊的痕迹。三是审计机构专业胜任能力不足。圣莱达自上市以来更换了三家会计师事务所,无法评估其与关联公司的合作项目,未能发现有关影视版权转让以及政府补助的舞弊事项。

5. 面临的惩罚程度

一是依据2018年我国刑法、证券法的规定,对于财务舞弊公司和责任人员的处罚不高于60万元,监禁期限最长为3年,公司利用舞弊获得的利润要远远高于被发现后受到的处罚,惩罚力度不足以威慑财务报表舞弊。二是舞弊治理相关法律不健全。公司法、证券法等相关法律相对于美国的《萨班斯-奥克斯利法案》等,其惩罚力度较小,对于违反法律法规的人不具有强大的震慑力,这大大减小了财务舞弊的成本。对于此次圣莱达财务舞弊事件,证监会并没有因此次严重的财务舞弊而使得公司退市,只是责令改正,警告,处以罚款;而对于上市公司来说,罚款数额与舞弊收益相比只是九牛一毛。对于财务舞弊的主要策划者、实施者、公司的实际控制人,分别采取了证券市场禁入措施;对于在此次财务舞弊中受到损失的投资者,法律也没有明确规定如何索赔。因此,我国对于治理上市公司财务舞弊的相关法律法规还有待完善。

思 考 题

1. 什么是舞弊冰山理论?
2. 试解释舞弊三角理论的三大要素。
3. 如何理解 GONE 理论的四个舞弊因素?
4. 简述舞弊风险因子理论中的个别风险因子和一般风险因子的内容。
5. 舞弊动因各理论之间的主要区别是什么?
6. 审计免疫系统论之于舞弊审计的指导意义有哪些?

第三章　舞弊审计概述

[教学目标]

通过本章的学习,要求学生了解舞弊的种类,掌握舞弊的本质及其影响因素,理解舞弊审计假设内容、基本原则、主体类型与行为规范。

第一节　舞弊本质与种类

认识舞弊的本质、熟悉舞弊的种类是舞弊审计的前置性条件,准确地把握这些内容是开展舞弊审计工作的关键。

一、舞弊的本质

舞弊是会计、审计、法律、税务等领域常用的词汇,但是学界对于舞弊并没有统一的定义。人们阐释舞弊含义的方式基本有三种:一是查阅辞书或辞典等工具书,探求舞弊的本源内涵;二是遵循舞弊实务,寻求相关行业协会的定义或者相关准则对舞弊的界定;三是借助舞弊理论研究,推演舞弊的定义及其内涵。由此,学界形成了舞弊的三要素、四要素与五要素的定义模式。

"三要素"的观点认为,舞弊具有三个要素:一是舞弊行为动机为主观故意,是行为人有计划、有针对性和有目的地故意违背事实性原则的行为;二是舞弊行为性质是违反国家相关法律、法规、政策、制度和规章规范的行为,是法律、法规所不容的行为;三是舞弊行为后果,一方面造成有关经济活动记录违反真实性和合法性原则,或导致会计信息不完整,另一方面行为人从侵害组织利益的过程中获得了私人利益[①]。在他们看来,舞弊是一个非常宽泛的概念,包括人们所能够设想到的所有通过虚报等方式牟取利益的方法。舞弊具有多种多样的形式,因此无法对舞弊进行统一、绝对化的定义,只能将其统称为一种"非诚信的行为"。

为了进一步揭示舞弊的本质,"四要素"的观点侧重于从审计工作的角度来理解舞

---

① 尹平:《舞弊审计》,中国财政经济出版社,2012,第9页;李华:《舞弊审计学》,中国时代经济出版社,2013,第2—3页。

弊。具体而言,重点关注的是舞弊行为的下述要素:一是舞弊的主体,即经济活动的参与者;二是舞弊的对象,即资产和信息;三是舞弊的目的,即获取不正当利益;四是舞弊的本质,即故意性的违法违规行为。由此,他们将舞弊界定为"经济活动的有关行为人为了特定的不正当利益,而针对相关资产或信息采取的具有欺骗性的主观故意行为"[①]。

有学者指出舞弊是一种非法行为,具有以下五个要素:其一,舞弊是一种故意行为;其二,舞弊是靠人的智慧能力来策划实施的;其三,舞弊通常采取欺骗、隐瞒、引诱等隐蔽的手法骗取信任;其四,舞弊的后果是对受害人造成经济上的损失与精神上的伤害;其五,舞弊的目的是非法占有他人财产或劳务[②]。综合这些要素,舞弊是以非法占有他人财物为目的,采取欺骗、隐瞒、引诱等隐蔽的手法,倾尽其智慧能力进行策划与实施,能够对受害人造成经济上的损失与精神上的伤害的一种故意的行为。其中,舞弊最为核心的行为特征是通过不诚实的手段剥夺他人的经济利益。

提取上述定义的公因式发现,舞弊是一种故意性的违法、违规行为。从行为构成而言,舞弊是由主观上的故意和客观上的违法、违规构成的。对于审计人员来说,识别和界定舞弊行为,最为关键的一个方面在于判断舞弊行为的错误做法是有意为之还是无意之举,此亦鉴别舞弊的核心要件。舞弊行为的故意性通常体现为舞弊之前会深思熟虑、慎重策划,舞弊之后还会想方设法掩饰狡辩,这些表现都是行为人刻意舞弊的特征,也是舞弊行为的本质。无论舞弊以何种方式进行,舞弊即意味着行为超出了正常的界限,至少体现为在会计上违背了真实性原则,导致会计信息错报、漏报,在管理上违背单位的规章制度甚至法律法规要求,会受到相应的处罚。

二、舞弊的种类

舞弊的分类能够使我们对舞弊有更深刻的认识,便于我们分析和寻找、侦查和发现舞弊。

(一) 雇员舞弊和管理层舞弊

按照舞弊行为的主体划分,舞弊可以分为雇员舞弊和管理层舞弊。

雇员舞弊是组织内部的雇员以欺骗性手段不正当地获取组织钱财或其他财产的行为。例如,2017年5月4日,京东集团通过其微信公众号"廉洁京东"公布了6起公司员工舞弊案件,违规员工职位涉及部门采购经理、片区经理等,舞弊行为包括收受贿赂、侵占公司商品、索要现金礼品,以及接受商家宴请、住宿、娱乐活动等。雇员舞弊通常发生于雇员所能接触到的资产,因而一般与雇员职务密切相关,其主要手段是制造虚假单据、越权行为和盗窃资产。雇员舞弊通常会损害组织利益,是现代组织单位中常见的一种舞弊行为。

管理层舞弊是管理当局蓄谋的舞弊行为,主要体现为编制虚假财务报告来欺骗投资者和债权人,以及其他外部利益相关者。例如,瑞幸咖啡公司自2019年4月起至

---

① 李华、王素梅:《舞弊审计学(第二版)》,中国时代经济出版社,2018,第5页。
② 张苏彤:《法务会计:理论·实务·案例·习题》,首都经济贸易大学出版社,2019,第151页。

2019年年末,通过虚构商品券业务增加交易额22.46亿元,虚增收入21.19亿元(占对外披露收入51.5亿元的41.16%),虚增成本费用12.11亿元,虚增利润9.08亿元。管理层舞弊通常是集体合谋行为,具有较强的隐蔽性,外部检查人很难发现,所造成的影响往往会相对雇员舞弊重大,常涉及第三方利益相关者。

雇员舞弊和管理层舞弊的划分不仅仅以舞弊的行为主体为区分标准,两者舞弊行为的目的往往具有本质区别。雇员舞弊是为了获取个人私利而损害企业的利益,而管理层舞弊通常是为了企业利益而损害企业外部利益相关者的权益。

(二)财务报告舞弊和侵占资产舞弊

依据舞弊实施对象,舞弊可以分为财务报告舞弊和侵占资产舞弊。

财务报告舞弊是指公司或企业不遵循财务会计报告标准,有意识地利用各种手段,歪曲反映企业某一特定日期财务状况、经营成果和现金流量,对企业的经营活动情况做出不实陈述的财务会计报告,从而误导信息使用者的决策。财务报告舞弊往往是为了迎合市场预期或特定要求,牟取以财务业绩为基础的私人报酬最大化、偷逃或骗取税款、骗取外部资金、掩盖侵占资产的事实等。财务报告舞弊主要表现形式有:操纵、伪造或更改会计记录或凭证文件;误报或忽略财务报表的交易事项或其他重要信息;故意误用与数量、分类、提供方式或披露方式有关的会计原则。

侵占资产舞弊是指舞弊者的目的是占有公司的财产,包括贪污、挪用、盗窃等行为。侵占资产舞弊往往借助伪造凭证或编制错误记录来完成。行为人大多是公司的雇员,但是管理当局也可能进行此类舞弊,如建立小金库等。侵占资产舞弊手段主要包括:贪污收入款项;盗取货币资金、实物资产或无形资产;对虚构的商品或劳务付款;将单位资产挪为私用。

财务报告舞弊和侵占资产舞弊主要区别在于,财务报告舞弊通常是管理当局欺骗财务报告使用者,侵占资产舞弊通常是雇员欺骗管理当局。

(三)损害组织经济利益舞弊和谋取组织经济利益舞弊

按照舞弊行为结果与行为目的,舞弊可以分为损害组织经济利益舞弊和谋取组织经济利益舞弊。

损害组织经济利益舞弊,是指组织内、外人员为谋取自身利益,采取欺骗等违法违规手段使组织利益遭受损害的不正当行为。损害组织经济利益舞弊表现形式包括:收受贿赂或者回扣;将正常情况下可以使组织获利的交易事项转移给他人;贪污、挪用、盗窃组织资产;使组织为虚假的交易事项支付款项;故意隐瞒、错报交易事项;泄露组织的商业秘密;其他损害组织经济利益的舞弊行为[①]。

谋取组织经济利益舞弊,是指组织内部人员为使本组织获得不当经济利益而其自身也可能获得相关利益,采用欺骗等违法违规手段,损害国家和其他组织或者个人利益的不正当行为。谋取组织经济利益舞弊表现形式包括:支付贿赂或者回扣;出售不存在或者不真实的资产;故意错报交易事项、记录虚假的交易事项,使财务报表使用者误解而做出不适当的投融资决策;隐瞒或者删除应当对外披露的重要信息;从事违法违规

[①] 《第2204号内部审计具体准则——对舞弊行为进行检查和报告》第八条。

的经营活动;偷逃税款;其他谋取组织经济利益的舞弊行为①。

第二节 影响舞弊的因素

如何有效识别与舞弊风险有关的风险因素,并根据风险因素判断舞弊风险的高低是提高舞弊审计效果的重点和难点。充分认识、归纳这些因素,有利于舞弊审计的顺利开展。

一、影响舞弊因素的归纳

在归纳影响舞弊的因素时,学者们往往借助舞弊审计环境的概念,将影响舞弊的因素分为外部环境因素和内部环境因素②。外部环境因素,即组织外部的社会、政治、经济、法律和文化等环境因素;内部环境因素,即组织内部的经济、管理(控制)、人际、制度以及其他环境因素。

外部环境是企业、事业单位舞弊的重要因素之一,其主要包括:① 政府政策的导向;② 社会经济生活;③ 利益格局的均衡性;④ 公司治理结构;⑤ 市场法制和规则。具言之,造成企业、事业单位舞弊的诱因包括但不限于:① 政府政策的导向和行政的干预;② 社会经济活动"假"的丛生和呼应;③ 利益格局非平衡性;④ 公司治理结构的缺陷;⑤ 市场法制和规则的缺乏或不健全;⑥ 注册会计师审计监督制度失灵;⑦ 地方保护主义。

在一定时期和一定地域,组织外部环境是既定的,它对所有经营主体的作用力是相同或相近的,但是有的主体相安无事,有的主体则成为舞弊的重灾区。造成这种差异的因素包括:① 单位内部组织机构设置;② 职位设立与分工;③ 财务管理制度;④ 内部管理制度;⑤ 信息系统管理。具体如下:① 企事业单位内部组织机构重叠,分工不清,业务范围、权限和职责不明;② 职位设立混乱,人浮于事;③ 财务管理不科学;④ 对生产经营业务和财会核算处理缺乏公认、可行的业务标准化程序控制;⑤ 生产经营和会计核算管理弱化,缺乏刚性的标准和控制机制;⑥ 经济业务的办理缺乏严格的手续;⑦ 缺乏有力的纪律约束;⑧ 信息管理混乱;⑨ 内部审计空白或被弱化。

除环境因素之外,有学者还归纳了影响舞弊的心理因素③。舞弊心理是指舞弊者的内心活动,包括对舞弊及相关问题的思维、动机、冲动、欲望、意念、态度、观点和思想等,它通过对舞弊行为的正向刺激,提供给舞弊者合理化借口,是导致舞弊发生的一个主要动机因素。

---

① 《第 2204 号内部审计具体准则——对舞弊行为进行检查和报告》第九条。
② 尹平:《舞弊审计》,中国财政经济出版社,2012,第 45—51 页;李华:《舞弊审计》,中国时代经济出版社,2013,第 22—27 页。
③ 尹平:《舞弊审计》,中国财政经济出版社,2012,第 41—44 页。

不同的舞弊者具有不同的舞弊心理。个人舞弊的舞弊心理包括逐利心理、冒险心理、机会心理、功臣应得心理、攀比心理、从众和效仿心理、侥幸投机心理和抗拒心理。集体舞弊的舞弊心理包括：只要自己不装腰包，干什么都行；集体行为集体负责，错了也没有关系；模仿心理；只要领导支持、关系网保护，风险之下就有安全；只要将群众摆平，没人举报，就可以大胆地舞弊；适可而止不为过；舞弊属于"改革"。

此外，公众心理对会计舞弊有着影响与联动效应。这些心理有盼富心理、比拼心理、金钱万能的心理、见义勇为者寡的心理、老实人无能的心理，还有急功近利的行为倾向。它们对会计舞弊者的动机和行为有影响、刺激作用，同时会以各种形式表现出来，成为舞弊审计的潜在因素。

二、影响舞弊因素的演变机理

随着大数据、云计算、5G 技术的发展与应用，舞弊产生的动机、机会及揭示强度发生了质变，导致舞弊更为隐蔽，增加了舞弊审计的难度。

（一）舞弊动机复杂化

在日新月异的共享经济与智能制造时代，商业模式变革风起云涌，互联网与各行各业深度融合，风险投资进一步提高了全民创业的积极性。因此，微观企业、组织的竞争压力日益加剧。在此背景下，管理层的创业压力、转型压力、企业竞争压力以及员工的生活压力积聚；新商业模式出现也可能带来大的现金流及机会，促使员工产生舞弊动机。

（二）舞弊机会多元化

随着大数据、云计算、5G 技术的推广，实施舞弊行为的途径和手段更为多元。一方面，舞弊机会产生于企业管理体制中的缺陷，如新商业模式出现后，相应的内部控制处于摸索阶段，薄弱环节多，这些缺陷给了有舞弊动机的人员可乘之机。另一方面，互联网与传统业务深度融合，权力或资源控制过于集中，监管机制不健全，组织或员工借助信息技术、安全漏洞、访问控制、隐蔽的后门程序、系统脆弱性或系统间数据传递等途径进行舞弊，手段更多元化且难以被揭示。

（三）舞弊借口合理化

在新时代，信息技术发展导致的舞弊的隐蔽性，使得被审计单位的舞弊借口更为多元化。除依靠行业惯例等常用借口来掩盖舞弊事实外，更易采用信息交换时差、系统间数据共享程度、云平台统计口径、虚拟资源池部署等各种理由防止审计人员发现舞弊，寻找各种借口来推卸责任，限制审计检查范围。

（四）舞弊揭示强度弱化

舞弊与舞弊揭示是一对矛盾的对立面，被审计单位舞弊的频率和程度取决于审计人员对舞弊揭示的强度，而舞弊被揭示强度又决定了被审计单位舞弊的动机。舞弊揭示强度依赖政府监管的力度、审计人员的能力和水平、被审计单位对业务与信息技术融合的程度等因素。

随着信息技术与云计算的不断深化，要提高舞弊审计揭示强度，首先要加大政府监管力度,推进制度建设,促进结果公开与利用,其次要大力提升审计人员的业务能力,最后要加大惩罚力度。

第三节 舞弊审计原则与假设

一、舞弊审计的原则

一般而论,舞弊审计原则可以分为一般舞弊审计原则和特殊舞弊审计原则。一般舞弊审计原则指的是任何国家或组织的舞弊审计都遵守的原则,如公正性原则、客观性原则、独立性原则等,这些都是由审计职业特点决定的。特殊舞弊审计原则是特定国家或特定组织在特定时期颁布的原则,这些原则都是为了适应审计形势的变化而变迁的。

由于一般舞弊审计原则在审计学中有重要的阐释,本节重点介绍的是特殊舞弊审计原则,包括职业怀疑原则、风险导向审计原则、审计风险防范原则、审计师的特殊保护原则、舞弊审计准则的国际趋同原则[①]。然而,审计风险防范原则、审计师的特殊保护原则共同指向审计师的保护,审计风险防范原则也涵盖了审计师的特殊保护内容。因此,可以将审计风险防范原则和审计师的特殊保护原则归并为审计风险防范原则。

(一)职业怀疑原则

职业怀疑原则是一种对审计证据的怀疑和批判评价的态度。职业怀疑原则要求,尽管审计师凭过去的经验认为被审计单位管理当局和董事是诚实和正直的,但是也要根据获得的信息和实施的审计程序来判断因舞弊导致重大错报是否存在,并保持持续的怀疑。

职业怀疑原则的理论基础是有错推定。当然,这里的有错推定并不是法律中的归责原则,而是一种技术性原则。审计师在开始审计工作以前,在思想上一开始就要假设被审计对象存在舞弊行为,是不可信任的。无论被审计对象以前具有多么良好的信用历史,管理层以往具有多么诚实的品格,都不可因为过往的信任而缩小审计范围,减少审计证据,降低审计标准。在技术手段上,尤其是在一些舞弊行为高发的区域,如收入确认、存货盘点、会计估计这些收入关键点和对高风险客户及特殊行业和特殊交易的审计,要假设其存在舞弊现象,要在常规审计程序外,取得充分、适当审计证据,证明被审计对象不存在重大错报和舞弊。

职业怀疑原则肇始于职业谨慎原则,但是有区别于后者的独特要求。一方面,职业怀疑原则要求审计师在审计过程中对于审计对象持怀疑态度,与职业谨慎原则要求的中性态度相区别,而这种怀疑态度贯彻于审计活动的整个过程。另一方面,正是这种态度改变了审计师同被审计单位管理层的关系。在职业怀疑原则下,审计师始终保持一种不信任感,这种不信任感会在思想上和行动上都体现出来,自然会影响审计师和管理

---

① 张苏彤:《法务会计研究》,中国时代经济出版社,2009,第156—167页。

层的关系。此外,职业怀疑原则增强了审计师舞弊审计的意识及其对舞弊的敏感性,是审计理念、思路及程序的重大突破。

(二)风险导向审计原则

风险导向审计原则实际上是由风险导向审计模式提炼出来的一个原则。之所以将审计模式这一技术性手段上升到原则高度,是因为在现代审计中,风险导向审计是一种被普遍接受的审计理念,也是纷繁复杂的现代社会经济生活所决定的必然审计要求。在审计史上曾经出现过账项导向审计模式和制度导向审计模式,但是随着历史的发展和人类的进步,这两种模式不得不让位于风险导向审计模式,这是社会进步的必然体现。

风险导向审计原则着眼于企业整个审计风险,在对企业整个审计风险做出综合测试与评定后,制定出与整个风险相适应的审计计划。风险导向审计原则非常强调审计师发挥自己的主观能动性,从企业治理的各个角度评估企业的整个风险体系,发现其中的薄弱环节,相应地制定出针对性相当强的审计计划。风险导向审计原则强调审计师的主动性,不拘泥于传统审计强调的从企业内部控制结果抑或单纯的原始账项单据中发现舞弊的可能性,审计师审计的整个过程其实就是深挖企业治理漏洞、查找各种治理薄弱环节以期找出可能的舞弊行为的过程。其实,这也反映了风险导向审计原则的逻辑起点,即基于企业的整个治理结构的把握,制定针对性的个性化审计计划,从而展开审计。

风险导向审计原则的确立,使得审计师在从业时的角色发生了变化。一方面,审计师要了解企业的治理结构,分析其特点,找出其中可能存在的舞弊高发区域,制定个性化的审计计划,就必须对企业的情况非常了解。可以说,审计师将接触企业管理的方方面面,甚至从某种角度来说,其对企业的了解可能比个别高管人员更清楚。另一方面,审计师在从业时力求发现舞弊行为,同时从侧面也提醒了企业在治理结构的各个方面可能存在的漏洞。于是,审计师就不再单纯是企业的"局外人",他也成了企业圈子里的人,成了"局内人"。当然,从另一个侧面来说,风险导向审计对审计师的业务素质和道德修养要求也提高了。

(三)审计风险防范原则

审计风险防范原则有两个维度:一是对审计师从业的要求,即审计师要尽职尽责地完成审计任务;二是对审计师的特殊保护,即保护审计师免受因舞弊导致的重大错报风险。审计风险防范原则要求充分发挥审计师的主观能动性,运用风险导向审计模式,制定个性化的审计计划,尽可能找到一切舞弊行为,从而在顺利完成审计工作的同时,切实履行舞弊审计准则所要求的审计师对舞弊的考虑的责任,达到有效地保护审计师的目的。

审计风险防范原则总的体现就是风险导向审计模式的选择和使用。具体说来,防范审计风险主要是防范因舞弊导致的重大错报风险,而从审计程序和方法技术而言,防范因舞弊导致的重大错报风险包括收集因舞弊导致重大错报风险的信息,识别、评估因舞弊导致的重大错报风险和应对已识别的因舞弊导致的重大错报风险三个步骤。

（四）舞弊审计准则的国际趋同原则

舞弊审计准则的国际趋同就是一个国家在本国推行国际舞弊准则并协助执行国际舞弊审计准则，最后统一采用国际舞弊审计准则的系统的、一贯的过程。当然，国际趋同并不是指各个国家或地区之间相互借鉴、求同存异，而是要求各个国家或地区的准则最终统一采用国际舞弊审计准则。这里的"国际"不是指国家之间，而是指一个专门的机构——国际审计与鉴证准则理事会。

舞弊审计准则的国际趋同作为一种原则，也是历史潮流所趋以及经济全球化的要求。对比各个舞弊审计准则，可以清晰地看到所有新的舞弊审计准则中都明显地体现了这一原则。舞弊审计准则的国际趋同从本质上来说是资本技术标准的国际化。当今经济全球化的发展趋势必然要求建立全球公认的准则体系，这对于在全球范围内降低投资者风险、实现更有效的资源配置、推动经济发展和保持金融稳定发挥着重要作用。

舞弊审计准则的国际趋同是审计理论界和职业界适应全球经济一体化、谋求共同健康发展、制定统一资本技术标准的过程。值得注意的是，趋同不是相同，趋同需要一个过程。各国准则在尽力向国际准则趋同时，不能照抄照搬，不能亦步亦趋，要考虑到各国在经济环境、法律制度、文化理念以及监管水平、会计信息使用者和会计人员素质等方面存在的差异，允许差异存在。各国国情的差异决定了合作的自愿性。各国准则与国际准则差异的弥补也不是一蹴而就的，需要其他种种环境和制度建设跟进，这都需要时间。只有通过始终不懈的努力加强合作和互动，国际趋同的目标才能最终实现。

二、舞弊审计假设

舞弊审计假设是指为了实现舞弊审计的目标，考虑到客观环境的影响而设定的舞弊审计活动的若干前提或制约条件。如果违反了这些基本前提或制约条件，舞弊审计就不能建立一套完整的理论体系，从而不能很好地为公众服务，甚至还会改变舞弊审计的性质和职能。舞弊审计理论的基本假设包括前提条件假设、审计行为假设和审计人员责任假设。[①]

（一）前提条件假设

假设一：被审计单位及其递交验证的财务报表和其他资料可能存在串通作弊和其他舞弊。

这一假设是关于舞弊审计客体方面的，它不仅明确了舞弊审计的必要性，而且说明舞弊审计师应保持足够的职业怀疑态度。众所周知，审计产生于两权分离。随着商品经济的发展，财产所有权和经营权发生了分离，于是在这两者之间就存在一定的经济利益关系。财产经营者与财产所有者关心的利益不同，客观上存在舞弊的动机。舞弊可能存在的假设不仅说明舞弊产生的理由，而且还从性质上明确了舞弊审计是一种证实性活动。该假设也说明，在审计人员和被审计企业的相关人员甚至管理部门之间存在利益冲突，这也与财务审计的基本假设相悖。

---

① 叶雪芳：《舞弊审计》，经济科学出版社，2008，第28页。

假设二：信息可验证性假设。

该假设是舞弊审计存在的客观基础。可验证性假设是指两名以上独立工作的合格审计人员从数据的检查中能得出大体相同的结论。验证是使人相信命题的手段。通过验证，获取充分的资料，可能证明命题是正确的，也可能得出相反的结论。这一假设非常重要，由于舞弊审计是一种证实性活动，财务报表等资料必须是可验证的，否则舞弊审计就失去了可资审计的对象，也就失去了生存的条件。

（二）审计行为假设

假设一：成本效益原则假设。

成本效益原则假设是指在决定是否实施舞弊审计时要考虑成本效益原则。这个假设说明，在进行审计前要充分估计舞弊审计的投入和产出。在其他条件相同的情况下，舞弊审计的效果一般与审计资源的投入成比例，投入越多，舞弊审计的效果越好。在考虑是否进行舞弊审计时，要考虑投入与产出，如果得不偿失，不如放弃审计。也就是说，如果进行舞弊审计的效果大于舞弊审计成本，则进行舞弊审计，否则应停止舞弊审计。

但在考虑舞弊审计的效果时要考虑各种因素，不仅包括直接效果，还要包括侦破舞弊带来的间接收益，如威慑作用等。随着审计实践的发展，对成本与效益的评估会出现较为精确的量化方法。

假设二：内部控制局限性假设。

这一假设认为，内部控制系统有其局限性，并非总是能够减少错误与舞弊事项的发生，舞弊审计不可过分信任内部控制。该假设是由舞弊的性质决定的。舞弊是一种故意的行为，有理由相信，舞弊者会故意利用内部控制的缺陷，甚至伪造内部控制有效的假象，常规的符合性测试很难查出精心设计的舞弊行为。这一假设也决定了舞弊审计中经常采用抽样审计，抽样审计在舞弊审计中有不同于财务审计的特点。

（三）审计人员责任假设

审计人员责任假设只有一条，即审计人员有限责任假设。

该假设认为，舞弊审计人员应以其获得的审计资源为限，承担有限责任。舞弊审计师在承接业务前，应考虑其将要承担的责任。该假设说明，舞弊审计责任不同于财务审计责任。在财务审计中，应对有关责任问题进行具体分析，如果审计行为是恰当的，按审计准则要求执行必要的审计程序，所得出的审计结论也是合理的，则审计人员就可以不负责任。

但在舞弊审计中，由于舞弊审计的主要目标是发现舞弊，舞弊是故意行为，舞弊者常常针对企业内部管理的漏洞和审计方法的不足而实施舞弊，并采取各种方式掩盖其舞弊行为，要证实所有舞弊行为是很困难的。在舞弊审计中，审计师的责任是依据公认的审计准则、会计原则和其他相关法规的要求出具审计报告，并对审计报告的真实性、合法性负责。根据这一假设，审计人员对被审计单位的会计报表进行审计、出具审计报告后，如果所提供的审计报告与事实不符，审计人员应承担违约责任与其他责任。

将舞弊审计师的责任定位于类似律师的有限责任，可以帮助审计职业界走出困境。该假设为判定舞弊审计的法律责任提供了前提，使审计师不至于经常陷入诉讼漩涡，从而有利于舞弊审计事业的发展。

第四节 舞弊审计主体、行为

一、舞弊审计主体

舞弊审计主体,是指在舞弊审计活动中主动实施舞弊审计行为、行使舞弊审计监督权的审计机构及其审计人员。有学者也将其称为舞弊审计责任主体,指承担舞弊审计责任的组织或个人[①]。具体而言,舞弊审计主体可以分为三类,即政府审计机关、内部审计机构和独立审计组织。

(一) 政府审计机关

政府审计机关是代表国家执行审计监督的机关,它依法独立行使审计监督权,不受其他行政机关、社会团体和个人的干涉。根据审计法的规定,国务院和县级以上地方人民政府设立审计机关。

政府审计具有高层次监督和强制审计的属性,决定了其可以承担舞弊审计的重任,尤其是在我国国有资产庞大且公司治理结构不完善的环境下,政府审计在舞弊审计中应该起着先锋、主导作用。当然,这种优势的发挥,还需要克服审计资源条件的限制。政府审计机关应利用其特有的地位确立合理、有效的舞弊审计实施策略,既要发挥在舞弊审计中的先锋主导作用,又要充分利用和调动内部审计机构和独立审计组织的积极性,在开展舞弊审计时,采用联合内部审计机构和独立审计组织的策略和方法(如联合审计),使审计资源得到最优利用,使舞弊审计在最大范围内开展。

(二) 内部审计机构

内部审计机构是由部门、单位内部组织建立,在部门、单位内部行使审计监督权,对内部经济责任履行情况进行监督检查的审计组织。内部审计机构在本质上关注的是控制,这自然包括舞弊的控制。因此,实施舞弊审计是内部审计机构的基本职责之一。

内部审计工作的开展,有赖于内部审计机构对组织的业务和控制的熟悉程度,但是还受到独立性不足、专业胜任能力有限等限制,从而导致舞弊审计的效率偏低。很多情况下,舞弊行为的发现取决于运气或者舞弊行为人的自我暴露。因此,为了保证舞弊审计工作的质量,内部审计还必须满足三个条件:一是保持一定的审计独立性;二是加强舞弊防范专门培训;三是满足内部审计资金需求。

(三) 独立审计组织

独立审计组织是经政府有关部门批准并注册登记,采取有偿服务的方式,面向社会独立开展审计查证和咨询、签证等业务的社会组织。它依法独立承办查证、咨询等服务,提供有偿服务,自收自支,独立核算,依法纳税。

独立审计组织是经济主体控制舞弊行为发生的重要环节。独立审计组织受到的训

---

① 叶雪芳:《舞弊审计》,经济科学出版社,2008,第 29—32 页。

练比内部审计机构更多,因而实际上独立审计组织目前是舞弊审计的主体。目前,政府审计、内部审计和独立审计在履行舞弊审计职责时都存在不足之处,舞弊审计的效果仍然不是很好。要解决舞弊审计面临的困境,必须实施舞弊专项审计。一方面,要实现舞弊审计与财务审计的分离,需要将舞弊审计从财务审计中脱离出来,发展成为专项审计;另一方面,要注重培养专职的舞弊审计师,因为舞弊审计师的专业性是舞弊审计的根本保障。

二、舞弊审计行为

舞弊审计行为是指行使舞弊审计职权、履行舞弊审计职责、实施舞弊审计监督过程的全部审计活动,包括从舞弊审计调查开始一直到作出舞弊审计结论和决定及后续舞弊审计等开展审计监督中的全部舞弊审计活动。根据舞弊审计的程序,可以将舞弊审计行为划分为执行环境分析行为、舞弊风险评估行为、审计委托接受行为、证据收集与整理行为、审计报告出具行为、附加审计行为。

(一) 执行环境分析行为

舞弊环境线索的分析和预测,通常是开展舞弊审计的第一步。舞弊环境是舞弊生存的土壤,虽然舞弊环境的存在并不一定会导致舞弊发生,但它增加了舞弊行为发生的可能性,因而执行环境分析是舞弊审计行为的重要组成部分。

(二) 舞弊风险评估行为

舞弊风险评估是指采用舞弊风险评估工具对组织内部存在的舞弊风险程度进行测评,识别组织内部舞弊风险的程度,有针对性地采取相应的措施,以使组织内部舞弊风险保持在可以接受的水平。

(三) 审计委托接受行为

在舞弊审计中,签约非常重要。要通过签约明确舞弊审计人员的权利与义务,明确审计范围和费用等问题。

(四) 证据收集整理行为

收集充分可靠的证据是舞弊调查的关键。开展舞弊审计时,舞弊审计人员应当注意使用审计知识和专业技能的技巧性,避免使舞弊审计工作走入歧途;同时注意与企业组织内的管理人员、法律顾问和其他专家之间保持行动上的协调关系,以提高审计效率,减少审计失误。

(五) 审计报告出具行为

舞弊审计工作结束时,应提交审计报告,审计报告应包括所有发现的问题、结论、建议和应采取的纠正措施。为了保证舞弊审计结论的合法性,有关舞弊情况的报告草案须交给法律顾问进行审查,以减少审计人员的法律风险。

(六) 附加审计行为

在舞弊行为被披露之后,审计师并不应该完全结束他们的工作,要继续采用相关的附加审计调查程序,甚至请求法律部门的协助,对舞弊事项予以切实调查。这种附加审计体现在,审计师以适当的方式向被审计单位管理当局告知审计过程中发现的所有舞弊行为，一般采取书面形式，并把告知的结果记录于审计工作底稿；对涉及的人员，应当采取适当的方式向该人员的更高层管理人员报告；怀疑最高管理人员涉及舞弊时，注册会计师应谨慎地考虑向董事会、监事会等管理层报告，并在征求律师意见的基础上决定审计方案。

思 考 题

1. 舞弊的本质是什么？
2. 常见的舞弊类型有哪些？
3. 影响舞弊的因素包括哪些？这些因素之间有何差异？
4. 简述舞弊的外部环境和内部环境因素对于舞弊行为的影响差异。
5. 舞弊审计假设的内容是什么，与一般审计假设有什么联系与区别？
6. 何为职业怀疑原则？舞弊审计为什么要遵守职业怀疑原则？

第四章 舞弊防范

[教学目标]

通过本章的学习,要求学生理解并掌握舞弊防范的基本理念、舞弊防范的机构及人员,以及舞弊防范的制度设计。了解公司高层、内部审计部门、外部审计部门在舞弊防范中的职责及政策,了解内部审计部门的舞弊防范流程及外部审计的舞弊防范重点,掌握反舞弊四层次机制的制度设计。

第一节 舞弊防范理念

一、舞弊防范理念概述

(一)舞弊防范及其理念的内涵

舞弊防范是指公司管理层及相关部门采取适当行为防止舞弊的发生,或在舞弊行为发生时将其危害控制到最低程度。

舞弊防范理念是指公司管理层及治理层从公司战略发展角度出发,遵循客观事物发展规律,结合公司企业文化及管理制度,采取科学有效的舞弊防范措施,通过建立系统性、科学性、适应性的舞弊防范体系来遏制舞弊产生及蔓延的一种思维方式。

(二)舞弊防范理念的原则

1. 适应性原则

舞弊防范理念必须符合公司的实际情况,适应管理者及员工的基本素质。舞弊防范理念要具有良好的相容性和适应性,根植于现实情况,能够直接指导舞弊防范实践,能够为各级管理者及员工所接受,并自觉地转化为实践。

2. 责任性原则

舞弊防范理念必须贯彻舞弊防范的预防责任、预警责任及治理责任。责任性原则强调公司在舞弊防范时要制定及落实责任标准和评价办法,并通过监督有效监测及落实责任,发现责任履行中的不足及偏差,追究责任失职行为,以促进公司各级管理层及员工强化杜绝舞弊的责任意识,尽职尽责履行其应有的责任。

3. 系统性原则

舞弊防范理念应从公司整体舞弊防控角度出发,将舞弊风险预防和合理开展经营活动有效结合起来。系统性原则强调舞弊防范没有遗漏和空白,舞弊防范系统的各个组成部分有严密的逻辑关系,而且相互配合、相互支持。

4. 动态性原则

舞弊防范不是一蹴而就的,公司的舞弊防范理念需要根据环境及事态发展变化进行动态适应性调整。动态性原则强调舞弊防范时要依据被监督对象及公司内外部环境的变化及时进行调整。

5. 科学性原则

公司舞弊防范体系的建立根植于客观现实,因此,舞弊防范理念须遵循科学性原则,尊重事物发展的客观规律,制定切实可行的舞弊防范制度,使其具有科学合理的内容及可操作性,能够真正发挥舞弊防范的作用。

(三) 舞弊防范理念的内容

舞弊防范理念作为公司反舞弊的最高指导思想及衡量准绳,必须处理好舞弊防范与公司经营的各种关系,使舞弊防范真正融入公司各级管理层次。具体而言,舞弊防范理念要处理好以下四个方面的要素关系。

1. 舞弊防范与企业文化的融合关系

企业文化是舞弊防范的基础,一个良好的企业文化为舞弊防范提供了文化氛围。因此,企业在制定舞弊防范的具体措施时,必须考虑企业文化因素的影响,将企业文化融入舞弊防范理念,使舞弊防范理念与企业文化相互融合,让企业文化为舞弊防范提供健康氛围、文化指引及理念支持。

2. 舞弊防范与组织制度的互补关系

舞弊防范不是内部审计一个部门的职责,它需要和公司的各种组织制度相互补充、相互支持。具体表现是,企业在设计各种管理制度(如经营管理制度、薪酬激励制度、信息公开制度等)时,需要将舞弊防范理念事前考虑进去,在制度设计中融入舞弊防范理念。

3. 舞弊防范与内部控制的配合关系

有效内部控制是防范公司舞弊的一道防线,内部控制的五大要素分别与事前及事后的舞弊防范具有密切关系。因此,从舞弊防范理念角度看,公司舞弊防范需要充分利用内部控制的反舞弊职能,将舞弊防范和内部控制相结合,使舞弊防范机制和内部控制运行机制相互配合,最终达到舞弊防范及治理目标。

4. 舞弊防范与审计监督的支持关系

从反舞弊角度看,审计监督是遏制公司舞弊的最后一道防火墙。有效的审计监督不仅能提前发现舞弊迹象,而且能通过审计风险提示、审计意见反馈等审计建议消除舞弊产生的制度缺陷。尽管审计监督不限于舞弊防范及舞弊审计,但从充分发挥舞弊防范的整体性、系统性理念出发,公司的舞弊防范理念需要获得审计监督的有力支持,在理念构思及制度设计方面充分考虑审计监督的支持作用。

二、舞弊防范的企业文化理念

良好诚信的组织文化是舞弊防范的基础,一种诚信、公开、互助的组织文化氛围能够有效地降低组织发生舞弊的概率。诚信的组织文化氛围由下述内容构成。

（一）树立正确的企业价值观

价值观是个体判断事物是非的一种思维，企业价值观作为价值观的一种，是企业文化的核心，它将直接影响企业的经营活动，对企业具有重要影响。树立起正确的企业价值观，首先应树立企业管理者诚信和道德的价值观。企业管理者的价值观会直接或间接影响企业战略决策，影响企业自上而下所建立起来的企业文化，是企业文化的核心，最终决定了企业是否有舞弊发生的土壤，因而是企业舞弊防范的关键所在。就建立企业良好的反舞弊文化环境而言，正确的企业价值观能够形成自我约束、自我激励的组织机制，从而遏制舞弊行为的发生。

对企业而言，正确的企业价值观是建立良好企业文化的基础，它能够帮助企业管理层及各级员工形成诚信道德的价值理念，促进企业全员自觉遵守诚信道德规范，不但能够形成防范舞弊的文化屏障，消除舞弊发生的土壤，也能够帮助企业建立起核心竞争优势，赢得市场竞争。

（二）建立公司道德守则并严格遵守

营造诚信的组织文化离不开完善的公司道德守则。如果想要员工保持诚信，公司就必须对什么是诚信行为做出明确且清晰的规定。内容明确的道德守则应该规定什么是正确的、什么是错误的。一方面，公司道德守则对防范舞弊的意义在于阐明了员工的正确性预期，规范了员工在涉及舞弊事项时判断的准绳，给予员工一种内在性的行为约束，促进员工自觉抵制舞弊的非法诱惑。另一方面，完善的公司道德守则还必须对舞弊者的舞弊行为合理化借口进行正面有力的批判，使得舞弊者没有灰色空间作为借口，提高舞弊者的心理压力成本，从而极大地降低舞弊发生概率。

（三）开展舞弊防范教育及员工背景调查

良好的组织文化氛围建立在员工素质基础上。对应聘者进行诚信背景调查非常必要，这是保证诚信组织文化氛围的基础条件。美国注册舞弊审查师协会调查表明，在所有舞弊中，有25％的舞弊实施者是在公司供职不足三年的雇员，因而对员工雇佣应当进行诚信背景调查。

在员工入职后，公司应当对员工进行长期不懈的舞弊教育，告诉他们哪些是公司允许的行为，哪些是公司不允许的行为，如果有人舞弊将会受到何种惩罚，如果员工看到舞弊他们应该怎么做。为了更好地实施员工舞弊教育，美国注册舞弊审查师协会建议将舞弊教育培训和员工自身利益结合起来，以更好地发挥员工舞弊教育的功能。

三、舞弊防范的组织制度理念

（一）公开透明的组织政策

公开、透明的公司组织政策是防范舞弊，创建积极向上工作环境的基石，它可以从政策疏导和问题反馈两个方面达到舞弊防范的目标。

在政策疏导方面，大多数员工实施舞弊时并不清楚自己的行为是否正确，也不清楚错误的行为会带来什么后果。公开、透明的政策可以事前有效帮助员工判断自己的行为是否合法合规，提前预知舞弊行为的严重后果，从而极大降低舞弊发生的概率。在问题反馈方面，美国注册舞弊审查师协会认为，公开的公司政策有助于管理层及时意识到员工所面临的压力、问题及合理性对策，使得管理层能够提前采取防范性措施来防范舞弊。

（二）合理的人事薪酬制度

合理的人事薪酬制度能够有效激励和约束员工的工作行为，给予员工一种积极向上的工作归属感，从而大大降低舞弊发生的概率。美国注册舞弊审查师协会在1995年制作的纪录片《舞弊红旗信号》中报告了与不合理的人事薪酬制度有关的舞弊风险点：① 未对工作业绩给予充分肯定；② 升职机会很少；③ 报酬过低；④ 企业内部的不公平现象；⑤ 未设置足够的费用账户。

可见，不合理的人事薪酬制度不利于创建积极向上的工作环境，降低了员工的组织归属感，从而容易诱发舞弊行为。

（三）稳健的公司管理制度

调查显示，公司的管理制度是区分舞弊高发环境和舞弊低发环境的关键因素。不合理的管理制度往往有意或无意地鼓励员工为缓解工作压力而绕开正常的内部控制，埋下舞弊风险隐患。美国注册舞弊审查师协会提供了一个不合理管理制度诱发的舞弊典型案例：美国AMI集团公司的分部经理收到上级指令，要求他在下一财报年度使该分部的毛利率增加20%。该分部经理感到无法实现这一激进的增长目标，就对财务报表进行舞弊造假，虚构了毛利率和总资产，他认为舞弊总比完不成任务要强。

四、舞弊防范的内部控制理念

（一）设计良好的公司治理机制

公司治理机制，作为现代企业制度中最重要的组织架构，是划分权利以及相互制衡的一整套制度安排。这样一种制度安排，有利于企业形成清楚的利益机制和决策机制，不仅有助于促进公司生产经营有效开展，而且还能通过为员工营造一个良好的诚信平台，有效地预防企业舞弊的发生。

良好的公司治理机制包括董事会机制、监事会机制及股权治理机制。在董事会反舞弊的治理机制方面，应优化董事会结构，充分发挥其监督制衡高管人员的功能。在监事会反舞弊治理机制方面，则需要改进监事会成员结构，增加独立性强的监事会成员数量，加强监事会舞弊监察审计职能。在股权反舞弊的治理机制方面，则是要强化各股东股权之间的制衡力度，增强中小股东对控股股东的监督治理功能，遏制大股东"掏空"公司的各种舞弊违规行为。

（二）营造重视内部控制的控制环境

内部控制是现代企业管理的重要手段。建立健全企业内部控制制度，对于防范管理层会计舞弊的发生具有关键而积极的意义。控制环境包括治理职能和管理职能，以及治理层和管理层对内部控制及其重要性的态度、认识和措施。

内部控制制度能否有效执行是与其立足的内部环境与外部环境相关联的。控制环境设定了被审计单位的内部控制基调,影响员工对内部控制的认识和态度。良好的控制环境是实施有效内部控制的基础。

控制环境决定了企业的基调,影响企业员工的控制意识。它是其他要素的基础,提供了基本规则和构架。控制环境因素包括员工的诚信度、道德观和能力,管理哲学和经营风格,管理层授权和职责分工、人员组织和发展方式,以及董事会的重视程度和提供的指导。

重视内部控制的企业文化,不仅有利于科学合理地制定和有效地执行内部控制制度,还可以弥补内部控制制度的不足,使企业的内部控制始终处于有效状态。最高管理者作为决定企业文化的人,也要重视企业内部控制并努力营造有利于内部控制的企业文化,这也是企业内部控制科学、有效的关键因素。

(三) 构建完善的内部控制制度

制度是人们的行为指导,一个完善的制度将会指导人们向正确的方向前进,不完善的制度则会使人走向误区。完善落实企业内部控制制度,可以加强企业的运营效率,也可以有效地防治公司舞弊行为。

一个完善的内部控制制度包括内部控制的规划与落实制度。首先,公司应根据业务活动及内部控制的基本规范要求,完善内部控制体系。其次,针对公司的核心业务以及重大风险强化监管程度,保障重大经营风险的可控性。再次,应健全内部审计部门的职能,增强专职内部审计人员的实力以及专业性。最后,要优化内部控制监督的运行程序,拟定详尽的内部日常审计以及专项审计规划,增加其对公司内部控制制度具体执行情况的监督强度,保证公司业务的监管落实到位。

五、舞弊防范的审计监督理念

(一) 重视内部审计的舞弊监督职能

内部审计在公司舞弊防范中扮演重要监督角色。我国《第2204号内部审计具体准则——对舞弊行为进行检查和报告》规定,建立、健全并有效实施内部控制,预防、发现及纠正舞弊行为的主要责任在组织管理层。内部审计部门承担协助管理层预防、发现、纠正舞弊行为的职能。防止舞弊的最有效方法是建立健全组织内部控制制度,而保证内部控制系统的恰当性和有效性是内审部门履行该职能的主要手段。

为有效发挥审计监督作用,公司应从舞弊防范理念高度出发,加强内部审计职能,保障内部审计独立性,提高内部审计应对舞弊风险审计能力,充分发挥内部审计的舞弊防火墙角色。

(二) 强化外部审计的舞弊监督职责

在舞弊防范的审计监督中,单纯强调内部监督是不够的,必须强化对舞弊防范的外部监督职责,即注册会计师审计监督和政府审计监督。

在注册会计师的舞弊审计方面,《中国注册会计师审计准则第1141号——财务报表审计中与舞弊相关的责任》规定:在按照审计准则的规定执行审计工作时,注册会计师有责任对财务报表整体是否不存在由于舞弊或错误导致的重大错报获取合理保证;

在获取合理保证时,注册会计师有责任在整个审计过程中保持职业怀疑,考虑管理层凌驾于控制之上的可能性,并认识到对发现错误有效的审计程序未必对发现舞弊有效。

在政府审计监督方面,政府审计的舞弊监督职能主要表现为政府审计部门依照有关法律、行政法规规定的职责,对会计账目进行独立检查,监督财政收支、财务收支真实、合法和效益的行为,其实质是对受托经济责任履行结果进行独立的监督。

从外部审计的舞弊监督职能看,无论是注册会计师审计还是政府审计,都要求坚持风险导向审计原则,高度关注舞弊风险的识别与检查,从根源出发识别组织舞弊风险,以合理怀疑思维检查企事业单位财务及经营数据,注重舞弊风险的产生及蔓延,关注舞弊行为对会计信息失真及所有者权益的损害影响,最终采取应对措施或建议消除舞弊带来的社会损失。

第二节 舞弊防范机构与人员

企业舞弊防范是一个系统性工程,它需要公司内部上下及社会各方面的参与,涉及多个部门的舞弊防范机构与人员。具体来说,舞弊防范机构与人员主要包括公司董事会、监事会、独立董事、内部审计部门、会计师事务所及政府监管部门等。

一、公司董事会与舞弊防范

(一) 董事会的舞弊防范责任

董事会是公司反舞弊的最高领导机构,良好的公司治理机制体现在董事会有效监督约束公司管理层,保护广大投资人利益。美国 2002 年的《萨班斯-奥克斯利法案》,其中引人注目的措施便是董事会成为对经营管理阶层实施内部监控的关键环节。因此,从董事会层面构建监督机制,是加强舞弊防范的首要措施。

(二) 董事会的舞弊防范政策

1. 制定企业的战略经营目标,消除公司舞弊压力土壤

根据舞弊三角理论,压力是构成欺诈与舞弊的关键性因素。当企业生存与发展的压力从正常途径得不到缓解或消除时,欺诈与舞弊的动机就会产生。许多专家的研究表明:构成欺诈与舞弊的压力主要来自与财务相关的压力、与恶习相关的压力、与工作相关的压力等,其中财务是诱发欺诈与舞弊最为主要的因素。我国的琼民源公司事件、蓝田股份事件、银广厦事件,乃至国外的施乐事件等,都说明财务上的压力是诱发公司欺诈与舞弊的重要原因。

《中国注册会计师审计准则第 1211 号——通过了解被审计单位及其环境识别和评估重大错报风险》指出,经营风险源于对被审计单位实现目标和战略产生不利影响的重大情况、事项、环境和行动,或源于不恰当的目标和战略。现实中,大多数企业的经营失败主要是由与企业发展密切相关的战略失误所导致。企业的战略目标制定得过高或不切实际,导致的结果有两种:一种是目标实现不了,从而使企业管理者利益减少(减少

或不发放红利,或得不到晋升,甚至调离现任岗位等),甚至导致经营失败;另一种是企业管理者为了追求完成目标而采取舞弊手段,使企业虚假繁荣。

可见,企业战略目标设置得过高而造成的巨大财务压力是诱发企业欺诈与舞弊的重要因素。因此,企业合理、恰当地制定战略目标,可以有效地控制与之相关的风险,从而减少欺诈与舞弊产生的动机。这也就要求,企业战略目标的设定必须建立在企业的能力以及充分的市场调研及对企业发展的合理预期上。

2. 完善公司治理结构,实施对管理层舞弊有效监督

董事会是出资人和经营者之间的桥梁,对经营管理人员的控制主要靠董事会来完成。发挥董事会在内部控制中的作用,要确保董事会与经理层、经营管理人员之间的独立性,只有董事会成员不过多兼任经理层职位,才能发挥董事会对管理层的监控作用,使董事会成为内部控制制度的制定者与执行者。

此外,公司还应在董事会领导下建立反舞弊机制,把财务会计报告和信息披露等方面存在的虚假记载、误导性陈述或者重大遗漏以及相关机构或人员串通舞弊,作为反舞弊工作的重点。

3. 设置审计委员会,识别及防范企业会计舞弊风险

审计委员会是公司董事会中的专门委员会,主要负责公司有关财务报表披露和内部控制过程的监督,在公司董事会内部对公司的信息披露、会计信息质量、内部审计及外部独立审计等方面,执行控制和监督的职能。审计委员会作为董事会的一个机构,主要使董事会、高层管理者与内外部审计员关注有效的财务报告与风险管理的重要性。

审计委员会的主要职责包括:① 审核及监督外部审计机构是否独立客观及审计程序是否有效;② 就外部审计机构提供非审计服务制定政策并执行;③ 审核公司的财务信息及其披露;④ 监督公司的内部审计制度及其实施;⑤ 负责内部审计与外部审计之间的沟通;⑥ 审查公司内部控制制度,对重大关联交易进行审计。

审计委员会作为董事会中的一支独立的财务力量,强化了注册会计师审计的独立性,加强了公司财务报告信息的真实性和可靠性,在公司舞弊防范中发挥重要作用。

二、公司管理层与舞弊防范

(一) 管理层的舞弊防范责任

公司管理层负责企业的战略推行及日常经营活动,而大量的舞弊产生于企业开展业务活动的过程,因而公司管理层对舞弊防范负有直接责任。管理层的舞弊防范责任体现为在治理层的监督下,管理层有责任建立及维护防范舞弊的一系列政策、制度及措施,设计及执行有效内部控制制度,消除舞弊产生的机会空间,杜绝公司舞弊等违规行为的发生,增加公司价值。

(二) 管理者的舞弊防范政策

1. 舞弊防范的企业文化政策

(1) 树立良好的诚信与道德价值观。在企业培训中,应特别注重诚信与道德素养的培养,应使企业的管理者树立这样的观点:道德是值得的,诚信、道德的经营是企业

可持续发展的重要保证,是构成企业品牌和核心竞争力的重要因素。

(2) 企业管理当局应在文化建设中发挥主导作用。在诚信与道德观的树立过程中通常会遇到很多困难,如必须平衡企业、职员、供应商、客户、竞争者和公众的利益,这时企业的管理者应具有积极向上的公平观、社会责任感,对相关利益者之间的矛盾进行合理地处理,为企业的文化建设树立榜样。

(3) 建立企业的行为守则。将企业所倡导的文化理念以行为准则的形式确定下来,用以规范管理者及员工的行为,使具有企业特征的文化深入每一个员工的思想,并落实到日常工作中,充分体现企业的精神文化。

(4) 设立奖惩与监督机制。

Treadway委员会下的发起人委员会(Committee of Sponsoring Organizations, COSO)认为:仅仅有书面的行为守则、员工接受和理解的文件和适当的沟通渠道,还不能确保守则被遵守;对违反守则的员工给予处罚、鼓励员工报告所怀疑的违反守则行为的机制,以及针对知情而不报告违反行为的员工的惩罚措施,对于守则的遵守而言也很重要。因此,关于企业诚信与道德观的文化建设,既要进行理念和思想培训,又要辅之以奖惩制度及监督机制。只有这样,才能从思想上、制度上确保企业精神文化的建立。建立企业的诚信与良好的道德价值观,就是要从主观上自觉自愿地杜绝以各种不诚信、不道德的理由来为欺诈与舞弊寻找借口,有效地控制欺诈与舞弊行为的发生。

2. 舞弊防范的内部控制政策

(1) 控制环境政策。控制环境是指对建立、加强或削弱特定政策、程序及其效率产生影响的各种因素,它影响企业员工的控制意识,决定其他控制要素能否发挥作用,影响企业经营目标及整体战略目标的实现。

控制环境是舞弊防范的基石,为发挥控制环境对公司舞弊的遏制作用,企业有必要完善控制环境要素,具体表现如下:确定董事会在内部控制框架构建中的核心地位;提高企业管理者的素质,塑造其品行及管理哲学;培育企业文化以及完善人力资源政策;健全管理机构,理清各机构的管理权责等。

(2) 风险评估政策。舞弊防范首先取决于舞弊风险的识别与评估,因而从防范舞弊角度出发,公司要制定好内部控制的风险评估要素。所谓风险评估,是指管理层识别并采取相应行动来管理对经营、财务报告、符合性目标产生影响的内部或外部风险,包括风险识别和风险分析。风险识别指对外部因素(如技术发展、竞争及经济变化等)和内部因素(如员工素质、公司活动性质及信息系统处理的特点等)进行检查。风险分析涉及估计风险的重大程度、评估风险发生的可能性及考虑风险管理等。在舞弊防范中,企业面临有可能诱发舞弊的外部性经营风险和内部性财务风险,应对其提前进行识别及评估,采取一切可能的控制措施,尽可能防止和避免出现舞弊等不利情况。

(3) 控制活动政策。控制活动指对所确认的风险采取必要的措施,以保证单位目标得以实现的政策和程序。控制活动出现在整个企业内的各个阶层与各种职能部门中,包括标准、授权、验证、调节、复核营业绩效、保障资产安全以及职务分工等多种活动。公司舞弊防范的落实是通过控制活动实现的,而控制活动又是针对关键控制点制定的。关键控制点是指在一个业务处理过程中起着重要作用的那些控制环节,如果缺少这些控制环节,业务处理过程很可能出现错误和弊端,达不到既定目标。因此,企业应寻找关键控制点,然后针对舞弊的发现和纠正设置关键控制点,最后根据经营活动的五大循环(采购循环、销售循环、付款循环、收款循环和理财循环)分别设计其舞弊防范的控制活动。

(4) 信息流动和沟通政策。舞弊防范离不开信息与沟通,及时且充分的信息与沟通是管理层制定舞弊防范政策的基础。信息和沟通具体表现在为使员工履行其职责,企业必须识别、捕捉、交流外部和内部信息。因此,在信息流动和沟通政策方面,企业须按某种形式及在某个时间段,辨别并取得适当的信息,并加以沟通,使员工顺利履行职责,避免舞弊风险的产生。此外,信息系统作为内部控制的一项要素,不仅处理企业内部产生的信息,同时也处理与外部事项、活动及环境等有关的信息。因此,一个良好的信息系统,还应确保组织中每个人均清楚地知道其所承担的特定职务,每个员工都须了解内部控制的各个方面以及这些方面是如何生效的。最后,从舞弊防范角度出发,要建立良好的信息沟通系统,不仅要设立向下的沟通管道,还应设立向上的、横向的以及对外界的信息沟通管道,如此才能充分发挥信息沟通的舞弊风险提示及遏制功能。

(5) 内部监督政策。内部控制的监督要素是指由内部审计部门或管理层评价内部控制质量的进程,即对内部控制的运行及改进活动进行评价。企业内部控制作为一个过程,通过纳入管理过程的大量制度及活动来实现。因此,要确保内部控制制度被切实地执行、发挥其舞弊防范职责,就必须对内部控制进行定期或不定期监督。在监督过程中,必须发挥两项职能的重要作用:一是内部审计,内部审计不仅可监督企业的内部控制是否被执行,还可帮助组织进行"软控制"环境的营造;二是控制自我评估,即企业不定期或定期地对内部控制的有效性及实施的效率效果进行评估,以达到评价内部控制有效性、提高管理控制效率、遏制舞弊产生的目的。

三、内部审计部门与舞弊防范

(一) 内部审计部门的舞弊防范责任

舞弊防范是内部审计部门的重要职责。《国际内部审计实务标准》指出:"内部审计人员应拥有充分的知识,发现舞弊迹象。"内部审计的功能定位要求内部审计师识别出各种损害组织利益的行为,有效控制公司舞弊行为的产生。因此,内部审计师的职责体现在与多部门协作,共同防止舞弊。

内部审计的舞弊防范职责具体表现以下方面:
(1) 检查和评价内部控制系统设计是否合理、健全,运行是否正常、有效;
(2) 检查和评价各经营单位和员工对内部控制系统的遵循情况,并注重查错防弊;
(3) 关注各项经营活动的效率性和效果性;
(4) 按管理者的要求,提供一些临时的、专项的咨询服务。

(二) 内部审计部门的舞弊防范政策

内部审计部门的舞弊防范政策应遵循舞弊三角理论(压力、机会、借口等舞弊三要素),有针对性地制定防范政策。

1. 审查和评价公司战略目标及管理制度的合理性

根据舞弊三角理论,过高的压力会诱发员工舞弊。例如,制度缺乏可操作性,而且对制度的程序进行频繁检查,员工可能反而会弄虚作假以蒙混过关。又如,对员工的大额奖赏和不切实际的业务考核指标挂钩,员工也会舞弊,等等。

2. 审查和评价管理层意识和态度的合理性

根据舞弊三角理论,如果管理层对人为操纵的错误和记录态度暧昧,没有严厉的惩罚措施,舞弊者被发现后潜在的代价很低,有可能诱发员工犯错——反正被发现了也不过如此,这是舞弊者给自己行为的借口之一。

3. 审查和评价员工行为的规范性

根据舞弊三角理论,如果员工的道德素质较低,公司没有制定合理的薪酬、晋升机制来激励员工,员工在借口和压力的刺激下会舞弊,而部分低收入的关键岗位员工行为的规范性格外重要。例如,企业往往不太重视废料处置这部分业务工作,也缺乏监督。对于一个职工收入欠佳的企业,如果从事废料外卖的过磅员素质不高,就有可能在买方的拉拢下牺牲企业的利益。

4. 审查和评价经营活动授权制度的适当性

舞弊三角理论阐述了如果没有机会,就不可能产生舞弊。合理的授权和内部牵制制度能够防止权力过分集中,避免职权滥用、职务舞弊。在设计内部控制制度时,要坚持不相容职务分离的原则,杜绝舞弊机会。常见的授权漏洞有现金出纳管账,支票两印鉴一人保管,采购部门负责对比价采购的审计,关键财务岗位长时间不轮岗,工资单编制和审核由同一人负责,等等。内部审计中发现了上述漏洞就应重估审计风险。

5. 审查和评价管理信息系统的有效性

为了使企业管理层及各级员工能履行其职责,企业需要识别、捕捉、交流外部和内部信息。外部信息包括市场份额、法规要求和客户投诉等。内部信息包括会计核算制度,即由管理当局建立的记录和报告经济业务和事项、维护资产、负债和业主权益的方法和记录。如果信息系统是有效运转的,关于舞弊的信息迹象和痕迹能够迅速地传递到公司治理层部门,从而大大降低舞弊机会,使舞弊能够被及时发现,舞弊发生后也可以将损失降低到最低。

(三)内部审计部门的舞弊防范流程

内部审计部门在开展舞弊审计时,可遵循理论界及IIA推荐的舞弊防范审计"五步法"流程。

1. 第一步:深入理解业务

作为反舞弊审计的开端,内部审计人员通过获取审计对象业务流程中的政策和程序,了解审计对象的管理流程和政策要求。在熟悉相关政策和程序之后,对审计对象的流程负责人进行业务访谈,内容包括对实际业务操作流程的确认,询问是否曾存在舞弊、举报或存疑信息等。

2. 第二步:确定潜在的舞弊场景

在对审计对象业务及流程深入了解的基础上,内部审计人员根据实际操作中可能存在的漏洞及审计经验,识别和判断被审计业务可能存在的舞弊场景。

3. 第三步：对识别的潜在舞弊场景进行数据分析

根据识别的潜在舞弊场景，内部审计人员对数据进行可行性分析并考虑如下问题：需要分析的数据是否可获取；可获取多长时间的数据；选取的数据与哪些舞弊迹象可能有关联。对数据进行必要的清洗和分析，对潜在的舞弊迹象进行初步确认。

4. 第四步：抽样审计并进行验证

在理解业务流程和数据分析的基础上，为进一步验证潜在舞弊迹象的存在和影响程度，内部审计人员还应进行抽样审计，抽取实际业务样本进行检查和验证。通过具体的样本审阅，所获取业务样本呈现的实际业务链条将进一步加深审计人员对舞弊迹象和场景的了解，有助于审计人员多维度、多方位挖掘和评估潜在舞弊的存在和影响程度。

5. 第五步：针对舞弊场景设置有效应对措施

通过上述措施获取关于舞弊的迹象和证据，内部审计人员除将舞弊迹象提交企业管理层或法务等部门外，更重要的是通过对舞弊场景的识别，协助企业管理层采取有效应对措施。

四、民间审计部门与舞弊防范

（一）民间审计部门的舞弊防范责任

查错防弊和鉴证会计报告公允合法性一直以来是民间审计即注册会计师审计的目标及责任。从中外民间审计发展历史看，舞弊审计责任被包含在民间审计的审计责任中。

我国民间审计的舞弊审计责任体现在《中国注册会计师审计准则第1141号——财务报表审计中与舞弊相关的责任》，即在按照审计准则的规定执行审计工作时，注册会计师有责任对财务报表整体是否不存在由于舞弊或错误导致的重大错报获取合理保证。

美国民间审计的舞弊审计责任体现在 SAS No.99《考虑财务报告中的舞弊》。SAS No.99 界定了注册会计师的舞弊发现责任，并提供了相应指南，包括应有的职业关注、计划审计、评价内部控制、收集充分适当的证据事项支持注册会计师的意见等方面内容。SAS No.99 将注册会计师审查舞弊的责任明确为审计全过程，而不仅仅局限于计划阶段。

可见，无论中外民间审计行业如何发展，舞弊防范的审计责任一直都是民间审计责任的主要内容。它要求注册会计师在开展审计业务过程中，始终把舞弊风险识别与审计作为重要内容来开展，从而实现舞弊防范的民间审计责任。

（二）民间审计部门的舞弊防范政策

1. 重视舞弊审计中的职业判断能力

审计人员要面对上市公司内部管理者以及注册会计师对上市公司的信任度，故而要加强其专业判断能力。专业判断的内容主要包括审计的重要性指标，舞弊审计的主要目标和结论，企业内部控制的力度，企业内部控制制度的可信赖程度，选择各类适当的审计程序，以及判断公司的财务报表是否能适当、公允地反映当前的经营状况等。

2. 关注舞弊预兆的信息，揭示企业内部舞弊行为

在企业组织内部，要关注内部控制的状况和企业经营活动的舞弊预兆信号：

(1) 公司经理对审计人员撒谎或过分回避其询问;
(2) 分部经理过分强调达到利润预算或数量目标;
(3) 部门领导经常与审计人员存在争执,特别是在有关会计原则的应用上显得过于激进;
(4) 公司的内部控制系统非常薄弱;
(5) 公司总部报酬的实质部分取决于对数量性目标的实现程度;
(6) 上市公司对外部管理机构表现出非常不屑的态度;
(7) 管理经营或财务决策是由一个人或由极少的几个人决定的。

3. 注重分析性复核在舞弊审计中的应用

分析性复核是内部审计人员对被审计单位重要的比率或趋势进行的分析,包括调查异常变动以及这些重要比率或趋势与预期数额和相关信息的差异。审计人员只要稍微分析一下公司的会计报表,就能发现若干舞弊异常现象,从而确定审计重点。

4. 设计延伸性审计程序以发现舞弊

审计人员执行审计业务时,可采用"错误与舞弊推定"原则,即未搜索到充分、适当的审计证据证明被审计单位会计报表的合法性、公允性和一贯性,那么应推定公司存在重大错误或欺诈嫌疑。延伸性审计程序并没有严格的限制,主要取决于审计人员的思维、想象力以及管理当局的合作程度。

(三) 民间审计的舞弊防范重点

1. 货币资金舞弊审计

审查各种货币资金的真实性、合规性和合法性,关注是否存在多头开户、截留收益和转移收益现象等。例如,在对某企业几年的财务报表进行分析时,发现未分配利润连续几年的数据没有勾稽关系,就应通过跟踪审计,调查每年留存收益的结构和去向。

2. 实物资产舞弊审计

审查实物资产是否存在虚列和虚增、虚减的现象。例如,在对某小企业的审计中发现,仓库存货账面余额巨大,而企业的单位产品价值量相当微小。发现疑点后应实施跟踪审计,查明真实情况,以证实是否存在舞弊。

3. 往来账户舞弊审计

审查各种往来账户的真实性、合规性和合法性,审查账户使用的正确性,特别是债权债务的真实性,关注是否存在利用往来账户转移和调节收益现象。此外,其他应收款账户也可能存在非真实合规的债权。常见的有累年未消化的费用长期挂账、企业资金向外拆借挂账、出资人资金不到位挂账等等。对上述情形,内部审计人员在审计过程中必须高度关注。

4. 成本费用舞弊审计

审查财务成本费用账户、权益账户的正确性,审查核算依据、计价和变化的正确性和合理合法性。例如,建设单位向施工单位多拨工程款、虚报当年投资完成额,事后再将款项从施工单位退回小金库等。

5. 收入支出舞弊审计

审查会计账表上反映的收入与业务部门反映的数据的相关性,审查虚增虚减和截留、转移。例如：投资企业返回的利润不入账；存货盘盈不入账；减值准备全额计提的存货处理收益不入账；委托加工材料的剩余材料不如实入账；展销的存货转移；折旧计提完毕的设备处理变现后不入账；虚报存货盘亏毁损；等等。

6. 异常账项舞弊审计

关注会计账户中的异常现象，如反方余额、不正确的对应关系、红字冲销、频繁调账等。通过设置科学的内部审计程序，关注企业财务会计制度和实务中的异常现象，监督企业内部各机构的正常运行，从而达到防范舞弊的作用。

第三节 舞弊防范制度设计

一、舞弊防范制度设计概述

组织舞弊防范的制度设计是一个涉及舞弊防范及治理的系统性规划体系。美国Treadway委员会的报告全面阐述了组织舞弊的防范机制，即反舞弊四层次机制理论。该理论建议任何组织可通过下列四道防线来防治组织舞弊：① 组织高层的管理理念；② 业务经营过程的内部控制；③ 内部审计；④ 外部独立审计。按照反舞弊四层次机制理论，舞弊防范的制度设计涉及公司治理制度、组织文化制度、内部控制制度、内部及外部审计以及舞弊外部监管等领域。

舞弊防范的制度设计具体表现为以下方面：① 公司治理层面的舞弊防范制度设计；② 企业文化及内部控制层面的舞弊防范制度设计；③ 内部审计层面的舞弊防范制度设计；④ 民间审计层面的舞弊防范制度设计；⑤ 外部监管层面的舞弊防范制度设计。

舞弊防范制度框架诸要素体现出相互支持、相互协作的关系。公司治理制度为舞弊防范制度提供制度基础；企业文化及内部控制层面制度为舞弊防范制度提供实施环境；舞弊防范制度的具体落实通过内部审计及外部审计制度予以完成；政府及法律监管制度则为舞弊防范制度提供政策保障。

二、公司治理层面的舞弊防范制度设计

公司治理层面的舞弊防范制度是公司系统性舞弊防范的基石，它奠定了公司各部门舞弊防范的制度基础和行为规范，指导公司全体员工开展舞弊防范的具体活动。整体来看，公司治理层面的舞弊防范制度由公司治理层及管理层舞弊防范职责与舞弊防范机制构成。

（一）公司治理层及管理层的舞弊防范职责

根据我国《公司法》《企业内部控制基本规范》的有关规定，公司舞弊防范工作的宗旨是规范公司中高级管理人员及关键岗位的员工，严格遵守相关法律法规、职业道德及

公司的内部控制制度,防止损害公司和股东利益的行为发生。

公司治理层及管理层的舞弊防范职责具体表现为以下五个方面。

(1) 公司董事会督促管理层建立公司范围内的反舞弊文化环境,建立健全包括预防舞弊在内的内部控制体系。

(2) 公司监事会负责公司反舞弊行为的监督工作。

(3) 公司管理层负责建立、健全包括舞弊风险评估和预防舞弊在内的反舞弊程序和控制体系,并进行自我评估。

(4) 审计委员会是公司反舞弊工作的领导机构和主要负责机构,负责公司反舞弊行为的指导和监督工作;及时与董事会就舞弊调查的进展和结果进行沟通,并向董事会提出调查报告(包括处理建议等)。

(5) 风险控制部是公司反舞弊工作的执行部门,负责公司及子公司范围内的反舞弊日常持续监督。

(二) 公司董事会、监事会及独立董事制度设计

考虑到控股股东在公司治理中的强势地位,为防止控股股东利用其凌驾公司治理及内部控制之上的优势,实施侵害中小股东的"利益输送"等舞弊行为,公司董事会、监事会及独立董事制度等公司治理机制在设计时应嵌入舞弊防范理念,遏制控股股东损害中小投资者的舞弊行为。

1. 董事会反舞弊制度设计

(1) 创新董事会人员的构成。为避免董事会实际由控股股东操控的场面,中小股东以其持股总量按每5%持股量选派一名董事,每一位大股东分别以每5%持股量直接派出一名董事,董事会中既有控股股东的代表又有中小股东的代表,控股股东与其他股东相互约束并制衡,构建出一个全体股东同等收益的治理模式。

(2) 董事会下设专门委员会。董事会下设战略委员会、审计委员会、薪酬与考核委员会、提名委员会等专门委员会,其负责人由独立董事担任,并且半数以上成员是独立董事。这将成为独立董事在参与决策、保障知情权的同时,又能够保持独立性的很好的接合点。

2. 监事会反舞弊制度设计

(1) 强化监事会对财务的监督。监事会主要职责在于财务监督,因而监事应具备行使职责所必备的财会、金融、法律等专业知识,并保证在形式上和实质上的独立性。监事会在充分了解公司重大决策的基础上,应及时做出判断,并将所形成的明确意见传达给董事会和管理层。

(2) 增强监事会的独立性。要增强监事会的独立性,应引入外部监事,加大外部监事的比例,并赋予监事会更大的权利,使之与董事会完全独立运行,实现监督作用。监督人独立于被监督人,因而应对是否有违法现象以及是否有危害中小股东利益和公司利益的行为进行监督,使监事会的作用得到真正的发挥。

3. 独立董事反舞弊制度设计

(1) 提高独立董事的独立性。推出独立董事提名的大股东回避制度、独立董事的竞聘制度,让自律组织如上市公司协会来负责独立董事的任职资格管理,在独立董事的选举中采用差额选举和累积投票制。

（2）强化独立董事职责。独立董事要发挥应有的作用，必须具备相应的能力和积极性。在能力方面，独立董事的构成很重要。独立董事应主要来自专家学者、中介机构以及有管理经验的管理人士这三个方面。此外，应调动独立董事的反舞弊积极性，充分发挥独立董事的舞弊防范职能。

三、企业文化及内部控制层面的舞弊防范制度设计

（一）企业文化制度

1. 营造重视内部控制的企业文化

员工素质的优劣对内部控制的有效与否固然至关重要，但是即使员工具备了良好的素质，如果缺少一种重视内部控制的企业文化，员工也难以有效执行内部控制制度。重视内部控制的企业文化，不仅有利于科学合理地制定和有效地执行内部控制制度，还可以弥补内部控制制度的不足，使企业的内部控制始终处于有效状态。最高管理当局作为决定企业文化的人，也要重视企业内部控制并努力去营造有利于内部控制的企业文化，这也是企业内部控制科学、有效的关键因素。

2. 建立诚信文化导向的员工素质机制

员工既是企业内部控制和舞弊防范的主体，也是主要对象。他们的诚实状况、敬业精神、业务知识、工作技能及创新能力等方面素质的优劣，是内部控制有效性的重要决定因素。员工（尤其是关键岗位的员工）只有具备良好的素质，才能不断地适应有效内部控制的需要。因此，企业必须高度重视员工素质控制，包括：建立严格的招聘程序，保证应聘人员符合招聘要求；制定员工工作规范，用以引导考核员工行为。

此外，应对员工进行诚信教育培训，帮助其建立诚信导向的职业道德理念，提高业务素质，更好地完成规定的任务。要加强考核和奖惩力度，定期对员工业绩进行考核，奖惩分明，包括：对重要岗位员工（如出纳、销售及采购）建立职业信用保险机制，如签订信用承诺书、保荐人推荐或办理商业信用保险；定期或不定期进行工作岗位轮换，通过轮换及时发现存在的错弊情况，甚至可以抑制不法分子的不良动机。

3. 缓解员工所承受的舞弊压力

舞弊从根源上看产生于压力。现代社会中的人经常承受财务上或其他的压力，如果这种压力不能通过一定途径得以调节或缓解，可能会导致一些违反法律法规或道德规范的事情出现。因此，防患于未然，必须缓解员工所承受的压力，降低舞弊产生的可能性。企业可以在内部开通心理咨询热线，设身处地帮助员工解决各种难题，尤其是心理上的障碍。通过热线电话，员工可以较为放松地倾诉压力，避免当面交流的尴尬。管理当局亦可与员工展开互动式交流，融洽上下级之间的关系，体现"以人为本"的管理理念。员工通过热线电话对管理当局提出批评、意见及建议，从一定程度上可促进企业改善经营管理、提高经济效率、优化管理环境。以此为依托，企业可形成良好的控制环境，这也就意味着舞弊亦能得到一定程度的防范。

（二）内部控制制度

内部控制是现代企业管理的重要手段，建立健全企业内部控制制度对于防范企业

舞弊的发生具有关键而积极的意义。在舞弊防范制度设计中，公司内部控制应做好以下三个方面的制度设计工作。

1. 做好控制环境制度建设

控制环境是内部控制的基石，内部控制制度能否有效执行是与其所立足的内部环境与外部环境相关联的。在内部控制的企业内部环境方面，完善的公司治理结构是内部控制制度有效执行的前提保证。公司治理结构如存在缺陷，则必然导致对管理层的激励与约束的失效，进而将影响管理层对内部控制制度的重视，最后就将导致管理层缺乏足够的动力去执行与完善内部控制。在内部控制制度的外部环境方面，法律法规的健全是内部控制制度有效执行的有力保障。要发挥内部控制制度对企业舞弊行为的积极防范作用，就必须首先重视建立良好的控制环境，从而保证内部控制制度有效发挥防范管理层会计舞弊行为的作用。

2. 完善内部控制关键薄弱控制点建设

在重视建立良好的内部控制实施环境的同时，还应该针对当前现有内部控制制度设计中存在的薄弱环节加以完善。现行内部控制的控制点主要集中于会计核算系统和企业业务执行系统，对企业的决策系统影响力很有限，这就导致无法从源头上杜绝舞弊行为的发生。为了能够有效地发挥内部控制对管理层会计舞弊的防范，必须重视内部控制关键薄弱控制点建设，达到优化内部控制制度目的。

3. 重视企业会计内部控制制度建设

（1）重视会计基础工作控制。一方面，完善企业会计基础工作规范，严格审核会计任职资格，确保会计人员的专业胜任能力和职业道德素质；另一方面，按照会计基础工作规范的规定如实填制与审核会计凭证，登记会计账簿，编制会计报表，保证会计资料的真实完整。

（2）明确内部会计控制内容。一方面，明确会计岗位责任控制，具体规范各岗位的职责和权限，促进各人员权责对等；另一方面，贯彻内部牵制控制原则，确保企业各环节和各流程的业务都由两人及以上相关人员共同办理完成，杜绝一手清。

（3）做好会计稽核控制工作。确保经济业务发生的合法合规性、会计资料记录的真实可靠性。

（4）加强财产物资控制。积极建立"财产接触控制"，严格限制无关人员直接接触企业财产物资。建立"定期盘查控制"，确保企业财产物资的安全完整和账实相符。建立"财产记录控制"，确保财产与会计记录等相关文件资料得到妥善保管。

四、内部审计层面的舞弊防范制度设计

（一）内部审计舞弊防范的职责制度

1. 强化内部审计的舞弊防范职责

通过建立内部审计舞弊审计的强化机制，不断强化内部审计反舞弊职能。公司应明确规定内部审计在舞弊防范方面的职权、责任、工作范围、行为规范等，使审计工作的开展有章可循。规范化和制度化以后，才能淡化人际关系，内部审计的反舞弊职责才能

得到有效发挥。

2. 完善内部审计的反舞弊职责法治建设

企业、政府及社会各界通过制定内部审计的法规条例,将内部审计的反舞弊职责用法律法规的形式固定下来,将内部审计的舞弊防范职责纳入法治化轨道,用法律的形式明确内部审计人员的舞弊防范法律责任和权利。只有内部审计反舞弊职责的相关法治建设完善了,内部审计的舞弊防范职责才能得到真正落实。

3. 拓展内部审计的舞弊审计范围

为适应经济全球化和企业集团化带来的舞弊风险蔓延,内部审计应积极拓展舞弊审计领域及内容,以适应企业健康发展的需要。具体表现如下:内部审计要不断拓展业务领域,加强企业的风险治理,将舞弊风险控制到最低程度,防患于未然;此外,内部审计应加强对企业集团公司和全球化经营分部的舞弊审计,消除"大公司病"所带来的舞弊损失。

(二) 内部审计舞弊防范的独立性制度

内部审计的反舞弊职能的发挥要建立在独立性的基础之上,因而加强独立审计职能具有特别重要的意义。我国内部审计部门受公司管理层制约,独立性和客观性不强,一定程度上影响了内部审计舞弊防范职能的发挥,因而要从制度上保障内部审计的独立性。

1. 保障内部审计机构的独立性

保障内部审计机构的独立性,是实现内部审计独立性的关键所在。其主要内容为审计机构不能受制于其他部门和单位,尤其是不能成为公司管理层的下属机构,否则将严重制约内部审计舞弊审计的开展,弱化内部审计的舞弊防范职能。

2. 保障内部审计业务的独立性

内部审计业务的独立性,是指审计工作不能受任何部门、单位和个人的干涉,应独立地对被审查的事项做出评价和鉴定,也是指审计人员要保持精神上的独立,自觉抵制各种干扰,对被审事项得出客观公正的结论。

3. 保障内部审计部门的经济独立性

内部审计部门的经济独立性,是保证审计组织独立和业务工作独立的物质基础。如果审计机构没有一定的经费或收入,其业务活动就无法开展;但若其经费或收入受制于被审计单位或部门,内部审计的独立性就难以保证。因此,内部审计部门的审计经费要有一定的标准,不得随意变更。

(三) 内部审计舞弊防范的能力制度

内部审计的舞弊防范职能效率及效果取决于内部审计人员的专业胜任能力。要提高内部审计的反舞弊效率及效果,必须加强内部审计人员的专业素质、审计方法等胜任能力制度建设。

1. 加强内部审计队伍的自身建设

内部审计人员需要不断更新知识,熟悉和执行国家的有关法律、法规和制度,提高业务技能。特别是要积极关注和适应经济发展对现行法律法规建设的要求,适度增加会计报告披露的信息内容,减少可供粉饰财务报告的空间。

2. 改进内部审计方法的创新

根据上市公司的不同情况和内部管理水平,结合审计工作重点和证券监管的实际需要,针对不同情况,灵活采用行之有效的审计方法。对上市公司管理舞弊行为易发、高发的环节,有重点、针对性地开展专项审计。不断提高审计人员的政策水平和业务素质,从战略和系统角度评估公司可能存在的重大"风险隐患",寻找和捕捉舞弊所隐藏的异常信息,及时发现和纠正上市公司管理漏洞,防范舞弊行为发生。

3. 完善审计信息化制度建设

在信息化背景下,企业舞弊手法层出不穷,舞弊形式更加多样化,舞弊手段也更加隐蔽,因而防范及查处舞弊的方法也必须结合信息化环境要求,加强及完善审计信息化制度建设。具体表现为内部审计部门需要加强审计信息化、数字化、网络化建设,要充分利用计算机网络及大数据、AI等先进技术手段。要利用网络化环境下的数据挖掘技术,将事后舞弊审计与事前舞弊侦查相结合,加强事中舞弊干预性审计,及时防范及发现各种舞弊行为。

五、民间审计层面的舞弊防范制度设计

(一) 民间审计舞弊防范的职责制度

1. 强化民间审计的舞弊审计责任

中外民间审计的舞弊审计责任均定位在:计划和实施审计,以获取相应审计证据,合理保证检查出因舞弊导致的财务报表重大错报,即合理保证查出重大舞弊行为。为促进民间审计良好履行舞弊审计责任,防范及化解舞弊风险,应在法律制度上强化落实民间审计的舞弊审计责任。这就要求,注册会计师在舞弊审计中不仅要从微观的账户层次了解企业,更应注重从宏观层面了解企业面临的内外部环境,从战略与系统的角度评估公司可能存在的重大舞弊风险。此外,还要求注册会计师保持良好的职业判断能力,将识别的舞弊风险与财务报表重大错报联系起来,以更好地查清楚舞弊迹象及问题,保护投资者利益。

2. 时刻保持高度的职业怀疑态度

舞弊审计的特点决定了注册会计师将面临"管理层非诚信"的状态,为更好地履行舞弊审计职责,注册会计师须将职业怀疑精神贯穿审计过程的始终。这意味着,注册会计师应质疑客户管理层存在舞弊,对管理层的态度、品行、声誉进行测试,以推测客户管理层舞弊的可能;在进行询问和实施其他审计程序时,注册会计师不能因轻信管理层和治理层的诚信而满足于说服力不够的审计证据;应当意识到,可以有效发现错误的审计程序未必适用于发现舞弊导致的重大错报。

3. 保障注册会计师舞弊审计的独立性

独立性是审计的灵魂,舞弊审计作为一种专门性的经济监督活动,是否保持了独立性对舞弊审计的成败至关重要。在舞弊审计开展过程中,由于审计环境的特殊性,注册会计师受到来自舞弊方的压力或诱惑尤为巨大。此时,尤其要强调在制度上保护注册会计师的独立性,防范舞弊方施加的各种压力或诱惑。

(二) 民间审计舞弊防范的质量制度

1. 民间审计的舞弊审计质量控制制度

(1) 建立质量为导向的业绩考核体系。会计师事务所要想通过完善内部控制制度提高审计质量,首先应当建立一套系统的激励机制,调动广大注册会计师的工作积极性。会计师事务所通过建立质量为导向的业绩考核体系,让注册会计师牢记审计质量是注册会计师行业的"生命线",让所有会计师能够全身心投入工作。

(2) 落实舞弊审计的三级复核制度。民间审计在开展舞弊审计质量控制时,应当对舞弊审计业务整个过程以及工作底稿执行严格的三级复核制度,确保审计报告的真实、合法以及高质量。同时,为了确保舞弊审计的三级复核有效实施,必须对每一级复核人的复核内容及其承担的责任进行细化,让风险与利益挂钩。

2. 健全民间审计的舞弊风险控制制度

(1) 建立事务所自身的"风险库"。事务所应该定期将实务中较易出现舞弊的基本审计风险点纳入"风险库",在具体实践中作为重点关注对象。此外,审计人员有必要收集整理审计案例入库,以提高注册会计师的专业判断能力。

(2) 建立健全事务所内部的质量管理制度,明确各层次、各岗位的职责和权限,出了问题能够及时反映出来。

(3) 质量考核评价与奖惩制度,以审计风险的规避和审计质量的保证为考核的标准,而非审计工作量或者进度等指标。此外,需要建立客户风险等级评价和管理制度、技术支持与咨询制度等。

3. 建立民间审计的舞弊审计培训制度

舞弊审计作为一种专门性的审计,与传统财务报表审计有所区别,所要求的知识背景和审计技能存在差异,这就要求会计师事务所应当为注册会计师提供专业的与舞弊审计有关的技能知识培训,组织培训和学习的基本活动,逐渐提升注册会计师开展舞弊审计的能力及水平。此外,会计师事务所应建立一定的工作标准,选取专业能力合格以及素质水平高的注册会计师从事专项性的舞弊审计业务,以保障舞弊审计质量。

(三) 民间审计舞弊防范的管理制度

1. 建立舞弊风险导向审计模式

在舞弊审计中,传统的风险导向型审计模式对管理层逾越内部控制的各种舞弊束手无策,因而必须向舞弊风险导向模式转变。该模式核心就在于注册会计师要将重点放在舞弊产生的根源上,而非舞弊产生的表面结果。当压力、机会和借口三个条件同时成立时,意味着出现舞弊的可能性很大,注册会计师必须给予足够的关注,发现和分析财务信息和非财务信息中存在舞弊的迹象,以此正确评估舞弊风险;根据风险评估结果,确定进一步的审计程序;通过对所获证据的评价与处理,排除起初所形成的各种合理怀疑;未能排除此等怀疑的,采取进一步行动,直至排除或确定未能排除为止。只有如此,才能凭有限的审计资源应对风险最大的领域,确保审计的效率和效果。

2. 制定舞弊审计业务管理制度

注册会计师是指通过注册会计师考试,顺利取得执业资格的人群。目前,我国注册会计师行业的人员素质良莠不齐,很多并没有经过系统的舞弊审计培训,难以胜任舞弊审计工作。鉴于此，会计师事务所应制定舞弊审计的业务管理制度。首先，会计师事务所应制定一套符合自身需求的注册会计师聘用制度，严禁因追求低廉成本而聘用没有任何工作经验的注册会计师从事舞弊审计业务。其次，会计师事务所应建立起舞弊审计人员准入制度，挑选富有审计经验的审计人员从事舞弊审计。最后，应实施审计人员的定期轮换制，避免出现因长时期的审计所产生的"亲密"关系而破坏舞弊审计质量。

3. 加大舞弊审计失败的惩治力度

法律环境与审计质量息息相关，我国对于财务造假等行为惩治不严，为审计舞弊等恶劣行为提供了避风港，使得很多审计人员知法犯法。我国的当务之急是完善相应的法律法规，例如：统一规范审计收费，严禁肆意要价、恶性竞争等行为；完善民事赔偿责任制度，严格规范注册会计师的审计行为，当注册会计师承担较大的法律风险时，自然会努力提高审计质量。

六、外部监管层面的舞弊防范制度设计

在外部反舞弊制度方面，法律法规的制度建设、政府的舞弊监管、新闻媒体监督及社会诚信环境建设起着举足轻重的作用。如果相关法律缺失，或政府舞弊监管缺位，或新闻媒体监督空白，抑或社会诚信环境薄弱，就会使有些企业有机可乘。因此，外部监管层面的舞弊防范制度设计应落实在法律制度完善、政府监管职责改进、媒体监督强化及社会诚信环境改善等方面。

（一）加强舞弊防范及惩戒的法律制度建设

1. 完善法律法规的制度建设

对管理舞弊行为严重的上市公司应依法给予相应的经济处罚和刑事处罚，遏制管理舞弊行为的危害；引入民事赔偿机制和民事诉讼机制，以法律手段使违法者无利可图，甚至受到严厉惩罚；从法律上赋予合法权益受到侵害的投资者和利益相关者对舞弊行为主体提起诉讼、申请赔偿的权利；从立法、执法方面强化处罚措施，并加大相关法规、制度的执行检查力度，切实保护广大投资者和其他利益相关者的合法权益。

2. 建立公开的公司会计诚信档案

审计行业有一句话：阳光是最好的防腐剂。通过建立公开的公司会计诚信档案，将公司会计诚信或不诚信行为公布于众，接受社会监督，消除舞弊产生的土壤。会计诚信档案机制通过对各类公司会计人员评级打分，达到处罚财务舞弊行为、奖励诚信财务行为的作用。同时，公开机制可以让会计诚信档案机制更加充分地发挥作用，使从事舞弊的会计人员无处藏身，从而打消其舞弊想法。

（二）构建有效协同的外部监管体系

舞弊防范的外部监管并不仅仅是哪一家监管部门的职责，而是需要各方监管有效协作，共同实现舞弊防范的外部监管目标。为此，需要建立一个有效协同的外部监管体系，具体表现为针对舞弊风险的高发领域即上市公司舞弊，由中国证监会、证券交易所、证券业协会三方共同组成的、功能互补的监管体系。通过形成多元化的监管主体，各监管方通力合作，最终达到舞弊防范的监管目标。

首先,中国证监会应集中精力查处内外串通及违反法规的案件,产生足够的威慑力。其次,证券交易所负责日常的信息监管工作,核心是通过上市规则和上市协议书制约上市公司,严格执行会计制度。最后,证券业协会要充分发挥作用,制定内部自律管理规定,对会计师事务所等中介机构进行严格规范,对违规成员给予相应的处罚。

(三)加强媒体舆论的新闻监督

1. 鼓励大众媒体对公司舞弊行为进行深度挖掘监督

信息化时代下,大众媒体依靠庞大的网络用户可以形成巨大的民间监督力。如今许多违法违规案例的揭发都离不开大众媒体的身影,而公开发行股票的上市公司的违法违规行为与广大股民和其他人民群众的利益息息相关,利用好大众媒体的民间监督机制可以有效约束上市公司舞弊行为。

2. 完善公司舞弊的监督举报机制

在增加大众媒体关注度的基础上,还应有配套的监督举报机制。完善的监督举报机制能够让监管部门及时发现公司各种舞弊行为,从而做出相应的行政处罚行为,否则大众媒体监督将因为缺失国家公权的支持而缺乏刚性。

(四)加强社会道德诚信环境建设

1. 营造全社会崇尚道德诚信氛围

"诚信"被确立为公民的基本道德规范之一,有着重大的现实意义和深远的历史意义。诚信作为一种道德要求,是一切道德的基础和根本,是一个人最重要的品德之一,也是一个社会赖以生存和发展的基石。一个信用缺失、道德沦丧的国度,不可能有快速、持续、健康发展的经济,也不可能有政治、社会的稳定。只有讲诚信,才能建立正常的政治秩序、经济秩序和生活秩序。每个人是社会的组成部分,社会诚信环境深刻地影响企业治理层、管理层、各级员工及资本中介机构。因此,只有营造好全社会崇尚道德诚信的氛围,克服对经济利益的过分追求导致的对诚信原则的背离,建立与市场经济体制相适应的以"诚信"为核心的道德规范,才能从根本上实现舞弊防范及治理的目标。

2. 加强企业管理者道德意识与道德水平教育

公司的管理水平、道德底线、经营成果、财务状况以及未来定位很大程度上取决于公司管理层的经营理念、管理风格和道德水平。公司舞弊往往是管理者通过指使基层人员来进行的,所以舞弊的防范及治理需要重视高管人员的职业道德,需要加强企业管理者道德意识与道德水平教育,促使企业管理者自觉地遵守法律法规及各项内部控制制度。

3. 加强会计审计人员职业道德建设

会计及审计人员的职业道德品质好坏,对会计信息数据的真实性起着至关重要的作用。会计及审计人员只有具备高水准的职业道德,才能有效避免或遏制会计舞弊现象的发生,同时也能使会计在市场经济中充分发挥维护经济公平和经济效率的作用。

此外,会计审计行为不可能都由法律法规制度进行规范,当出现不宜由会计法律制度进行规范的行为,可以借助会计及审计人员职业道德来规范。法律法规制度只能对会计审计人员涉及违法的行为做出规定,不宜对勤勉敬业、提高技能、强化服务等提出具体要求。因此,在舞弊防范及治理中,只有道德约束才能从头至尾起到作用,需要大力加强会计审计人员职业道德建设。

案例分析

2019年5月17日,中国证监会通报了中国资本市场史上规模最大的造假300亿元会计舞弊案(康美药业会计舞弊案)调查进展。证监会已初步查明,康美药业披露的2016—2018年财务报告存在重大虚假:使用虚假银行单据虚增存款,通过伪造业务凭证进行收入造假,部分资金转入关联方账户买卖本公司股票。涉嫌违反《证券法》第63条等相关规定。2019年5月17日晚,康美药业发公告"承认造假",表示经公司自查,因公司治理、内部控制存在缺陷,资金管理、关联交易管理等方面存在重大缺陷,违反了公司日常资金管理规范及关联交易管理制度的相关规定。因康美药业会计舞弊影响,证监会也同时对康美药业审计机构正中珠江会计师事务所涉嫌未勤勉尽责立案调查。

【案例思考】想一想,康美药业会计舞弊违反了哪些舞弊防范制度?

思 考 题

1. 公司舞弊防范理念应遵循哪些原则?
2. 如何区分公司治理层及管理层的舞弊防范职责?
3. 如何看待内部审计部门在舞弊防范中的角色?
4. 如何看待企业诚信文化在预防公司舞弊中的作用?

第五章 舞弊发现

[教学目标]

本章从舞弊迹象、舞弊发现系统以及舞弊的初核三个方面来阐述舞弊发现的相关理论。在舞弊发现过程中,需要了解相关的舞弊迹象,知道哪些行为以及现象可能会导致舞弊。之后从引起疑虑的行为和现象入手,进行深入的调查,实施相关程序初步检查和核实舞弊。在检查和核实舞弊的过程中,审计人员需要利用技术来帮助发现舞弊,提高舞弊审计的效率,增强核查的效果。

第一节 舞弊迹象

舞弊的发生往往伴随着一定的舞弊迹象。报表数据的异常、内部控制缺陷、个人行为的异常等都会引起注意甚至怀疑。舞弊的迹象并不必然意味着舞弊的发生,负有审计和检查义务的人员需要根据舞弊的迹象进行更深一步的调查,以确信舞弊是否发生。通过对舞弊迹象的调查,很多舞弊都能尽早被发现。

一、六种舞弊迹象

阿尔布雷克特在《舞弊检查》一书中将舞弊迹象分为六类。

(一) 会计异常

常见的会计异常包括原始凭证、日记账分录和分类账异常。

1. 原始凭证异常

原始凭证是在经济业务发生时取得或填制的,用以记录和证明经济业务发生或完成情况的凭证。以下是原始凭证中应当引起注意的警示信号:

(1) 原始凭证遗失;
(2) 银行存款余额调节表上的"长期未达账项"(连续几个月的未达账项);
(3) 过多的贷款通知单;
(4) 受款人或顾客的姓名和地址相同;
(5) 已到期的应收账款的增加;
(6) 日益增多的未达账项;

（7）更改凭证；
（8）重复付款；
（9）支票二次背书；
（10）凭证编号不连续；
（11）凭证上笔迹可疑；
（12）凭证的复印件。

2. 日记账分录异常

以下日记账分录属于常见的舞弊迹象：

（1）未附凭证的日记账分录；
（2）对应收账款、应付账款、收入或费用进行不合理调整的日记账分录；
（3）借贷方不平的日记账分录；
（4）由平常不负责编制日记账分录的人所编制的日记账分录；
（5）临近会计期末编制的日记账分录。

3. 分类账异常

分类账是根据会计凭证或日记账，分别各个账户登记经济业务的账簿。与分类账相关的两类常见的舞弊迹象包括：

（1）分类账的借贷方不平；
（2）总账账户的余额不等于所有应收账款、应付账款明细科目的余额合计数。

（二）内部控制缺陷

内部控制的组成要素包括控制环境、风险评估过程、与财务报告相关的信息系统与沟通、控制活动和对控制的监督。常见的、易于导致舞弊发生的内部控制缺陷包括以下几项：

（1）缺少职责划分；
（2）缺少实物防护；
（3）缺少独立稽核；
（4）缺少适当授权；
（5）缺少适当的凭证和记录；
（6）现有的控制失效；
（7）会计系统不完善。

（三）分析性异常迹象

分析性异常迹象是指异常的或难以令人信服的程序或关系，包括交易事项的发生时间或地点异常，执行人异常，程序、政策或方法异常等。总体来说，分析性异常迹象是指一切异常的事项。常见的分析性异常迹象包括以下几项：

（1）无法合理解释的存货短缺或调整；
（2）偏离既定的标准；
（3）残次率上升；
（4）购入的物品出现积压；
（5）出现过多的销售退回或购货退回；

(6) 账户余额大幅增加或减少；
(7) 实物的异常损耗；
(8) 现金的短缺或盘盈；
(9) 超长时间的延期收款；
(10) 无法合理解释的费用和补偿；
(11) 会计报表上的异常关系。

(四) 奢侈的生活方式

大多数实施舞弊的人都是出于经济压力才这样做。有时候，压力确实存在；有时候，这仅仅是贪婪的表现。舞弊者一旦满足了自身的经济需要，通常又会贪污盗窃，把贪污盗窃的赃款用于提高自己的生活水平。他们会购买车子、购买昂贵的消遣品、翻新住宅或搬入更加豪华的房子。很少有舞弊者会把赃款储蓄起来，而是尽快花完。他们胆子会越来越大，偷的钱会越来越多。

(五) 反常的行为

心理学研究表明，当人们（特别是像多数舞弊者那样的初犯者）犯罪时，他们内心充满了恐惧和歉疚。这种情绪将表现为一种我们称之为压力的生理反应，包括失眠、酒量增大、害怕被抓获、制造借口找替罪羊、不敢与人们对视等。没有哪项特定的行为能够表明舞弊存在；相反，行为的变化则是舞弊发生的信号。即便舞弊者本人也能察觉到自己行为的变化。

(六) 举报和投诉

最有可能发现舞弊的一般是与舞弊者最亲近的人，如家人、朋友、同事、上司等，而不是审计人员或舞弊检查人员。例如，在某家大型公司发现的 1 500 多起舞弊事件中，有 43% 是通过顾客的投诉和雇员的举报发现的。投诉和举报被归为舞弊的迹象，而不是舞弊的证据，这是因为很多投诉都不属实，我们很难了解投诉人和举报人的真实动机。因此，必须对举报和投诉加以仔细鉴别，而且一开始就把它们当作舞弊的迹象，而不是舞弊的证据。

二、红旗标志

(一) 红旗标志法

红旗标志法，也称舞弊因素法或危险信号法，是用于识别舞弊和错报与管理审计风险的一种方法。其实质是在总结以往舞弊情况的基础上，整理归纳一整套舞弊发生的可能性最高的相关经验，并用文字将其展现出来，以警示他人注意舞弊发生的可能性及发生的标准。

(二) 常见的"红旗标志"

中国注册会计师协会发布的《审计技术提示第 1 号——财务欺诈风险》提出一系列因素可能导致公司进行财务欺诈或者表明公司存在财务欺诈风险，审计人员在执行公司报表审计业务时，应当对此予以关注，保持应有的职业谨慎，其中主要包括以下九个"红旗"标志。

1. 财务稳定性或盈利能力受到威胁
(1) 因竞争激烈或市场饱和,主营业务毛利率持续下降。
(2) 主营业务不突出,或非经营性收益所占比重较大。
(3) 会计报表项目或财务指标异常或发生重大波动。
(4) 难以适应技术变革、产品更新或利率调整等市场环境的剧烈变动。
(5) 市场需求下降,所处行业的经营失败日益增多。
(6) 持续的或严重的经营性亏损可能导致破产、资产重组或被恶意收购。
(7) 经营活动产生的现金流量金额连年为负值,或虽然账面盈利且利润不断增长,但经营活动没有带来正的现金流量净额。
(8) 与同行业的其他公司相比,获利能力过高或增长速度过快。
(9) 新颁布的法规对财务状况或经营成果可能产生严重的负面影响。
(10) 已被证券监管机构特别处理。

2. 管理当局承受异常压力
(1) 政府部门、大股东、机构投资者、主要债权人、投资分析人士等对公司获利能力或增长速度的不合理期望。
(2) 管理当局对外提供的信息过于乐观而导致外界对其产生不合理期望。
(3) 为了满足增发、配股、发行可转换债券等对外筹资条件。
(4) 为了清偿债务或满足债务约束条款的要求。
(5) 不良经营业绩对未来重大交易事项可能产生负面影响。
(6) 为了实现设定的盈利预测目标、销售目标、财务目标或其他经营目标。
(7) 急于摆脱特别处理或恢复上市。
(8) 可能被证券监管机构特别处理或退市。

3. 管理当局受到个人经济利益驱使
(1) 管理当局的薪酬与公司经营成果挂钩。
(2) 管理当局持有的公司股票即将解冻。
(3) 管理当局可能利用本公司股票价格异常波动谋取额外利益。

4. 特殊的行业或经营性质
(1) 科技含量高,产品价值主要来源于研发而非生产过程。
(2) 市场风险很大,很可能在投入了巨额研发支出后却不被市场接受。
(3) 产品寿命周期短。
(4) 大量利用分销渠道、销售折扣及退货等协议条款。

5. 特殊的交易或事项
(1) 不符合正常商业运作程序的重大交易。
(2) 重大关联方交易。
(3) 资产、负债、收入、费用的计量涉及难以证实的主观判断或不确定事项,如八项减值准备的计提。
(4) 尚未办理或完成法律手续的交易。
(5) 发生于境外或跨境的重大经营活动。

(6) 母公司或重要子公司、分支机构设在税收优惠区,但不开展实质性的经营活动。

6. 公司治理缺陷

(1) 董事会被大股东操纵。

(2) 独立董事无法发挥应有的作用。

(3) 难以识别对公司拥有实质性控制权的单位或个人。

(4) 过于复杂的组织结构,或涉及特殊的法人身份或管理权限。

(5) 董事、经理或其他关键管理人员频繁变更。

7. 内部控制缺陷

(1) 管理当局凌驾于内部控制之上。

(2) 有关人员相互勾结,致使内部控制失效。

(3) 内部控制的设计不合理或执行无效。

(4) 会计人员、内部审计人员或信息技术人员变动频繁,或不具备胜任能力。

(5) 会计信息系统失效。

8. 管理当局态度不端或缺乏诚信

(1) 管理当局对公司的价值观或道德标准倡导不力,或灌输了不恰当的价值观或道德标准。

(2) 非财务管理人员过度参与会计政策的选择或重大会计估计的确定。

(3) 公司、董事、经理或其他关键管理人员曾存在违反证券法规或其他法规的不良记录,或因涉嫌舞弊或违反法规而被起诉。

(4) 管理当局过分强调保持或提高公司股票价格或盈利水平。

(5) 管理当局向政府部门、大股东、机构投资者、主要债权人、投资分析人士等就实现不切实际的目标做出承诺。

(6) 管理当局没有及时纠正已发现的内部控制重大缺陷。

(7) 管理当局出于逃税目的而采用不恰当的方法减少账面利润。

(8) 对于重要事项,管理当局采用不恰当的会计处理方法,并试图将其合理化。

9. 管理当局与审计人员的关系异常或紧张

(1) 频繁变更会计师事务所。

(2) 在重大的会计、审计或信息披露问题上经常与审计人员发生意见分歧。

(3) 对审计人员提出不合理的要求,如对出具审计报告的时间做出不合理的限制。

(4) 对审计人员施加限制,使其难以向有关人士进行询证、获取有关信息,与董事会进行有效沟通等。

(5) 干涉审计人员的审计工作,如试图干涉审计人员的审计范围或审计项目。

(6) 对小组的人员安排施加影响。

美国四大会计师事务所之一普华永道(Coopers&Lybrand)列举了 29 个红旗标志,提醒审计人员注意,其中主要包括:现金短缺、负的现金流量、营运资金或信用短缺,影响营运周转;融资能力(包括借款和增资)降低,营业扩充的资金来源只能依赖盈余;为维持现有债务的需要必须获得额外的担保品;订单显著减少,预示未来销售收入的下降;成本增长超过收入或遭受低价进口品的竞争;对遭受严重经济压力的顾客,收回欠债有困难;发展中或竞争产业对新资金的大量需求;对单一或少数产品、顾客或交易的依赖;夕阳产业或濒临倒闭的产业;因经济或其他情况导致的产能过剩;管理层严格要求主管达成预算的倾向;现有借款合约对流动比率、额外借款及偿还时间的规定缺乏弹性;迫切需要维持有利的盈余记录以维持股价;公司主管有不法前科;管理层不提供审计人员为澄清及了解财务报表所需的额外材料。

《国际内部审计专业实务标准》指出:内部审计师需要具备充分的知识以关注和了解舞弊发生的信号和征兆,并且能够辨别各种舞弊类型以及评估舞弊发生的风险水平。其中,管理舞弊主要迹象有:被审计单位管理人员遭受异常压力或期望业绩;资金短缺,影响营运周转;未加解释地实施内部审计业务政策变更;管理层的薪酬与经营成果挂钩;内部审计业务人员或信息技术人员等变动频繁,或不具备胜任能力;存在异常交易或大量调账项目,审计人员难以获取充分、适当的审计证据。

员工舞弊方面主要的迹象有:主管有不良记录;员工有大额负债或具有吸毒、赌博等不良嗜好;由某人处理某项重要交易的全部业务;会计信息系统失效或内部控制设计不合理。

第二节 舞弊线索发现系统

一、财务预警系统

财务预警系统是指利用财务报表提供的相关数据,计算分析若干指标,建立一套为管理者收集信息、发现舞弊、预知危机、控制风险等提供依据的财务预警系统。韩庆兰[①]在财务预警系统设计中提出了两种模式。

1. 单一模式思路

单一模式思路是通过单个财务比率的恶化程度来预测财务风险,设定以下比率:

债务保障率＝现金流量/债务总额

资产收益率＝净收益/资产总额

资产负债率＝负债总额/资产总额

资金安全率＝资产变现率－资产负债率

(其中:资产变现率＝资产变现金额/资产账面金额)

企业良好的现金流量、净收益和债务状况可以表现出企业长期的、稳定的发展态势,若这些指标超过了设定的警戒,则发出预警,提示管理者注意财务风险。

2. 综合模式思路

综合模式思路是运用多种财务指标加权汇总所产生的总判别值来预测财务风险,

---

① 韩庆兰,吴长强:《刍探财务预警系统》,《财会月刊》2001年第4期。

即建立一个多元线性函数模型,来综合反映企业财务风险：

$$Z = 1.2X_1 + 1.4X_2 + 3.3X_3 + 0.6X_4 + X_5$$

其中：Z 为判别函数；X_1 为营运资金/资产总额；X_2 为留存收益/资产总额；X_3 为息税前利润/资产总额；X_4 为普通股和优先股市场价值总额/负债账面价值总额；X_5 为销售收入/资产总额。

该模型以五个财务比率,将反映企业的偿债能力(X_1 和 X_4)、获利能力(X_2 和 X_3)和营运能力(X_5)有机结合起来,综合分析和预测企业风险。一般认为：当 Z 值大于 2.675 时,表明企业财务状况良好；当 Z 值小于 1.81 时,表明企业财务状况堪忧；当 Z 值在 2.675 和 1.81 之间时,表明企业财务状况不稳定。后两者出现财务造假的可能性较前者大。

二、舞弊预警系统

舞弊预警系统以最大限度发现与跟踪舞弊的行踪,遏制舞弊于萌芽之中为目的,将基本信息记载、累计起来,传输到储存器中,当信息积累到一定数量或者达到一定数值时,触发器会自动接通报警系统,向管理当局或有关监管部门发出预警信号。尹平在《舞弊审计》中提出了舞弊预警系统的基本构架,如图5-1所示。

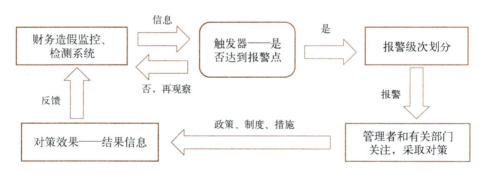

图 5-1 舞弊预警系统

舞弊监控、检测系统将探头伸向组织生产经营和管理业务各个方面,连续不断地向预警系统输送信息,其输送信息有两类：一类是非报警信息；另一类是报警信息。非报警信息是正常信息,它所反映的会计核算和财务管理业务基本正常,无明显偏误,不会导致触发器连通而发出报警；报警信息是指非正常信息,它反映的核算和管理业务出现了异常,经检测存在舞弊的迹象,或者其运行记录超出正常值较大幅度而不能给出自圆其说的解释,则有可能启动触发器发出报警。在系统的整个运行过程中,保持监控检测系统信息的正常供给和作为参照标志的正常值的合理设定是两个最为重要的环节,或者说是两个支点。没有信息来源或者取得的信息不准确,就可能导致错误报警,由此预警系统就会失灵；同样,没有准确设定的标准值或范围,系统就不能区分正常与失常,不能分清正误的界限,预警就不能在关键和必要时正常发出,就有可能出现该预警不报警,而不该发出报警时则频频示警的情况。

　　舞弊监控系统预警范围和正常值的设定,一般是根据以往各期统计资料归纳、积累、推测而来的,即根据以往的会计核算和管理业务活动的基本情况,在其他因素保持相对稳定的情况下,对本期经济活动的主要数值做出预计和估算,从而设定其正常中间值和活动上下限。如果出现了新的经济增长点或者发生了可能影响生产经营管理的重大事件,则须考虑其对会计核算和财务管理运行记录的影响,并对其正常值和上下限进行必要的修订。

第三节 舞弊的初核

一、风险评估

　　识别、应对风险是风险导向审计的基本思路,在舞弊初核的过程中,我们需要进行风险评估来识别舞弊风险,对舞弊进行初步的了解和核查。

(一) 了解被审计单位

　　根据舞弊风险矩阵,我们可以从几个方面来深入了解被审计单位,识别财务报告舞弊,如表 5-1 所示。

表 5-1　舞弊风险矩阵

管理当局和董事	公司和其他主体之间的关系
公司的组织结构及其所处的行业	财务成果和经营特征

1. 了解管理当局和董事

　　相关统计数据显示,会计报表的舞弊几乎都与高级管理人员有关,其行为通常代表公司的利益而非违背公司的利益。审计人员必须对管理当局和董事会进行调查,以确定其是否参与舞弊。下面介绍舞弊调查人员需要了解的有关管理当局和董事会成员的一些关键问题。

　　(1) 了解管理当局和董事会成员的背景:

　　① 公司的主要管理人员或董事会成员过去是否与其他公司有关,是什么样的关系?

　　② 管理当局的主要成员是从公司内部晋升的,还是从外部聘用的?

　　③ 管理当局的主要成员过去是否涉嫌参与违法行为?

　　④ 管理当局或董事会的组成是否发生了重大变化?

　　⑤ 管理当局或董事会成员是否更换频繁?

　　⑥ 管理人员或董事会成员是否有犯罪记录?

⑦ 是否存在其他有关管理当局和董事会背景的重大问题?

(2) 了解管理当局和董事会舞弊的动机:

① 主要管理人员的个人财富是否与公司休戚相关?

② 管理当局所承诺的财务预测是否过于乐观、不切实际?

③ 管理人员的报酬(奖金等)是否主要根据公司的经营业绩而定?

④ 管理当局是否需要履行债务契约或其他财务限制?

⑤ 管理当局的主要成员是否存在被撤换的风险?

⑥ 公司所呈报的经营业绩是否在下滑?

⑦ 管理当局是否过度热衷于维持或提高股价?

⑧ 管理当局是否存在逃税的不良动机,并希望通过运用不恰当的手段使呈报的收益最小化?

⑨ 是否存在其他有关管理当局和董事会舞弊动机的重大问题?

(3) 了解管理当局和董事会的影响范围:

① 在管理当局或董事会中,谁的影响力最大?

② 公司是否由一到两人支配?

③ 管理当局的管理风格是专制的还是民主的?

④ 管理当局是集权的还是分权的?

⑤ 管理当局是否能有效传达并维持公司的价值观和经营理念,或者他们是否传达并维持了不恰当的公司价值观和经营理念?

⑥ 管理当局是否未能及时纠正内部控制缺陷?

⑦ 管理当局是否设定了过于乐观的财务目标和过低的费用支出目标?

⑧ 管理当局是否参与会计原则的选用或重大会计估计的确定,或者能对其施加影响?

⑨ 是否存在其他与管理当局或董事会影响有关的重大问题?

2. 了解公司和其他主体之间的关系

舞弊通常需要其他主体的协助。在会计报表舞弊中,公司进行舞弊往往需要其他公司协助,或者通过构建一家公司来实现。舞弊检查人员应当检查公司与所有外部机构的关系,其中,需要特别关注的是公司与金融机构、关联方、外部审计师、律师、投资者及监管机构之间的关系。以下是审计人员需要询问的有关公司与其他机构关系的一些关键问题。

(1) 了解公司与金融机构之间的关系:

① 公司与哪些金融机构保持着主要业务联系?

② 公司向银行或其他机构的举债状况如何?

③ 贷款或债务契约或其他限制条件是否对公司产生了重大影响?

④ 与银行的关系是否正常,或者与银行之间是否存在异常关系(如银行所处地理位置异常、与过多银行有业务联系等)?

⑤ 管理当局或董事会成员与主要往来银行的官员之间是否存在私人或其他密切关系?

⑥ 与公司有业务关联的金融机构是否发生了重大变动？如果是，能否给予合理解释？

⑦ 公司在避税港是否有重要的银行账户，或者在避税港开设了并未进行实质性经营活动的子公司或分支机构？

⑧ 公司的重要资产是否作为了风险贷款的抵押品？

⑨ 与金融机构之间是否存在其他可疑的关系？

(2) 了解公司与关联方之间的关系：

① 是否与超出其业务范围、未经审计或者由其他审计师审计的关联方发生了重大交易？

② 在会计期末或接近会计期末，是否存在大额、异常的交易使公司所呈现的经营业绩得到明显改善？

③ 与关联方之间是否存在重大的应收款项或应付款项？

④ 公司绝大部分的收入或收益是否来自关联方交易？

⑤ 公司收入或收益的绝大部分是否来自一两笔大额交易？

⑥ 是否存在其他可疑的关联方关系？

(3) 了解公司与审计师之间的关系：

① 与现任或前任审计师在有关会计、审计或报告问题上是否存在争议？

② 管理当局是否向审计师提出了不合理的要求，包括不合理的时间限制？

③ 公司是否对审计师设定了正式或非正式的限制条件，使审计师无法接触相关人员或信息，或使其无法与董事会或审计委员会进行有效的沟通？

④ 管理当局对审计师是否态度专横？管理当局是否试图影响审计师的工作范围？

⑤ 是否发生了审计师变更？如果是，能否给予合理解释？

⑥ 与审计师之间是否存在其他可疑的关系？

(4) 了解公司与律师之间的关系：

① 公司是否牵涉会对公司的经营业绩产生严重负面影响的重大诉讼？

② 公司是否试图向审计师或其他人员隐瞒诉讼？

③ 外部法律顾问是否发生变更？如果是，能否给予合理解释？

④ 与律师之间是否存在其他可疑的关系？

(5) 了解公司与投资者之间的关系：

① 公司是否正在发行债券或股票（首次或增发）？

② 是否遭到投资者的起诉？

③ 与投资银行、股票分析师或其他有关人员之间是否存在可疑的关系？

④ 公司股票是否存在"卖空"现象？如果存在，能否给予合理解释？

⑤ 与投资者之间是否存在其他可疑的关系？

(6) 了解与监管机构之间的关系：

① 管理当局是否忽视监管机构的存在？

② 公司或其高层管理人员是否被指控从事舞弊活动或违反证券法规的活动？

③ 是否向证券交易委员会报送月报？如果是，为什么？

④ 是否存在会降低公司的财务稳定性或盈利性的新会计法规或监管要求？

⑤ 与国税局或其他税收机关是否存在重大税收争议？

⑥ 最近公司是否需要支付工薪税和其他与工薪有关的费用，或公司是否应偿还其他债务？

⑦ 与监管机构之间是否存在其他可疑的关系？

3. 了解公司的组织结构及其所处的行业

舞弊者可能会通过构建一个易于隐瞒舞弊的组织机构，来掩饰财务报表舞弊。当组织结构具有组织机构过于复杂、董事会中缺乏外部董事、由少数人控制关联方交易等特征时，通常容易发生舞弊。同时，舞弊调查人员应当仔细了解公司所处的行业，某些行业发生舞弊的可能性相对比较大。以下是舞弊调查人员需要询问的有关公司组织机构和行业特征的一些关键问题。

（1）公司的组织结构是否过于复杂，即公司是否存在无明显经营动机的部门？

（2）公司下属的独立商业实体是否都具备合法的经营目的？

（3）公司董事会是否主要由公司的管理人员或其他相关人员组成？

（4）董事会是否能独立发挥积极作用？

（5）审计委员会主要是由内部人员还是外部人员组成？

（6）审计委员会是否能独立发挥积极作用？

（7）内部审计部门是否独立，是否能够发挥积极作用？

（8）公司是否从事无明显经营目的的海外业务？

（9）公司是否为新创立的？

（10）公司的性质最近是否发生重大变动？

（11）内部控制是否得到充分的监控？

（12）公司是否聘用了优秀的会计人员和信息技术人员？

（13）公司是否面临激烈的竞争，其生产的产品在市场上是否已趋于饱和，使公司的毛利率下降？

（14）公司所处的行业是否正在走下坡路，即处于该行业的企业，其经营失败的可能性不断增加，而顾客对其产品的需求也不断下降？

（15）公司所处的行业是否正面临技术的不断更新或产品的加速陈旧？

（16）公司的经营业绩与同行业其他公司的经营业绩相比，是相似的还是完全不同的？

（17）是否存在其他与组织结构和所处行业有关的重大问题？

4. 了解公司财务成果和经营特征

为了更好地利用会计报表，审计人员和调查人员需要了解公司交易的性质、报表中账户类型、公司特别容易发生的舞弊类型以及可能出现的舞弊迹象。审计人员应当将公司的业务活动划分为类似的循环，评价循环中可能存在的固有风险以及舞弊迹象。以下是审计人员需要了解的与财务成果和经营特征相关的问题。

（1）会计报表账户余额的变动是否真实？

（2）考虑到公司的性质、经营年限和规模，账户余额是否真实？

（3）报表中所呈报的实物资产是否真实存在，其数量和金额是否与实际相符？

（4）公司的收入或费用的性质是否发生重大变动？

（5）某一账户余额是否主要是由一笔或几笔大额交易所形成的？

（6）在会计期末是否发生了使公司财务成果好转的重大交易，特别是那些异常的、复杂的或违反了"实质重于形式"原则的交易？

（7）季度之间或月份之间的财务成果是否趋于一致，在各期间内是否存在虚假的交易金额？

（8）公司所呈报的收益和收益增长是否产生了现金流量？

（9）公司是否必须不断地从外部获取额外的资金来保持其竞争力？

（10）公司呈报资产、负债、收入和费用所依据的会计估计是否涉及异常的主观判断或不确定事项，或在近期内会发生重大变更从而影响公司财务成果的可比性（如应收款项最终的可收回性，收入确认的时间，依据主观判断确定的抵押品价值或难以估计的偿债资金来源来确定金融工具的可变现性，或重要的成本递延）？

（11）公司获利能力的增长速度是否异常，特别是与同行业的其他公司相比较？

（12）公司对利率的变动是否特别敏感？

（13）公司实施的促销或盈利计划是否过于激进？

（14）公司是否即将面临破产或取消抵押品赎回权？公司是否存在被恶意收购的风险？

（15）如果公司所呈报的财务成果不佳，是否会对尚未完成的交易（如公司合并或订立合同）产生不利的影响？

（16）在某些管理人员为公司重大债务提供私人担保的公司，其财务状况是否日益恶化？

（17）公司是否在"危机"模式下持续经营，或者经营缺乏谨慎的预算和计划？

（18）公司收回应收款项是否存在困难？公司是否存在其他现金流量问题？

（19）公司经营的成功是否只依靠一两种关键产品或服务？这些产品或服务是否有可能迅速过时？其竞争对手是否能更好地适应市场波动？

（二）评价舞弊风险因素

根据舞弊存在时通常伴随的三种情况，舞弊风险因素可以分为三类：① 实施舞弊的动机和压力；② 实施舞弊的机会；③ 为舞弊行为寻找借口的能力。

这些风险因素也被称为舞弊三角，这三个风险因素在两类舞弊中有不同的体现。

1. 与编制虚假财务报告导致的错报相关的舞弊风险因素

（1）动机和压力：

① 财务稳定性或盈利能力受到经济环境、行业状况或被审计单位经营情况的威胁。

② 管理层为满足第三方预期或要求而承受过度的压力。

③ 管理层或治理层个人财务状况受到被审计单位财务业绩的影响。

④ 管理层或经营者受到更高管理层或治理层对财务或经营指标过高要求的压力。

（2）机会：

① 被审计单位所在行业或其业务的性质为编制财务报告提供了机会。

② 组织结构复杂或不稳定。
③ 对管理层监督失败。
④ 内部控制要素存在缺陷。

（3）态度或接口：
① 管理层态度不端正或缺乏诚信。
② 管理层与现任或前任注册会计师之间关系紧张。

2. 与侵占资产导致的错报相关的舞弊风险因素

（1）动机或压力：
① 个人生活方式或财务状况问题。
② 接触现金或其他易被盗窃资产的员工与被审计单位之间存在的紧张关系。

（2）机会：
① 资产的某些特性或特定情形可能增加被侵占的可能性。
② 与资产相关的不恰当的内部控制可能增加资产被侵占的可能性。

（3）态度或借口：
① 管理层或员工不重视相关控制。
② 对被审计单位存在不满甚至敌对情绪。

（三）实施分析程序

分析程序是指审计人员通过分析不同财务数据之间以及财务数据与非财务数据之间的内在关系，对财务信息做出评价。分析程序还包括在必要时对识别出的、与其他相关信息不一致或与预期值差异重大的波动或关系进行调查。实务中比较常见的分析程序方法包括三种。

1. 比较分析法

比较分析法是指直接通过有关审计项目之间的对比，揭示其中的差异所在，并在此基础上分析判断差异是否正常及其形成的原因。在实际工作中，审计人员常常利用被审计单位的财务数据，计算一些通用的财务比率，并将这些比率与人们普遍认为合理的一些标准进行比较，如对成本费用率、利税率、资金率、资金增长率、完成程度及比重结构等指标进行计算与对比。

2. 趋势分析法

趋势分析法是指审计人员对被审计单位若干期财务或非财务数据进行比较和分析，从中找出规律或发现异常变动的方法。它是分析程序中最常用的方法之一。趋势分析技术又称动态分析技术，它是从发展的观点分析研究经济活动在时间上的变动情况，以提示其增减变动的幅度及其发展是否正常、合理和有无问题的一种分析技术。运用该技术进行审计取证时不着眼于某一个时点，而是从各个不同时期的综合比较中提示经济活动的规律性，并预测未来。因此，运用趋势分析法有利于把握被审计单位经济活动的发展前景，提出建设性的意见和建议。趋势分析技术既可用于财务审计中提示被审计单位有无问题，也可用于经济效益审计中提示经济活动的发展前景及其趋势。

3. 经验分析法

经验分析法是利用彼此相关的账户金额（余额）和可能造成某种变化的各种因素，

对报表项目或账户金额(余额)进行预测,或者将组织中有关经济活动的特点与通常业务活动规律进行比较分析的一种方法。进行经验分析法需要完成三个基本步骤。首先是确定与将要审查的报表项目或账户金额(余额)有关的因素(包括财务的和非财务的);其次是确定有关因素与将要审查的报表项目或账户金额(余额)的关系(模型),并利用各种因素及其与审查对象的关系对审查对象建立期望值;最后是将期望值与报表项目或账户金额(余额)进行比较,并对报表或账户金额(余额)进行评价。

(四) 合理实施询问

询问是审计中的一种基本方法。询问是指审计人员以书面或口头方式,向被审计单位内部或外部的知情人员获取财务信息和非财务信息,并对答复进行评价的过程。

《中国注册会计师审计准则第1141号——财务报表审计中与舞弊相关的责任》第18条规定,注册会计师应当向管理层询问下列事项:① 管理层对财务报表可能存在由于舞弊导致的重大错报风险的评估,包括评估的性质、范围和频率等;② 管理层对舞弊风险的识别和应对过程,包括管理层识别出的或注意到的特定舞弊风险,或可能存在舞弊风险的各类交易、账户余额或披露;③ 管理层就其对舞弊风险的识别和应对过程向治理层的通报;④ 管理层就其经营理念和道德观念向员工的通报。

第19条规定,注册会计师应当询问管理层和被审计单位内部的其他人员(如适用),以确定其是否知悉任何影响被审计单位的舞弊事实、舞弊嫌疑或舞弊指控。

第20条规定,如果被审计单位设有内部审计,注册会计师应当询问内部审计人员,以确定其是否知悉任何影响被审计单位的舞弊事实、舞弊嫌疑或舞弊指控,并获取这些人员对舞弊风险的看法。

第21条规定,除非治理层全部成员参与管理被审计单位,注册会计师应当了解治理层如何监督管理层对舞弊风险的识别和应对过程,以及为降低舞弊风险而建立的内部控制。

第22条规定,除非治理层全部成员参与管理被审计单位,注册会计师应当询问治理层,以确定其是否知悉任何影响被审计单位的舞弊事实、舞弊嫌疑或舞弊指控。治理层对这些询问的答复,还可在一定程度上作为管理层答复的佐证信息。

二、符合性测试

舞弊的产生往往与企业的内控相挂钩,在进行舞弊初核时,审计人员需要对企业内部控制进行了解,并进行符合性测试。符合性测试是指通过一定的审计方法,测试被审计单位业务活动的运行与相关内部控制的符合程度。通过符合性测试,审计人员便可对内部控制的有效性做出进一步评价,并根据符合性测试结果确定实质性测试的性质、时间和范围。

符合性测试通常采用的方法有三种。

(1) 观察法。即审查人员到工作现场观察工作人员处理业务的情况,了解业务处理过程是否遵守了内部控制制度的要求。例如,审查人员可以观察仓库的材料收发情况,确定其是否与规定的收、发料程序相一致,到财务部门观察其报销手续是否与规定相符。

(2) 实验法。审查人员选择有关业务进行分析,重新实施,以判断有关业务人员是否遵循了内部控制制度。例如,审查人员要求重复执行有关发货手续,视仓库管理部门有关业务人员是否遵循有关清点、计量、记账等发货的程序,各项审核、检查工作是否确定执行,对不合理、不合法的发货、领货是否进行了必要的把关。

(3) 检查证据法。审查人员检查与有关业务有关的凭证和其他文件,沿着这些文件和凭证所留下的业务处理的踪迹进行检查,从而判断业务处理是否按内部控制制度的要求进行。例如,业务发生后,按控制规定,要求有关经办人员、审核人和批准人在凭证上签字,审查人员就着力检查凭证上有无签字,如发现多张凭证上无签字则可以认为该项内部控制未予执行。

符合性测试时应采取抽查方式进行,测试规模的大小可以由审查人员根据经验加以判断决定。

审查人员完成符合性测试后,应对内部控制系统进行评价。在评价时,应着重注意以下四个主要方面。

(1) 被查单位发生过哪类错弊,其内部控制效果如何?在现有内部控制系统的工作状态下,哪一类差错或舞弊发生的可能性最大?

(2) 通过何种内部控制可以有效地防止或及时发现这些错误或舞弊的发生?当内部控制失效时,其错弊是否会失控?

(3) 是否对各必要的内部控制都做了严密的规定,并在实际中得到遵循?内部控制失效的概率有多大?

(4) 是否存在内部控制不健全或有严重缺陷的情况?如果结论是肯定的,这些隐患是否会导致错误或舞弊的发生?

通过对上述重点内容的分析评价,审查人员对被查单位的概况就有了全面的了解,就可对其内部控制的可信赖程度做出适时和恰如其分的评价。

案 例 分 析

美国的法尔莫公司最初是俄亥俄州阳土敦市的一家药店。在10年中,该药店又收购了另外299家药店,从而组建了全国连锁的法尔莫公司。不幸的是,这一切辉煌都是建立在造假的基础上的。历时10年、至少引起5亿美元损失的财务舞弊,最终导致了莫纳斯及其公司的破产。

法尔莫公司的总裁莫纳斯一直强调实施"强力购买"的策略,即通过提供大比例折扣来销售商品。当时法尔莫公司的财务总监认为因公司以低于成本的价格出售商品而招致了严重的损失,但是莫纳斯认为通过"强力购买",公司完全可以发展得足够大以使得它能顺利地坚持这一销售方式。最终在莫纳斯的强大压力下,这位财务总监卷入了这起舞弊案件。在随后的数年之中,他和他的几位下属保持了两套账簿,一套用以应付注册会计师的审计,一套反映糟糕的现实。莫纳斯将所有的损失归入一个所谓的"水桶账户",然后再将该账户的金额通过虚增存货的方式重新分配到公司的数百家成员药店中。他们仿造购货发票、制造增加存货并减少销售成本的虚假记账凭证、确认购货却不同时确认负债、多计或加倍计算存货的数量,把实际上并不盈利且未经审计的药店报表拿来,为其加上并不存在的存货和利润。法尔莫公司之所以虚增存货,是因为注册会计师只对300家药店中的4家进行存货监盘,并且会提前数月通知检查哪几家药店。公司随之将那4家药店堆满实物存货,把那部分虚增分配到其余的296家药店。

  注册会计师一直未能发现这起舞弊,他们为此付出了高昂的代价。为其审计的会计师事务所在民事诉讼中损失了3亿美元,公司财务总监被判33个月的监禁,莫纳斯本人被判入狱5年。

思 考 题

1. 舞弊迹象如何区分和判断?
2. 舞弊发现系统红旗标志法如何应用?
3. 舞弊的初核需要用到哪些审计技术?
4. 发现舞弊线索后如何处理?

第六章 舞弊调查

[教学目标]

展开舞弊调查是防治舞弊的重要内容,要求掌握舞弊调查的目的及要求,并且掌握舞弊调查的三大程序,识别舞弊审计方法的特点及分类,能够具体应用财务报表舞弊、资产滥用和腐败等不同形式舞弊的调查手段和方法。

第一节 舞弊调查程序

一、舞弊调查的目的及要求

舞弊调查是指实施必要的检查程序,以确定舞弊迹象所显示的舞弊行为是否已经发生。舞弊调查通常由内部审计人员、专业的舞弊调查人员、法律顾问以及其他专家实施。进行舞弊调查之前,必须进行必要的推断。推断是指可能导致理性谨慎的专业人士从整体上认为舞弊已经发生、正在发生或将要发生的情况。舞弊调查不能脱离推断,只有在有理由相信确实发生了舞弊的情况下才应当进行调查。在进行舞弊调查时,调查人员需要确认舞弊者、舞弊程度、舞弊手段以及舞弊原因,收集充分可靠的证据,判断舞弊行为是否发生,或是否存在无意的错误等其他因素。

舞弊调查是一项敏感复杂的工作,如果执行不当,可能会对无辜者的声誉造成无可挽回的损害,而使真正有罪的一方逍遥法外并得以故伎重施,同时,作为受害方的企业无法获取信息以防范并发现类似情况或弥补损失。由于开展舞弊调查成本高、规模大,舞弊调查会使每个当事人都不可避免地遭受不同程度的损失。为避免调查失败,在展开舞弊调查时应当遵循七个方面的要求。

(1) 执行调查的目的在于"探寻可疑问题的真相",不可偏离目标。

(2) 执行调查的人员应当经验丰富、态度客观,具备开展调查所需的知识、技能。如果调查人员在描述事实经过时措辞不当或没有保持中立的态度,则其客观性立刻就会遭到管理当局和雇员的质疑。无论何时,调查人员都不应当直接得出结论。

(3) 在与其他人就调查程序进行讨论时,调查人员对某人是否实施了舞弊所做出的任何假设都应当严格保密。虽然优秀的调查人员一般都会形成初步的意见或印象,但他们应当对已知事实和证据的每条信息都进行客观的评价,并保持调查的机密性。

(4) 调查人员应当确保有必要知情的当事人(如管理当局)了解调查活动的进展,并同意所采用的调查方法。

(5) 优秀的调查人员应当确保在询问中所收集的全部信息都经过独立的验证,因而是真实、正确的。未对收集到的信息进行验证是经验不足的调查人员常犯的错误。

(6) 调查人员应当注意避免采用不当的调查方法。经验丰富的调查人员应该能够确保所采用的调查方法在科学上和法律上都是正确、公允的。只有经过充分、坚持不懈的调查才能得出正确的结论。

(7) 调查人员应当公允、客观地反映所有事实情况。在整个调查期间,从初始阶段到最后的报告,都应当仔细地控制沟通过程,以避免在表述事实和意见时含混不清。沟通以及最后的调查报告,不应当只包括证明当事人有罪的信息,还应当包括能够证明当事人无罪的事实和信息。忽视或者未对信息进行书面记录是一种严重的调查缺陷,可能会导致严重的后果。

从事舞弊调查的机构很多,基于研究和专业的要求,本节主要研究的是由审计人员执行的舞弊审计活动。

二、舞弊调查的基本程序

(一) 明确舞弊的范围以及复杂程度

1. 评估舞弊风险

在舞弊审计中,审计人员应当进行专门的舞弊风险评估,应当从分析舞弊产生的源头入手查找舞弊,即将重点放在舞弊产生的根源上,而非舞弊产生的表面结果。审计人员要将足够的注意放在舞弊产生的主要条件上,这些条件可以归纳为动机或压力、机会、借口。审计人员根据经营风险的分析结果、舞弊环境和对管理当局的评价结果,可掌握舞弊的压力、机会和借口,进而进行风险评估。还要考虑异常关系或偏离预期的情况。所谓异常,是指审计人员的合理预期与财务数据之间存在的差异,审计人员可利用分析性程序,寻找和发现异常。出现异常是舞弊的一种征兆,发现异常关系或偏离预期的情况,说明存在较大的舞弊风险。审计人员在评估过程中应保持职业怀疑。

2. 评估舞弊发生的可能性

在对舞弊发生的可能性进行评估的基础上,审计人员需要考虑可能导致舞弊发生的情况,并评估其影响程度和发生的可能性。尽管组织已经建立并运行了内部控制,但是内部控制也存在固有的局限性。例如:出于成本效益的考虑,内部控制在某些环节可能存在缺失的情况;在决策时,人为判断可能会出现错误,因人为失误而导致内部控制失效;行使控制职能的人员,其素质不适应岗位要求也会影响内部控制功能的正常发挥;内部控制一般都是针对经常且重复发生的业务设置的,如果出现不经常发生或未预计到的业务,原有控制就可能不适用;在设置了职责分离的环境下,仍然可能存在串通舞弊的情况;高级管理层利用职权超越内部控制。内部控制的固有局限性使得舞弊者能够利用这一点绕开内部控制实施舞弊行为。在管理人员品质不佳,管理人员遭受异常压力,经营活动中存在异常交易事项,组织内部个人利益、局部利益和整体利益存在较大冲突,内部审计机构在审计中难以获取充分、相关、可靠的证据等情形下,舞弊行为发生的可能性会更大。

3. 对评估结果的报告

审计人员应当在日常工作中对可能存在的舞弊保持警惕,当审计人员发现舞弊的迹象时,应当向适当的管理层进行报告,并督促管理层采取措施,遏制舞弊造成的影响。报告的形式可以是口头的,也可以是书面的,不论审计人员的报告结果如何,在做出报告时都应有合理的证据支持。

(二) 实施舞弊调查

1. 制定审计计划

根据舞弊风险的评价结果编制审计计划,运用"自上而下"的思路,确定审计目标、审计工作时间和日程安排、审计重点和范围,在高舞弊风险领域配备充分的审计资源。内部审计计划的制订应考虑舞弊风险控制运行的效果以及这些控制被逾越的可能性。舞弊审计尤其应针对不能被内部控制预防、发现或纠正的舞弊风险。如果发现舞弊风险因素,总体审计计划的应对措施包括设计和执行针对已识别舞弊风险的审计程序、加强对业务过程的监督、指派更有经验或更专业的业务人员、提高职业怀疑、详细审查会计原则、减少对控制的依赖等。

2. 开展审计调查

深入检查现场,听取汇报,提出询问;观察业务活动情况,走访有关业务部门,进一步获取被审计事项相关信息。审计人员应对被查单位内部控制及其管理制度的有无和执行遵循情况进行评估,发现其薄弱环节并估计其可能造成的影响;应向对方索取和调阅有关账册、报表,并做好借用资料登记手续。向被查单位索取的资料既包括查账工作经常涉及的常规资料,也包括查账项目所需的特殊材料;查账工作所涉常规资料有被查单位有关规章、制度、文件、计划、合同文本,被查期内的各种审计与检查资料、分析评价资料,上年度的财务报表、财务分析资料,各种自制凭证的存根与未粘贴在记账凭证上的各种支票、发票、收据等存根,以及银行账户、银行对账单、备查簿等相关的经济信息资料。审计人员要求被查单位提供查找资料之便利,最好要求其打开财务资料室(档案室),让审计人员进入,由其随意抽阅有关凭证、账簿和报表;而无须被查单位财务部门始终派人一步不离地全程陪同,或由被查单位人员根据审计人员的要求逐次从档案室中提取资料,以免其窥视审计人员行动。

当然审计人员应要求被查单位至少选派一人作为联络员,负责解答查账工作中的疑惑,沟通信息,协助工作;审计人员要注意联络员功能的妙用,审计人员可以将一些事务性工作交给其办理,如聘请人员、查找资料、引导带路、介绍情况和提供必备的其他工作便利等,这样可以减轻审计人员工作量,提高工作效率;但不能让其过多介入具体查账工作,不能让其知晓"圈内"的事,不能让其察觉查账对象和目标,如不能让其代邮调查函,不能让其复印取证材料,不能让其做调查记录,在审计人员召开工作会议时应让其回避(不能让其在现场服务),要做到内外有别。

3. 通过调查、测试和审查，获取有关证据

审计实施过程获得的审计证据是形成审计结论和审计意见的基础。整个审计实施过程就是获取、评价、整理审计证据的过程。查账是获取舞弊审计证据的主要手段。常用的查账方法有听、看、问、查、比、议，以及外调内核、分析、评价。审计人员在查账工作中对发现的问题应注意及时准确地收集或形成证据，并将其记录于查账工作底稿之中。另外，审计人员必须记住不可只调查不取证，或只取证不鉴定、确认证据，这都可能前功尽弃。因此在调查过程中，查账工作涉足要广，资料要全，调查要细，取证要实；好记性不如烂笔头，不要过分相信自己的记忆力，查账工作纷繁复杂，审计人员需要记忆回顾的事太多，等到需要回忆时才去发掘有时会为时已晚；调查、取证、记录是在查账实施阶段的三部曲，缺一不可。另外，在收集证据的时候，审计人员应同步进行必要的分类、整理、归纳，使调查取证的材料指向明晰，便于使用加工，以提高后续查账工作的效率。各审计人员的工作应注意密切配合，注意在查账工作中互相沟通、交换信息，保持整体协调。

4. 形成审计工作底稿

舞弊审计查账工作实施阶段的成果是形成系列审计工作底稿，这些工作底稿是对查账工作过程及发现的问题的详细记载，并附有审计人员初步分析的结论。审计工作底稿不仅是审计工作记录，也是查账工作总结。工作底稿可以一事一稿，单独编；也可以一事数篇，连续记录；可以是一人一稿，也可以是一人多稿，但多人一稿的情形出现较少。工作底稿应是可追溯的，即从工作底稿可以查到有关账证表等会计资料，能够看出所查问题的性质、成因、结果和影响，同时工作底稿也是可以综合和再加工的，为形成审计报告提供依据和素材。因此，审计工作底稿是审计报告与被查事实之间的桥梁。审计工作底稿填制和复核应由不同的审计人员来完成。在结束查账实施阶段工作之前，审计小组负责人应对查账工作底稿进行验收，看查账工作所收集的证据材料是否揭示了被查事项的基本情况，是否达到了预期的查账目标，是否符合委托人的要求，如果回答是肯定的，则可以结束审查，进入下一环节。

（三）完成舞弊调查报告

1. 分析审计证据

审计工作底稿中应对审计证据进行分析，具体处理包括：

（1）对事实清楚、证据确凿的有关问题，做出定性定量结论，并提出处理、处罚建议；

（2）对证据不足尚不能定案的事项，一般要追加审计程序，进一步深入审查，直到获得相关证据为止；

（3）若经深入审查，短时间内无法获得必要证据，则不宜做出相应结论；

（4）对存有较大疑问而采取了补救措施仍无法查实的事宜，审计人员可以把它们作为专门问题在审计报告中列示，或将其作为特例另行立案查处。

总之，审计结论应建立在充分、适当的审计证据基础之上，而不能捕风捉影或任意添加。审计人员应当通过对审计证据的加工处理，合理使用审计证据，还要注意对关键证据进行再度验证、复核；对函证和技术鉴定所获的证据要完备有关手续；言词证据要

与实物证据、书面证据相衔接、吻合;各种证据不能相互矛盾,而是必须相互支撑、验证,形成有共同指向的证据链。

此外,审计人员必须理解证据之间的相关性,并且知道如何保存和提供这些证据。作为舞弊审计证据的只能是相关的资料,而不应包括无关的东西,因此,对资料加以整理就非常重要。整理证据时应遵循以下基本原则:

(1) 应汇总所有重要或与案件相关的证据;

(2) 要保存原件并准备复印件以备平时翻阅时使用,非必要不使用原件;

(3) 要保持良好的文件整理体系,当有大量文件时,这一点尤为重要,不能丢失任何重要文件,应按顺序将每个文件盖章保存。

2. 出具审计报告

舞弊审计工作结束时,应提交审计报告,审计报告应包括所有发现的问题、结论、建议和应采取的纠正措施。为了保证舞弊审计结论的合法性,有关舞弊情况的报告草案须提交给法律顾问进行审查,以减少审计人员的法律风险。

(1) 撰写审计报告初稿。审计小组成员应共同讨论查账结果,形成审计结果报告,并责成某一位组员执笔,撰写审计报告初稿。对查出的事实,审计人员应认真查对有关法律法规,得出严密的查账结论。审计报告要反映查账过程中查账的主要问题及其成因,审计报告的基本内容主要包括审计的客体、范围、方式、时间以及实施审计查账的情况,被查单位的基本情况,被查经济业务活动的情况及其存在的财务造假和违反财经法纪的情节、性质、原因和后果,查账评价意见或处理、处罚意见及其依据。审计报告要做到事实清楚、证据确凿、内容完整、定性准确、评价公正、处理恰当、建议可行、行文规范、措辞得当。审计报告写作之关键是本着"宁不足勿过度"的原则,本着对委托人负责、对被查单位负责、对审计人员自身负责的态度,将审计报告初稿写好。审计报告不应有言过其实之处,对没有查实的问题可以不作反映,对查出的问题查至什么程度就反映至什么程度,切不可夸大其词,任何的夸大都将成为审计风险;而审计人员略有一些保留,对一些次要问题在报告中不予提出或不作重点表述,既突出问题的主要方面,也有利于争取主动,规避查账风险。

(2) 听取被查单位对审计报告的意见。审计报告初稿完成后,一般应在一定范围内与被查单位的人员见面(不是与当事人见面),听取被查单位对报告初稿的意见。对被查单位的态度,审计人员要注意"巧"观察:如果报告中存在弃真风险(将被查单位不存在财务造假和违法乱纪现象误判为存在错弊的可能性),被查单位往往会比较强烈地反映出来,迅速指出审计报告的不实之处,并积极协助审计人员进行纠正;而对于误受风险(被审计单位财务资料出现财务造假和违法乱纪而审计人员误判为不存在错弊的可能性),被查单位会视而不见,保持沉默,很快表示全盘接受。对于审计人员查出被查单位违法乱纪事实并进行一定处理处罚,如果被查单位态度冷漠,对审计报告几乎不看便表示首肯,是值得审计人员怀疑的。一般来说,对其处理处罚,被审计单位都要做一番解释和讨价还价,有时"据理力争"纠缠很长时间,影响审计人员正常工作,对此审计人员应冷静观察被审计单位的心态和动机,判断其是否存在没有查出或查实的问题。

(3) 完成并递交审计报告定稿。审计报告征求了被查单位意见后即可定稿,向委托人或委派者递交,同时可以下达审计处理决定和审计意见书。根据委托者或委派者的要求,审计人员不仅应提交审计结果报告,而且应强化查账结果的落实,如要求被查单位迅速调整有误的会计账目,对混乱的内部控制与财务管理要求限期整改,对不称职的财会人员要求撤换,要求单位补缴偷漏的税款,并处以一定的罚款,没收其非法所得,要求其归还非法侵占的国家资财等。对有关当事人违反了党纪政纪的,要移送有关部门给予党政处分,触犯了法律应追究其法律责任的,应移交司法部门。移送应办理有关手续,留下有关凭据,并将其逐一归入审计工作档案备考。

案 例 分 析

2007年12月,在对海南中瑞康芝制药有限公司改制的基础上,康芝药业成立。2010年5月,公司在深交所上市。公司集医药研发、生产、销售和服务于一体,主要从事儿童药的研发生产和销售,曾经是国内最大的尼美舒利制剂生产厂家,主打产品是瑞芝清,占其销售收入的80%以上。2009年,瑞芝清在儿童解热镇痛类产品中销量第一,销售额达5.56亿元,排名第二的是美林,销售额4.36亿元。2011年上半年,在康芝药业仅仅上市一年后,瑞芝清被披露具有不良反应。此后不久,国家有关部门明文规定尼美舒利口服制剂禁止用于12岁以下儿童。这一事件对康芝药业瑞芝清的销售产生了严重的影响,造成瑞芝清销售数量大幅减少,收入下降近70%。让人不解的是,该公司主营业务收入却没有随之发生明显的下降,2011年依然取得了盈利。

前审计总监在2013年4月实名举报该公司虚增利润、虚构交易、虚开发票、隐瞒关联方交易等造假行为。历经一年多的调查,2014年7月,中国证监会认定康芝药业有以下两项违法事实:第一,通过提前确认销售收入的手段,致使2011年康芝药业虚增利润约157万元;第二,通过对应该计提的销售费用、管理费用等期间费用不予确认的方式,造成该公司2011年利润虚增约238万元,2012年利润虚增约231万元。

为何直到2013年经举报才发现康芝药业的舞弊行为,而2011年、2012年的审计均没有发现?

解析:

事件发生时,康芝药业聘请的审计机构是中审亚太会计师事务所(以下简称中审亚太)。2011年、2012年,康芝药业虚增利润的两年间,中审亚太均出具了无保留意见的审计报告,声称康芝药业"财务报表在所有重大方面按照企业会计准则的规定编制,公允反映了合并及母公司财务状况、经营成果和现金流量"。然而,不管是从康芝药业面临的行业风险,还是从财务报告提供的数据,康芝药业都存在舞弊动机和行为。公司上市仅一年就发生了"尼美舒利事件",导致主打产品销量大幅下降,但是营业收入却没有明显减少,这显然存在问题,审计人员应该具备应有的职业怀疑,评估舞弊风险。此外,康芝药业在2011年和2012年并未公布其前五名供应商的名称,不合常规，让人费解，很明显在刻意隐藏关联方关系和关联方交易。尽管康芝药业财务造假的责任应该由管理层而非审计人员承担，但是如果审计人员能够保持职业怀疑及独立性，勤勉尽职，进行风险评估和识别，严格执行应有的审计程序，康芝药业存在的财务造假行为也就会被揭示出来。

2009—2011年，康芝药业三年的时间里变更三家会计师事务所，让人不解。但是三家都为康芝药业出具了无保留意见的审计报告，除2011年是带强调事项段的无保留意见外，其他年份都是标准无保留意见的审计报告。康芝药业的财务数据存在大量疑点，舞弊手段再隐蔽，通过前后比较和分析，也能够发现问题。但是，三家会计师事务所居然无一例外出具了无保留意见的审计报告，缺乏中介机构应有的公正、法律意识，风险意识薄弱，建立健全会计师事务所审计质量控制程序迫在眉睫。

第二节 舞弊审计方法与手段

一、舞弊审计方法的特点及分类

审计方法是指审计人员在审计过程中围绕审计目标，为取得审计证据、完成审计任务而采取的各种手段的总称。审计过程是对审计证据加以收集、审查、判断和运用的过程，审计方法实质上也就是审计人员收集和分析证据的手段。

因此，舞弊审计方法就是收集能够证明舞弊审计结论证据的方法。舞弊审计方法是决定审计项目是否成功的关键。在审计过程中，如果选用合理的审计方法，便能提高审计工作的效率，收到事半功倍的效果。相反，如果采用的审计方法不合理，不但不能以一定的人力、物力取得必要的审计证据，而且可能误入歧途，导致错误的审计意见和结论。

(一) 舞弊审计方法的特点

审计人员在实际工作中根据舞弊审计具体目标和要求，选择使用恰当的审计方法。由于舞弊审计对象的复杂性，舞弊审计方法呈现出与财务审计方法不同的特点。

(1) 多样性。由于舞弊的复杂性、潜在性和多样性，在舞弊审计中，通常要融合多种审计方法，进行全方位的取证，方能对舞弊行为进行充分的证明。因此，舞弊审计人员通常会针对不同的审计对象，采用审阅、盘点、观察、询问、函证、核对、分析及几种方法相结合的方式来实现审计目标。

(2) 综合性。随着舞弊审计理论研究的深入以及实务积累的经验，舞弊审计人员发现，在舞弊审计中要善于多角度思考问题、多维度发现问题，才能有效发现舞弊、完成审计任务。审计人员除了要掌握会计、审计、管理等方面的知识外，法学、侦查学、心理学等学科也在审计中发挥了越来越重要的作用。

(二) 舞弊审计方法的分类

美国注册舞弊审查师协会认为,舞弊审计是一种发现舞弊的先发制人的方法,即运用会计记录和其他信息,进行分析性复核,识别出舞弊行为及其隐瞒方法。这种针对舞弊行为所进行的审计,广义来说,不仅应包括舞弊发生之后的审计调查,还应当包括针对正在或将要发生的舞弊的整个防范和监督活动。因此,舞弊审计的方法应当包括发现舞弊的方法和防范舞弊的方法。

霍华德·R.达维亚(Howard R. Davia)在《欺诈101:识别技巧和应对策略》中提出:可以把舞弊审计分为舞弊预警审计和舞弊反应审计。其中,舞弊预警技术是用来发现舞弊线索而进行的审计,在审计开始之前,从事舞弊预警审计的审计师对企业中是否存在舞弊是一无所知的。舞弊反应技术则是指已经发现舞弊线索,为寻找确切证据以证实舞弊是否存在而进行的审计。本书结合以上两种观点,认为舞弊审计的方法可以分为舞弊预警技术和舞弊反应技术。

二、舞弊审计预警方法

在审计开始之前,审计人员对组织中是否存在舞弊一无所知。通过舞弊预警技术可以使审计人员快速高效地识别舞弊风险,判断审计重点,指明审计方向。

(一) 红旗标志法

在审计过程中,审计人员必须关注那些预示着组织内已发生舞弊行为的特殊信号,或者潜在的舞弊风险在组织运行中表现出的异常信息。这些信号或信息被称为"红旗标志"(red flag)或危险信号、警讯(warning signal)。红旗标志是指与舞弊行为相关联,或者可能相关联的事项或活动。在有红旗标志的地方,人们通常会发现舞弊的特征或状况,并且发生舞弊的可能性会比较高。因此,审计人员可以利用对"红旗标志"的识别与判断来发现组织中存在或者可能存在的舞弊行为。

(二) 分析程序

分析程序是指审计人员通过研究不同财务数据之间以及财务数据与非财务数据之间的内在关系,对财务信息做出评价,获得审计证据的一种审计方法。分析程序还包括调查识别出的、与其他相关信息不一致或与预期数据严重偏离的波动和关系。审计人员实施分析程序可以使用不同的方法,包括从简单的比较到使用高级统计的复杂技术,主要包括账户分析法、比较分析法、比率分析法、相关分析法、平衡分析法、分组分析法、因素分析法、推理分析法、图表分析法、差额分析法、量本利分析法、价值分析法、预测分析法等。分析程序是一项技术性较高、说服力较强的取证手段,它要求审计人员具有较高的专业判断能力和审计经验,并运用一定的方式和程序,确保风险降至可接受水平。

(三) 本福特定津(Benford's law)

1881年,美国天文学家西蒙·纽科姆(Simon Newcomb)发现书本的前几页要比剩下的那些页更容易弄脏。1938年,弗兰克·本福特(Frank Benford)对纽科姆的发现进行了大量实证测试,发现数字在多位数的自然数中出现的概率也存在显著的递减规律。本福特定律提出以后,尼格里尼(Nigrini)将其应用到舞弊审计中,成功地检测出大量

舞弊审计与法律

舞弊案例。本福特定律精确地预测出各类财务数据有如下特质：以数字1开头的数据约占30%，而以数字9开头的数据仅占6%。这说明如果把10 000张发票的开头数字的分布与本福特定律分布比较，发现70%的发票是以数字8或9开头的，则有可能存在舞弊。

本福特定律在舞弊审计领域的运用实际上是分析程序在现代信息技术环境下的发展与有益补充。传统的分析性复核方法是从财务数据的内在勾稽关系与逻辑上的合理性角度出发来发现会计错弊的。本福特定律的运用则是借助现代计算技术，从统计学的角度检测数字在不同数位上的概率分布规律，进而发现会计错弊的一种新型数值分析方法。经验发现，经过篡改的财务数据一般会存在这样的规律：① 会不自觉地多选择一些以"1"为首位数的数字，但是首位数"1"的使用率达不到本福特定律的理论值；② 会有意识地多选择一些以"6""7""8""9"开头的所谓大数字，特别是我国的造假者会偏爱"6""8""9"等吉祥数字；③ 会在第二位数上多用"0"。本福特定律在舞弊审计领域的运用丰富了舞弊审计的技术手段，加大了财务造假的难度，提高了舞弊审计工作的效率，丰富与发展了分析性复核方法体系。

（四）询问法

询问是审计中的一种基本方法。《中国注册会计师审计准则第1141号——财务报表审计中与舞弊相关的责任》认为，询问是指注册会计师以书面或口头方式，向被审计单位内部或外部的知情人员获取财务信息和非财务信息，并对答复进行评价的过程。同样，在调查舞弊案件中，询问也是一种有效方法。美国注册会计师协会颁布的SAS No.99《考虑财务报告中的舞弊》要求审计人员向管理层询问其对本单位舞弊风险的看法以及所了解或怀疑舞弊方面的任何信息，也要求向被审计单位以外的其他个人或被审计单位各级雇员询问；同时也要求询问单位的管理层和其他人员，但并没有限制于这些询问。相反，它鼓励审计人员通过进一步询问来收集信息，包括所有有助于识别和评估由舞弊导致重大风险的广泛信息。

《中国注册会计师审计准则第1141号——财务报表审计中与舞弊相关的责任》第18—21条对询问法的内容做出了规范。

（五）职业怀疑态度

SAS No.99认为："职业怀疑主义"精神应贯穿审计过程的始终，审计人员应克服自身对于客户的信任和对以往跟该客户的合作经验的依赖，以怀疑的态度完成整个审计过程。审计人员在审计的计划阶段就必须讨论和分析被审计单位的财务报告因舞弊而导致重大错漏报的风险和程度，而且应就被审计单位在财务报告中可能会如何作弊和最可能在何处作弊交换意见。新ISA 240也指出，在获得合理保证时，审计师有责任在整个审计过程中保持职业怀疑态度。职业怀疑态度要求不断质疑所获得的信息及审计证据是否表明会存在舞弊性重大错报。因此，职业怀疑态度是审计人员在审计工作中的一种思想状态，它要求审计人员对审计中的线索、证据进行更多的质疑，保持高度的警惕性。CRAAS 1141号将其定义表述为"执行审计业务的一种态度，包括采取质疑的思维方式，对可能表明由于错误或舞弊导致错报的迹象保持警觉，以及对审计证据进行审慎评价"。

三、舞弊审计反应方法

舞弊审计反应技术是审计人员用来证明事实真相、收集审计证据、得出审计结论的方法。

(一) 审阅法

书面资料是审计人员获取直接证据的重要来源,通过对资料中经济业务的记录、表达和特点的关注,审计人员可以获取证明舞弊存在或者不存在的重要证据。审阅法是指通过对被审计单位有关书面资料进行仔细观察和阅读来取得审计证据的一种审计技术方法。根据有关法规、政策、理论、方法等审计标准或通过对书面资料进行审阅,鉴别资料本身所反映的经济活动是否真实、正确、合法、合理及有效。

审阅法是一种十分有效的审计技术,不仅可以取得一些直接证据,同时还可以取得一些间接证据,如通过审阅可以找出可能存在的问题和疑点,作为进一步审查的线索。审阅法主要用于对各种书面资料的审查,以取得书面证据。书面资料主要包括会计资料和其他经济信息资料及管理资料。

通常,在对账簿进行调查时,要对账簿中存在的异常现象重点关注,并作为搜集资料,获取审计证据的重要基础。检查记录或文件可以提供可靠程度不同的审计证据,审计证据的可靠性取决于记录或文件的性质和来源,而在检查内部记录或文件时,其可靠性则取决于生成该记录或文件的内部控制的有效性。将检查用作控制测试的一个例子,是检查记录以获取关于授权的审计证据。某些文件是表明一项资产存在的直接审计证据,如构成金融工具的股票或债券,但检查此类文件并不一定能提供有关所有权或计价的审计证据。此外,检查已执行的合同可以提供与被审计单位运用会计政策(如收入确认)相关的审计证据。

1. 关注异常的账簿设置

在会计准则和相应规范中,对各种账簿的开设都有明确的要求,如现金、银行存款要开设日记账,应收账款要按照债务人的名称来开设明细账等。审阅会计账簿时发现出现异常的状况,往往存在一些问题,例如,某公司的应收账款明细账中有一个"其他"项目,经过对账户中的业务进行仔细检查和分类,发现企业经常将一些错账、假账放到里面,以规避检查。

2. 关注异常的账簿属性

账簿的属性指的是账簿中存在的会计数字的正负方向,反映了会计账户表示的属性,如财产物资类账户余额出现负数,表示违背了该类账户的属类,一般来说均有问题,如库存商品、现金、材料等明细账出现赤字余额。再如,损益类账户未全额结转到本年利润,而全部或者部分结转到往来账,甚至直接挂账,这些都违背了账户的会计基本属性,可以认定为有问题的处理,作为顺藤摸瓜的线索。

3. 关注账簿中的异常数据

(1) 从有关数据的增减变动有无异常,来判断被审计单位可能在哪些方面存在问题。有异常情况的数据,通常称异常数,它是指某些数据资料违反了会计原理的要求,或是违反了经济活动实际情况,而出现了正常情况下不应有的现象。

① 从数据增减变动幅度的大小来衡量。从这方面着手发现问题,关键是要把握住各项经济活动本身的数量界限。在正常情况下,如工资费用、管理费用发生了巨额的增减变化,一般都隐藏一定的问题。在市场情况平稳的环境背景下,企业的收入出现大幅变动,则很有可能是人为调节损益。

② 从相关数据之间的变化关系来衡量。相关的会计账户存在着一定的关系,一个账户的变动必然引起某个或某些账户的相应变动,如果变动的方向及变动的幅度不相适应,则说明这种变动存在一定的问题。如对外投资金额有了巨额增加,但投资收益增加很小甚至减少,说明与这种变化不相适应,往往会存在虚假投资、转移资金的情况。

(2) 从会计资料和其他资料反映经济活动的真实程度,鉴别判断被审计单位有无问题。会计资料及其他资料理应真实、准确地反映单位各项经营活动的过程和结果,如果资料反映的情况和实际活动不符,被审计单位就有弄虚作假的可能。例如,企业有引进国外先进设备的合同,但是在核对账簿和其他原始凭证时发现缺少报关单,或者根本没有与进口设备对应的产品产量或者生产记录,说明进口业务很有可能是造假,因而需要追查有关进口业务的真相。

(3) 从会计账户对应关系的正确性,鉴别判断被审计单位有无问题。相关的会计账户都有明确的对应关系,而每个账户都有固定的核算内容,如果任意变动每个账户的核算内容,甚至将不相关的账户对应起来,一般都存在造假行为。如将投资收益、其他收入记入应付账款账户,或将应收款账户与费用账户对应、收入账户与应付款账户对应,以达到转移收入或支出的目的。

(4) 从时间上有无异常,鉴别判断被审计单位是否存在问题。每项经济业务从开始执行到结束的整个过程所持续的时间,都有一定的限度。若在有关资料上没有载明业务发生时间,或是虽然载明了时间,但从发生日至记账日(或结转日)之间相距甚远,则可能隐藏着某种问题;再如,期末的未达账项在时间上一般不会过长,如果数月挂账的未达账项等时间上存在异常,需要鉴别其真实性。

(5) 从单位购销活动有无异常,鉴别判断被审计单位有无问题。审计人员可从书面资料审阅中,发现被审计单位在购销活动方面有无舍近求远、舍好求次、舍低求高的现象,以及购销活动内容、物流方向、购销价格、结算方式等是否正常、合理、合法。

(6) 从资料本身应具备的要素内容,鉴别判断问题存在的可能性。任何资料都应该具备所要求的要素,如果要素内容不全,或者利用发票收据的复印件记账,均应进一步查明原因,以证实有无问题。

(二) 复核法

复核法又称复算法或重新计算法,是指审计人员对被审计单位的原始凭证及会计记录中的数据进行验算或另行计算。审计人员在进行审计时,往往要对被审计单位的凭证、账簿和报表中的数字进行计算,以验证是否正确。审计人员的计算可根据需要进行,不一定按照被审计单位原来的计算顺序进行;计算过程中要注意计算结果是否正确,还要注意过账、转账等方面的差错。计算还包括对会计资料中有关项目的加总或其他运算。其中,加总既包括横向数字的加总也包括纵向数字的加总。在报表审计中,要充分注意利用加总技术来获取必要的审计证据。

会计数据的复核,主要是指对有关会计资料提供的数据进行复核。复核法虽然是一种较为简单的技术方法,但要取得良好的效果,必须善于抓住重点、找准关键数据,必须小心谨慎、反复验算,绝不可过于自信或轻信。

(三) 核对法

核对法是指在书面资料的相关记录之间,或是书面资料的记录与实物之间,进行相互勾兑以验证其是否相符的一种审计技术方法。核对法也是审计技术方法中较为重要的技术方法。按照复式记账的原理核算的结果,资料之间会形成一种相互制约关系,若被审计单位的有关人员,存在无意的工作差错或是故意的舞弊行为,都会使制约关系失去平衡。因此,通过对相关资料的核对,就能发现可能存在的种种问题。

在审计中,需要相互核对的内容很多,但概括起来,主要有三个方面,即会计资料间的核对、会计资料与其他资料的核对,以及有关资料与实物的核对。

具体进行核对时,可以由两个人进行,也可由一个人进行。由两个人进行时,一般是一个人念,另一个对,这样做可以提高效率,但常常会因看错、念错或听错而影响核对结果。由一人进行核对,出错的可能性小,也便于发现问题,但效率低。为了取得满意的核对效果,核对前,应对将用来核对的资料本身的可靠性进行复核;核对过程中应特别细心,并要运用各种符号对是否核对过、是否有疑问加以识别;对复核中发现的差异、疑点、线索等要逐一详细记录,必要时要运用其他审计技术及时查明问题。

上述三种方法主要用于对记录或文件的检查,也即审计人员对被审计单位内部或外部生成的,以纸质、电子或其他介质形式存在的记录或文件进行检查,以获取可靠程度不同的审计证据。

(四) 盘存法

盘存法是指通过对有关财产物资的清点、计量,证实账面反映的财物是否确实存在的一种审计技术。按具体做法的不同,有直接盘存法和监督盘存法两种。直接盘存法是指审计人员在实施审计检查时,通过亲自盘点有关财物来证实与账面记录是否相符的一种盘存方法。监盘是指审计人员现场监督被审计单位实物资产及现金、有价证券等的盘点,并进行适当的抽查。同时,在监盘时,审计人员还应对实物资产的质量及所有权予以关注。

在审计过程中,审计人员只是对被审计单位盘点工作进行监督,对于贵重物资,才进行抽查复点。采取监督盘点法的目的是确定被审计单位实物形态的资产是否真实存在,是否与账面反映一致,有无短缺、毁损及贪污、盗窃等问题存在。实物盘点工作只能证实实物的存在,而不能证实其所有权和质量好坏。因此,审计人员还要另行审计,以证实其所有权和质量问题。无论是直接盘点还是监督盘点,均是重要的检查有形资产的方法,它可以为有形资产的存在提供可靠的审计证据。

(五) 观察法

观察是指审计人员查看相关人员正在从事的活动或实施的程序。例如,审计人员对被审计单位人员执行的存货盘点或控制活动进行观察。观察可以提供执行有关过程或程序的审计证据,但观察所提供的审计证据仅限于观察发生的时点,而且被观察人员的行为可能因被观察而受到影响,这也会使观察提供的审计证据受到限制。

审计人员进入被审计单位以后,对被审计单位所处的外部环境和内部环境进行观察,借以取得环境证据;审计人员对被审计单位人员行为进行观察,借以发现问题和证实问题,并取得行为证据;审计人员对被审计单位的财产物资进行观察,了解其存放、保管和使用状况,借以确定盘点重点,证实账簿记录,充实证据资料。

观察法除应用于对被审计单位经营环境的了解以外,主要应用于内部控制制度的遵循测试和财产物资管理的调查,如有关业务的处理是否遵守了既定的程序,是否办理了应办的手续,财产物资管理是否能保证其安全完整,是否有外在的厂房、物资等,外借的场地、设备是否确实需要,等等。观察法结合盘点法、询问法使用,会取得更佳的效果。但是,观察提供的审计证据仅限于观察发生的时点,并且可能会受到相关人员或执行程序的影响,从而降低所观察信息的客观性。

(六) 函证法

函证法是指审计人员直接从第三方(被询证者)获取书面答复以作为审计证据的过程,书面答复可以采用纸质、电子或其他介质形式。当针对的是与特定账户余额及其项目相关的认定时,函证常常是相关的程序。但是,函证不必仅仅局限于账户余额。例如,审计人员可能要求对被审计单位与第三方之间的协议和交易条款进行函证。审计人员可能在询证函中询问协议是否做过修改,如果做过修改,要求被询证者提供相关的详细信息。此外,函证程序还可以用于获取不存在某些情况的审计证据,如不存在可能影响被审计单位收入确认的"背后协议"。

1. 函证方式的选择

函证方式通常包括积极式函证和消极式函证。其中积极函证方式适用于以下场合:

(1) 函证业务事项较为重要,一方面可以从该业务事项的金额大小来衡量,另一方面可以从该业务事项涉及的问题性质来衡量;

(2) 函证业务事项极为有限;

(3) 函证业务事项延续的时间极长;

(4) 对函证业务事项还存有较多疑点。

其余场合,则可采用消极函证方式。在采用消极函证方式的情况下,只要在规定的期限内未收到他方的答复函,则函证业务事项的实际情况与审计人员的认定是一致的。

2. 函证内容的设计

在进行函证的情况下,他方是按照审计人员在函证中的具体要求来回答问题的。因此,设计出既能满足审计人员要求,又便于他人理解和回答的函件,就显得特别重要。

在设计函证内容时,审计人员需要考虑的因素包括:

(1) 函证针对的认定;

(2) 识别出的重大错报风险,包括舞弊风险;

(3) 询证函的版面设计和表述方式;

(4) 以往审计或类似业务的经验;

(5) 沟通的方式(如纸质、电子或其他介质等形式);

(6) 管理层对被询证者的授权或是否鼓励被询证者向注册会计师回函,只有询证

函包含管理层授权时,被询证者可能才愿意回函;
（7）预期的被询证者确认或提供信息（如被询证者能够提供的信息是单张发票还是总额）的能力。

函证法既可用于有关书面资料的证实,也可用于有关财产物资的证实,如应收应付账款余额真实性的核实、财物所有权的核实等。一般而言,但凡需要从被审计单位以外的其他单位获取有关材料才能达到审计的目的时,就可采用函证技术。不过,在其他单位对被审计单位存在极大依赖,或是被审计单位与其他单位有意串通的情况下,采用函证技术将是无效的。

3. 函证样本的选择

审计人员可以采用审计抽样或其他选取测试项目的方法选择函证样本。为保证样本代表总体,样本通常包括:

（1）金额较大的项目;
（2）账龄较长的项目;
（3）交易频繁但期末余额较小的项目;
（4）重大关联方交易;
（5）重大或异常的交易;
（6）可能存在争议、舞弊或错误的交易。

4. 审计人员可以采取的对函证实施过程的控制措施

（1）将被询证者的姓名、单位名称和地址与被审计单位有关记录核对。
（2）将询证函中列示的账户余额或其他信息与被审计单位有关资料核对。
（3）在询证函中指明直接向接受审计业务委托的会计师事务所回函。
（4）询证函经被审计单位盖章后,由注册会计师直接发出。
（5）将发出询证函的情况形成审计工作底稿。
（6）将收到的回函形成审计工作底稿,并汇总统计函证结果。

5. 可能影响函证可靠性的因素

（1）函证的方式,包括对询证函的设计、寄发及收回的控制情况。
（2）以往审计或类似业务的经验。
（3）拟函证信息的性质。
（4）选择被询证者的适当性,包括被询证者的胜任能力、独立性、授权回函情况、对函证项目的了解及其客观性。
（5）被询证者易于回函的信息类型。
（6）被审计单位施加的限制或回函中的限制。

6. 在评价通过函证程序获取的审计证据时,注册会计师通常考虑的因素

（1）函证和替代审计程序的可靠性。
（2）不符事项的原因、频率、性质和金额。
（3）实施其他审计程序获取的审计证据。

7. 实施函证时要关注舞弊风险迹象以及采取的应对措施

（1）审计人员需要关注舞弊风险迹象,与函证程序有关的舞弊风险迹象包括:

① 管理层不允许寄发询证函；

② 管理层试图拦藏、篡改询证函或回函，如坚持以特定的方式发送询证函；

③ 被询证者将回函寄至被审计单位，被审计单位将其转交注册会计师；

④ 注册会计师跟进访问被询证者，发现回函信息与被询证者记录不一致，例如，对银行的跟进访问表明，提供给注册会计师的银行函证结果与银行的账面记录不一致；

⑤ 从私人电子信箱发送的回函；

⑥ 收到同一日期发回的、相同笔迹的多份回函；

⑦ 位于不同地址的多家被询证者的回函邮戳显示的发函地址相同；

⑧ 收到不同被询证者用快递寄回的回函，但快递的交寄人或发件人是同一个人或是被审计单位的员工；

⑨ 回函邮戳显示的发函地址与被审计单位记录的被询证者的地址不一致；

⑩ 不正常的回函率，如银行函证未回函，与以前年度相比回函率异常偏高或回函率重大变动，向被审计单位债权人发送的询证函回函率很低等；

⑪ 被询证者缺乏独立性，如被审计单位及其管理层能够对被询证者施加重大影响，以使其向注册会计师提供虚假或误导信息（如被审计单位是被询证者唯一或重要的客户或供应商），被询证者既是被审计单位资产的保管人又是资产的管理者。

（2）针对舞弊风险迹象，审计人员根据具体情况实施恰当的审计程序：

① 验证被询证者是否存在、是否与被审计单位之间缺乏独立性，其业务性质和规模是否与被询证者和被审计单位之间的交易记录相匹配；

② 与从其他来源得到的被询证者的地址（如与被审计单位签订的合同上签署的地址、网络上查询到的地址）相比较，验证寄出方地址的有效性；

③ 将被审计单位档案中有关被询证者的签名样本、公司公章与回函核对；

④ 要求与被询证者相关人员直接沟通讨论询证事项，考虑是否有必要前往被询证者工作地点以验证其是否存在；

⑤ 分别在中期和期末寄发询证函，并使用被审计单位账面记录和其他相关信息核对相关账户的期间变动；

⑥ 考虑从金融机构获得被审计单位的信用记录，加盖该金融机构公章，并与被审计单位会计记录相核对，以证实是否存在被审计单位没有记录的贷款、担保、开立银行承兑汇票、信用证、保函等事项。

（七）鉴定法

鉴定法是指在需要证实的经济活动、书面资料及财产物资超出审计人员专业技术范围时，由审计人员另聘有关专家运用相应专门技术和知识加以鉴定证实的办法。如书面资料真伪的鉴定，实物性能、质量、估价的鉴定，经济活动合理性的鉴定等，如果审计组织中无该方面的专门人才，就有必要聘请有关专家进行鉴定。鉴定法主要应用于涉及较多专门技术问题的审计领域，如经济效益审计领域；同时也应用于一般审计实务中难以辨明真伪的场合，如纠纷、造假事项等。

在聘请有关人员进行鉴定时，应判断被聘人员能否保持独立性、与被鉴定事项所涉及的有关方面有无利害关系；鉴定后应正式出具鉴定报告并签名，以明确责任。

(八) 调查内部控制

我国《企业内部控制基本规范》将内部控制定义为："由企业董事会、监事会、经理层和全体员工实施的,旨在实现控制目标的过程。"参照美国的COSO委员会提出的《内部控制——整合框架》,我国内部控制审计也分为五要素。

1. 控制环境

控制环境是内部控制的核心要素之一,主要包括治理结构、组织机构设置与权责分配、组织文化、人力资源政策、内部审计机构设置、反舞弊机制等。控制环境是一套标准、流程和结构,能够为内部控制的实施提供基础。

2. 风险评估

风险评估是指企业及时识别、系统分析经营活动中与实现内部控制目标相关的风险,合理确定风险应对策略。每个组织都面临着来自内外部的各类风险。风险是潜在事件发生并对组织实现其目标产生负面影响的可能性。风险评估包括根据组织要实现的目标,动态和反复识别和评估风险的过程。将全组织范围影响目标实现的风险同已经建立的风险容忍度一同考量后,风险评估为决定如何进行风险管理打下了基础。风险评估的先决条件是组织各个层级目标的确立。管理层要结合运营、报告和遵循三大类目标,明确相应的具体目标,以便识别和分析相关的风险。管理层也要考虑这些目标对于组织的可持续性。风险评估还要求管理层考虑可能导致内控失效的外部环境和内部商业模式的可能变化。

3. 控制活动

控制活动是指企业根据风险评估结果,采用相应的控制措施,将风险控制在可承受度之内。控制活动是通过制度和流程所确立的行动,旨在确保降低影响组织目标实现的风险。在组织的各个层级、业务的各个环节、信息技术的整个环境中都应实施控制活动。性质上,可以是预防性的,也可以是检查性的,应覆盖手工和自动控制,包括授权和批准、复核、对账和业务绩效评估。不相容职责分离也是典型的应选取和推进的控制活动。如果不相容职责分离无法实施,管理层应选择和推进替代性的控制活动。

4. 信息与沟通

信息与沟通是指企业及时、准确地收集、传递与内部控制相关的信息,确保信息在企业内部、企业与外部之间进行有效沟通。

信息对于组织而言,对促进其目标的实现是非常必要的。管理层从内外部获得或生成,并且使用相关的有质量的信息来支持内部控制其他要素的正常运转。

沟通是一个持续和不断重复地提供、分享和获得必要信息的过程。内部沟通是一个手段,使得信息能够在整个组织向上、向下和横向扩散,能够帮助员工接受来自高管层清晰的信息——控制的职责必须认真实施。外部沟通包括两个部分,即将外部的相关信息传入组织内部,以及根据其要求和期望,提供信息给外部的相关方。

5. 监督

监督是指企业对内部控制建立与实施情况进行监督检查,评价内部控制的有效性,发现内部控制缺陷时,应当及时加以改进。

持续的评价、独立的评价或者两者的某种组合可以用来确认内部控制的五个要素以及每个要素下的原则是否存在并发挥作用。嵌入整个业务体系的持续评价可以提供及时的信息;独立的评价需要定期开展,其范围和频率可能因风险评估、持续评价的有效程度以及管理层的其他考虑而有所不同。评价中的发现应结合监管者、标准订立机构和管理层、董事会所设定的标准进行评估;缺陷应当视情况传递给管理层和董事会。

上述五个审计要素相互配合、相辅相成,形成一个审计调查系统。这个系统可以动态地反映企业经营环境的变动,有利于发现舞弊风险、获取舞弊线索,最后获取舞弊审计证据。

案 例 分 析

金亚科技为上市虚增2014年度营业收入和利润总额,采用了伪造合同,虚构客户、业务和回款等手段。针对"应收账款询证函函证程序不当"这一事由,立信会计师事务所的申辩是:其实际发函24份,发函前,立信所发现有12个拟发函地址与注册地址不一致,审计人员核实后,确认其中的11个地址无误。陈某霞只是审计成员之一,其虽未执行地址查验程序,但邹军梅在后续复核审计时,亲自执行了进一步地址查验程序。审计工作底稿中的发函快递单、回函快递单证实了立信所对函证过程的有效控制。对未收到回函的客户的进一步审计程序,已载于专项审计工作底稿中;审计工作底稿中"回函直接确认"就是函证结论。其中,关于四川省有线广播电视网络股份有限公司(以下简称四川广电)成都分公司的函证地址,根据地址核实情况,立信所将函证材料寄至四川广电奥林营业厅,"营业厅"亦是发函对象的组成部分或者分支机构,不能视其为异常。回函时,邮单上填写的寄件人地址与邮戳显示的寄出地不一致是因为涉及的两家公司存在渊源关系,时有沿用老名称;而邮戳地址体现的是交寄地址,不代表公司地址,回函正文源于被询证方并加盖公章可证明其有效性。

对此,中国证监会给出回应。其一,审计人员未审慎核查发函地址。发函地址与发票地址不一致的,备注发函地址为办公地址,审计工作底稿未记录上述地址来源。根据审计人员以及金亚科技财务人员的询问笔录可以相互印证以下事实:发函地址由金亚科技提供,在发函地址与发票地址不一致的情况下,负责函证发函的审计人员直接按金亚科技提供的地址发函,未进一步核实;发函快递单上的联系人和手机号码均由金亚科技提供,未进一步核实,且快递单由金亚科技财务人员代为填写,审计人员并未审慎核实发函地址。其二,审计人员未对重要函证的异常情况采取进一步审计程序。四川广电是金亚科技第一大客户,其中7家四川广电分公司均由四川广电成都分公司统一管理,理应引起足够重视。四川广电成都分公司的回函(寄件人)与发函(接收人)不符,审计人员在收到回函时并未关注,在之后的复核程序中,虽然复核人员关注到该疑点,并要求金亚科技查明,但在金亚科技未回复的情况下,审计人员未再采取进一步审计程序。申辩人认为将函证寄至奥林营业厅是正常现象,但是由一个营业厅代表分公司接收询证函这一现象本身值得怀疑,再加上发函地址与回函地址不一致,审计人员更应高度重视并实施进一步审计程序。其三,未如实统计回函结果。立信所针对应收账款函证做了"回函核对记录",该记录对30家客户(24份函证)""回函是否直接寄给注册会计师""回函信封上邮戳显示发出城市或地区是否与询证函一致"和"回函信封上印章以及签名中显示的被询证者名称是否与询证函一致"均填写"是","回函可靠性结论"均填写"未见重大异常"。实际上立信所仅收到8份回函。除了四川广电,另外7份回函通过其他快递公司收发,无邮戳,立信所在审计工作底稿中未打印快递单物流信息,无法证实"回函核对记录"内容的真实性。

综上所述,中国证监会认定其应收账款询证函函证程序不当。

资料来源:中国证监会官网

第三节 财务报表舞弊调查

一、财务报表舞弊的动机

判断公司管理层财务报表舞弊的潜在动机,是有效地分析和利用财务报表的关键。根据证券监管部门披露的大量财务舞弊和报表粉饰案例,我国企业财务报表粉饰的主要动机可分为六类,即业绩考核动机、信贷资金获取动机、股票发行动机和上市资格维护动机、纳税筹划动机、政治利益动机、责任推卸动机。

1. 业绩考核动机

企业的经营业绩,其考核办法一般以财务指标为基础,如利润(或扭亏)计划的完成情况、投资回报率、产值、销售收入、国有资产保值增值率、资产周转率、销售利润率等,均是经营业绩的重要考核指标。这些财务指标的计算都涉及会计数据。除了内部考核外,外部考核如行业排行榜,主要也是根据销售收入、资产总额、利润总额来确定的。经营业绩的考核不仅涉及企业总体经营情况的评价,还涉及企业经理的经营管理业绩的评定,并影响经理的提升、奖金福利等。我国企业在设计报酬方案时,主要采用以利润为基础的奖金分享。企业的高管人员为了其自身利益,往往选择能够将报告盈利由未来期间提前至本期确认的会计政策或做法。

2. 信贷资金获取动机

改革开放以来,我国的证券市场迅速发展,但其仍属于新兴市场,深度和广度不能与发达国家的证券市场相提并论,因此,企业需要的资金绝大部分来自银行等金融机构。在市场经济下,银行等金融机构出于风险考虑和自我保护的需要,一般不愿意贷款给亏损企业和缺乏资信的企业。因此,为了获得金融机构的信贷资金或其他供应商的商业信用,经营业绩欠佳、财务状况不健全的企业,就有可能对其财务报表加以粉饰。随着商业银行改革的深入,银行与企业签订的贷款合同越来越多地利用会计信息。许多银行为了控制风险,往往对贷款企业的财务指标提出限制性要求,有些甚至对贷款企业的继续举债、利润分配、收购兼并做出限制。如果违反与银行签订的以会计数据为基础的债务契约,企业将面临许多严重的经济后果,如银行可能提高贷款利率、要求追加抵押或质押品、提高信用担保条件、提前收回贷款等。因此,为了避免违反以会计数据为基础的债务契约,企业可能诉诸财务报表舞弊。

3. 股票发行动机和上市资格维持动机

股票发行分为首次发行(initial public offering,IPO)和后续发行(seasoned equity offering,SEO),如配股或增发。在 IPO 情况下,根据公司法等法律法规的规定,企业必须连续三年盈利,而且经营业绩要比较突出,才能通过中国证监会的审批。2001年起,中国证监会开始实行"退市制度",连续三年亏损的上市公司,其股票将暂停交易。在暂停交易的第一个半年内,如果仍无法实现盈利,则其股票将被摘牌,在交易所停止交易。这一新政策的出台,让绩效差的公司面临很大的财务压力。濒临退市边缘的上市公司,其实施财务报表舞弊的动机也特别强烈,少数上市公司可能因此铤而走险。

4. 纳税筹划动机

尽管财务会计与税务会计日趋分离,但应税所得额基本上仍以财务会计上的利润为基础,通过纳税调整,将利润总额调整为应纳税所得额,再乘以适用的所得税率而得出。可见,财务会计上的利润直接关系到纳税的金额与时间分布,而税收的现值取决于纳税金额和纳税时间。根据税收策划假说,由于税收的现值取决于纳税金额与纳税时间,在其他条件保持相同的情况下,企业一般会选择能够报告较少盈利或将报告盈利由本期推迟至未来期间确认的会计程序或做法。税收策划动机可能还与企业的所有制形式和其他经营效应有关。一般而言,国有企业、拟上市公司、面临退市压力的上市公司,基于税收策划目的而粉饰其报表的可能性较小。相反地,这类企业很有可能选择多交税或提早交税的会计政策或做法,以证明其经营业绩的"真实性"。

5. 政治利益动机

1986 年提出的三大假说之一"政治成本假说"(political cost hypothesis)指出:在其他条件保持相同的情况下,企业面临的政治成本越大,其高管人员越有可能选择将本期报告盈利递延至未来期间确认的会计程序。一般地说,盈利能力越强的企业,尤其是关系到百姓生计的公用设施企业(如水电煤气公司),其潜在的政治成本也越高。潜在的政治成本包括更加严格的价格管制、更严格的政府或消费者监管、更激烈的商业竞争、更高的税收、更严厉的反垄断指控等。企业通过选择异常保守的会计政策,降低财务报告所体现的盈利水平,可避免成为社会公众关注的焦点,从而达到降低潜在政治成本的目的。例如,微软(Microsoft)公司在 1997—1999 年,通过将符合规定应当资本化的软件研发费用确认为期间费用以及递延收入确认时间,少报了 159 亿美元的利润。微软这种低估利润的粉饰行为,主要是为了摆脱与美国司法部的反垄断官司。

6. 责任推卸动机

为了推卸责任而粉饰财务报表,主要表现如下:① 更换高级管理人员时进行的离任审计,一般暴露出许多会计问题。新任总经理就任当年,为了明确责任或推卸责任,往往大刀阔斧地对陈年老账进行清理,甚至将本应在未来会计期间确认的成本费用提前至本期确认。② 会计准则、会计制度发生重大变化时,如《企业会计制度》和具体会计准则的实施,可能诱发上市公司粉饰财务报表,提前消化潜亏,并将责任归咎于新的会计准则和会计制度。③ 发生自然灾害时,或高级管理人员卷入经济案件时,企业也很可能粉饰财务报表。

二、财务报表舞弊的类型

根据对象的不同,财务报表舞弊可分为三种类型,即经营业绩舞弊、财务状况舞弊和现金流量舞弊。

1. 经营业绩舞弊

经营业绩舞弊的具体表现形式包括利润最大化(profit maximization)、利润最小化(profit minimization)、利润均衡化(profit smoothing)和利润清洗(profit clean-up)。

(1) 利润最大化。公司在上市前一年和上市当年采用这种类型的报表粉饰尤其明显。典型的做法是提前确认收入、推迟结转成本、亏损挂账、资产重组和关联交易。

(2) 利润最小化。当公司达不到经营目标或可能出现连续三年亏损,面临被摘牌时,采用这种类型的会计报表粉饰就不足为奇了。典型的做法是推迟确认收入、提前结转成本和转移价格。

很多公司制定的薪酬计划将管理层的奖金与利润挂钩,并设计了下限和上限,这种制度设计也很容易诱发利润最小化的财务报表舞弊。

(3) 利润均衡化。企业为了塑造绩优股的形象或获得较高的信用等级评定,往往采用这种类型的会计报表粉饰。典型的做法是利用其他应收和应付款、待摊费用、递延资产、预提费用等科目调节利润,制造利润稳步增长的趋势。

(4) 利润清洗。利润清洗俗称"洗大澡"(big-bath charges),亦称巨额冲销,其做法是在某一特定会计期间,将坏账、存货积压、长期投资损失、闲置固定资产、待处理流动资产和待处理固定资产等所谓虚拟资产一次性处理为损失,以便卸掉包袱、轻装前进,为未来会计期间实现盈利拓展空间。

2. 财务状况粉饰

财务状况粉饰的具体表现形式包括高估资产,低估负债和或有负债。

(1) 高估资产。对外投资和股份制改组时,企业往往倾向于高估资产,以获得较大比例的股权。典型的做法是编造理由进行资产评估,虚构业务交易和利润。

(2) 低估负债和或有负债。企业贷款或发行债券时,为了证明其财务风险较低,通常有低估负债及或有负债的欲望。典型的做法是账外账,将负债和或有负债隐匿在关联企业。

3. 现金流量舞弊

现金流量舞弊的具体表现形式主要包括突击制造现金流量和混淆现金流量。

(1) 突击制造现金流量。为了使对外报告的利润表显得真实,企业可能在粉饰利润表的同时,对现金流量表进行舞弊。典型做法是突击制造不可持续的现金流量。如在会计期间即将结束前,突击收回关联企业结欠的账款,降价处置存货,低价抛售有价证券,高额融入资金,在会计期间结束前形成现金流入的"高峰"。

（2）混淆现金流量的类别。不同类别的现金流量发出的信号也存在差别。其他条件保持相同的情况下，经营活动产生的现金流入净额越大，意味着企业的利润质量越高。反之，如果企业的现金流量主要来自投资活动或融资活动，则其利润的质量较低。为此，企业为了改变投资者对利润表的"印象"，可能蓄意混淆现金流量表的类别，将投资活动或融资活动产生的现金流量划分为经营活动产生的现金流量。

财务报表舞弊的首要动机决定了财务报表舞弊的类型。一般而言，基于业绩考核、获取信贷资金、发行股票和政治目的，会计报表舞弊一般以利润最大化、利润均衡化、高估资产、低估负债和或有负债、虚增经营活动现金流量等形式出现。基于纳税和推卸责任等目的，会计报表舞弊一般以利润最小化和利润清洗（巨额冲销）、低估资产、高估负债和或有负债、虚减经营活动现金流量等形式出现。

三、财务报表舞弊的手段

综观中国证监会和新闻媒体披露的会计造假丑闻，我国上市公司财务报表舞弊手段各异，总体上可以划分为传统手段和现代手段两大类。

1. 传统的财务报表舞弊手段

传统的财务报表舞弊手段主要包括：提前或推迟确认收入，或者确认虚假的收入；利用虚拟资产高估利润；期间费用资本化；借助股权转让"炮制"利润；高估存货成本少计销售成本；利用其他应收或应付款隐瞒亏损或藏匿利润。

（1）操纵收入确认时间或确认虚假收入。利用收入确认粉饰报表的典型手段是提前或推后确认收入，或者确认虚假的收入。收入是指企业在日常经营活动中形成的、会导致所有者权益增加的、与所有者投入资本无关的经济利益的总流入。收入包括销售商品收入、提供劳务收入和让渡资产使用权收入。正确确认企业在某一会计期间的收入是正确核算企业利润的基本条件。对于收入的确认，何时确认、确认多少收入需要大量的职业判断。

《企业会计准则第14号——收入》对收入确认的规范进行了规定。第4条指出，企业应当在履行了合同中的履约义务，即在客户取得相关商品控制权时确认收入。取得相关商品控制权是指能够主导该商品的使用并从中获得几乎全部的经济利益。第5条指出，当企业与客户之间的合同同时满足下列条件时，企业应当在客户取得相关商品控制权时确认收入：① 合同各方已批准该合同并承诺将履行各自义务；② 该合同明确了合同各方与所转让商品或提供劳务（以下简称"转让商品"）相关的权利和义务；③ 该合同有明确的与所转让商品相关的支付条款；④ 该合同具有商业实质，即履行该合同将改变企业未来现金流量的风险、时间分布或金额；⑤ 企业因向客户转让商品而有权取得的对价很可能收回。

第13条指出，对于在某一时点履行的履约义务，企业应当在客户取得相关商品控制权时点确认收入。在判断客户是否已取得商品控制权时，企业应当考虑下列迹象：① 企业就该商品享有现时收款权利，即客户就该商品负有现时付款义务；② 企业已将该商品的法定所有权转移给客户，即客户已拥有该商品的法定所有权；③ 企业已将该商品实物转移给客户,即客户已实物占有该商品;④ 企业已将该商品所有权上的主要风险和报酬转移给客户,即客户已取得该商品所有权上的主要风险和报酬;⑤ 客户已接受该商品;⑥ 其他表明客户已取得商品控制权的迹象。

收入准则对收入的确认主要着眼于经济实质,然而在实际操作中,存在着许多需要会计人员进行职业判断的余地,也为管理当局进行会计报表舞弊提供了余地。此外,对收入进行粉饰并不像其他财务报表粉饰手段,会计准则要求进行披露,较容易进行分析。因此,对收入进行粉饰,一般外部的投资者通过分析会计报表很难发现。

(2) 利用虚拟资产高估利润。所谓虚拟资产,是指已经实际发生的费用或损失,但由于上市公司缺乏承受能力而暂时挂列为待摊费用、长期待摊费用、待处理财产损益等资产科目。广义的虚拟资产,还包括资产潜亏,如潜在的坏账损失、潜在的存货跌价损失、潜在的长期资产(如长期股权投资、固定资产、在建工程和无形资产)的价值减损。利用虚拟资产科目作为"蓄水池",不及时确认、少摊销或不摊销已经发生的费用和损失,是上市公司粉饰会计报表、虚盈实亏的常用手段。

(3) 期间费用资本化。根据现行会计制度的规定,上市公司发生的支出必须区分为资本性支出和收益性支出。资本性支出是指能够使上市公司在一个会计年度或一个经营周期以上的期间受益的支出项目,如购置固定资产和无形资产支出。收益性支出是指只能在一个会计年度或一个经营周期以内的期间使上市公司受益的支出项目,如管理费用和销售费用。根据这一要求,上市公司为在建工程和固定资产等长期资产而支付的专项长期借款利息费用,在这些长期资产投入使用之前,可予以资本化,计入这些长期资产的成本。广告促销支出和研究开发支出,有可能使上市公司在一个以上的会计年度或经营周期受益,从理论上说属于资本性支出,然而广告促销和研究开发支出所能带来的未来经济利益具有很大的不确定性,因此,我国现行会计制度和准则均要求将其当作期间费用,不得资本化。在实务中,一些上市公司滥用利息资本化的规定,或将广告促销和研究开发支出计入资本化项目,蓄意调节利润。

(4) 借助股权转让"炮制"利润。由于我国的产权交易市场还很不发达,对股权投资的会计规范尚处于起步阶段,有不少国有企业和上市公司利用股权投资调节利润。除了借助资产重组之机,利用关联交易将不良股权投资以天价与关联公司置换股权获取"暴利"外,还有少数上市公司利用利润转投资掩盖虚假投资收益和投资项目合作分成等手段蓄意粉饰会计报表。此外,一些上市公司迫于利润压力,经常在会计年度即将结束之际,与关联公司签订股权转让协议,按权益法或通过合并会计报表,将被收购公司全年的利润纳入上市公司的会计报表。

(5) 高估存货少计销售成本。经营规模较大的上市公司,由于其存货品种繁多、构成复杂,存放地点分散,盘点工作量大,应收账款数量多且难以函证,很容易利用存货和应收账款调节利润,粉饰会计报表。典型做法包括:① 利用存货难以直接盘点或计量误差,夸大期末存货或存货盘盈,少转主营业务成本;② 向关联方高价销售商品或提供劳务,夸大主营业务收入,提高销售毛利率;③ 多提存货跌价准备,为未来会计期间拓展盈利空间;④ 空挂应收账款,虚构销售收入;⑤ 随意改变应收账款账龄结果或坏账准备计提比例,以调节利润;⑥ 全额计提坏账准备,并在收回期间确认为当期收益。

(6)利用其他应收款应付款隐瞒亏损或藏匿利润。根据现行会计制度规定,"其他应收款"和"其他应付款"科目主要用于反映除应收账款、预付账款、应付账款、预收账款以外的其他款项。在正常情况下,"其他应收款"和"其他应付款"的期末余额不应过大。然而,许多上市公司披露的年报显示,"其他应收款"和"其他应付款"期末余额巨大,往往与"应收账款""预付账款""应付账款"和"预收账款"的余额不相上下,甚至超过这些科目的余额。之所以出现这些异常现象,主要是因为许多上市公司利用这两个科目调节利润。事实上,老练的财务报表使用者已经将这两个科目戏称为"垃圾桶"和"聚宝盆"。

"其他应收款"主要用于隐藏潜亏、高估利润,而"其他应付款"主要用于隐瞒收入、低估利润。因此,通过分析这两个科目的明细构成项目和相应的账龄,便可发现上市公司是否利用这两个科目调节利润,粉饰会计报表。

一般而言,其他应收款余额特别巨大可能意味着:① 关联股东占用了上市公司的资金;② 变相的资金拆借;③ 隐性投资;④ 费用挂账;⑤ 或有损失(将贷款担保发生的损失挂账);⑥ 误用会计科目。

2. 现代的财务舞弊手段

现代的财务报表舞弊手段主要包括:以资产重组为名,行会计造假之实;通过关联交易,不当输送利益;滥用"八项准备",上演"洗大澡"闹剧;随意追溯调整,逃避监管规定;借助补贴收入,编造经营业绩;利用收购兼并,进行数字游戏。与传统手段相比,现代手段具有粉饰效果立竿见影、舞弊手段没有逾越法律法规界限等特点,因此,其危害性更应当引起报表使用者的高度重视。

(1)以资产重组为名,行会计造假之实。资产重组是上市公司为了优化资本结构、调整产业结构、完成战略转移等目的而实施的资产置换和股权置换。然而,资产重组现已被广为滥用,以至于提起资产重组,人们立即联想到做假账。自2001年退市政策颁布以来,在上市公司中,资产重组被广泛用于粉饰财务报表。根据规定,如果上市公司连续三年亏损,其在证券交易所流通的股票或债券将被摘牌。此外,根据中国证监会的规定,上市公司如果要配股,必须符合"最近三年净资产收益率每年均在6%以上"的规定;若要增发,"最近三年平均净资产收益率必须达到10%以上,且最近一年的净资产收益率不得低于10%"。在我国,许多上市公司是通过国有企业局部改组而成的,鉴于上市公司具有很强的融资功能,即使我国已经放弃了沿用多年的"限报家数,总量控制"政策,由审批制改为核准制,上市公司的"壳资源"仍具有很大价值。因此,当上市公司连续两年亏损时,其母公司(多数情况下是非上市的国有企业)或所在地的地方政府,往往以"资产重组"为名,十分慷慨地向这些陷入困境的上市公司伸出援助之手。

这类资产重组的目的,实际上是转移利润,即由非上市的关联股东将利润转移至上市公司,以达到配股、增发或避免被摘牌的厄运。其典型做法包括:① 借助关联交易,由非上市的关联股东以优质资产置换上市公司的劣质资产;② 由非上市的关联股东将盈利能力较高的下属企业廉价出售给上市公司;③ 将亏损子公司高价出售给关联股东;④ 将不良债权和股权出售给关联股东;⑤ 互购资产,哄抬利润和资产价值;⑥ 剥离资产和负债。

(2)通过关联交易,不当输送利益。我国的许多上市公司由国有企业改组而成,过去在行政审批制下,股票发行额度十分稀缺,上市公司往往通过对国有企业局部改组的方式设立。股份制改组后,上市公司与改组前的母公司及母公司控制的其他子公司之间普遍存在着错综复杂的关联关系和关联交易。利用关联交易粉饰财务报表,不当输送利益,已成为上市公司乐此不疲的"游戏"。

利用关联交易不当输送利益,其主要方式包括:① 虚构经济业务,人为抬高上市公司业务和效益;② 采用大大高于或低于市场价格的方式,进行购销活动或资产置换;③ 以"旱涝保收"的方式委托经营或受托经营,虚构上市公司经营业绩;④ 以低息或高息发生资金往来,调节财务费用;⑤ 以收取、支付管理费或分摊共同费用调节利润;⑥ 隐瞒关联关系,为关联企业提供贷款担保。

(3) 滥用"八项准备",上演"洗大澡"闹剧。会计制度和准则作为确认、计量和报告经济活动的规范手段,必须与时俱进,根据宏观经济环境和企业经营模式的变迁,不断做出动态调整和完善。进入20世纪90年代后,不论美国还是中国,会计制度和准则均发生了巨大变化。从20世纪90年代中期开始,美国逐步淡化配比原则,转而以资产负债观作为收益确定基础。我国从1998年开始,要求上市公司计提"四项准备",2001年进一步升格为"八项准备",2000年颁布了"或有事项"准则,2006年颁布了资产减值准则及其他相关准则。这些制度和准则背后所蕴含的会计思想与美国如出一辙,即只有夯实资产和负债,才能使会计报表上报告的利润真实可靠。

客观地说,中美两国会计准则和制度的变化极大地提高了会计信息的质量,但准则的变化难免会被少数上市公司所利用,这或许是准则制定机构始料不及的。当会计准则和制度发生重大变化时,一些过去做假账或采用不稳健会计政策导致资产负债不实的上市公司,往往将其视为千载难逢之机,选择巨额冲销,并巧妙地将巨额亏损归咎于新的会计准则和制度。

(4) 随意追溯调整,逃避监管规定。根据财政部颁布的《企业会计准则第28号——会计政策、会计估计变更和差错更正》,上市公司变更会计政策(包括自愿变更和强制变更)或发生重大会计差错时,必须采用追溯调整法,将会计政策变更的累积影响或重大会计差错的影响数在以前年度进行反映。对于会计估计变更,则采用未来适用法,将变更的影响数在当期及以后各期反映。财政部颁布的这一准则与国际准则保持一致。然而在实际工作中,会计政策变更、会计估计变更和会计差错更正的区分界限有时并不是十分清楚,给一些上市公司滥用这个准则的规定以粉饰其报表提供了机会。典型做法是故意混淆会计政策与会计估计变更,或者将会计估计变更解释为重大会计差错,滥用追溯调整。

滥用追溯调整的另一种手段是将会计舞弊解释为会计差错,以逃避被监管部门处罚的命运。因为根据规定,上市公司是否连续两年亏损(此时其股票就要实行特别处理)和连续三年亏损(此时其股票就要退市),判断标准以上市公司首次对外报告数为准,不受会计政策变更或会计差错更正的影响。此外,如果上市公司发现以前年度存在会计舞弊,必须进行追溯调整,而且是否连续亏损以追溯调整后的利润表为依据。因此,将会计舞弊诠释为会计差错,就可避免其股票被特别处理或退市。

(5) 借助补贴收入,编造经营业绩。出于种种原因,地方政府直接为上市公司提供财政补贴的现象屡见不鲜,有的财政补贴数额巨大,有的补贴没有正当理由,往往是"业绩不够,补贴来凑"。政府补贴对某些上市公司经营业绩的创造,功不可没。如果剔除政府补贴,某些上市公司甚至会发生"业绩变脸"的现象。

(6) 利用收购兼并,进行数字游戏。利用收购兼并进行数字游戏,曾被美国证券交易委员会(SEC)前主席阿瑟·利维特(Arthur Levitt)严加斥责,并被他讥讽为"合并魔术"。收购兼并不仅在美国如火如荼,在我国也日趋普遍。在我国,利用收购兼并进行数字游戏常见的手段包括：① 规避购买法,选用权益结合法；② 操纵收入和费用确认时间,将被并购公司购买日前的利润转移到购买日后的会计期间；③ 在购买日前滥用"减值准备",为购买日后的业绩提升埋下伏笔；④ 在购买日前计提大量或有负债,在购买日后冲回或冲减经营费用。

四、财务报表舞弊的识别

科学技术日新月异,能够经得起几百年历史检验的技术和方法为数甚少,复式簿记便是其中之一。沿用了 500 多年的复式簿记之所以长盛不衰,主要在于它所固有的平衡机制以及对经济交易和事项来踪去迹无与伦比的解释能力。也正因为这种独特的簿记方法,保持高度审慎的财务报表使用者往往能够发现财务报表舞弊和粉饰的征兆。此外,人类固有的局限(如喜欢显耀的心理、追求享乐的冲动和千虑一失的疏忽大意)注定大多数财务报表舞弊和粉饰会留下蛛丝马迹。这些征兆和蛛丝马迹在会计记录和财务报表上的异常体现,就是所谓的预警信号(warning signs)。实践表明,关注预警信号是识别财务报表舞弊和粉饰的有效方法。

1. 舞弊的预警信号

按照阿尔布雷克特 2004 年提出的观点,舞弊的预警信号可分为六类：会计异常(accounting anomalies)；内部控制缺陷(internal control weakness)；分析性异常(analytical anomalies)；奢侈生活方式(extravagant lifestyle)；异常行为(unusual behaviors)；暗示与投诉(tips and complaints)。

(1) 会计异常的预警信号。会计异常的预警信号主要包括：① 原始凭证不合常规(如凭证缺失、银行调节表出现呆滞项目、过多空白或贷项、收款人或客户名称或地址太普通、应收账款拖欠增加、调节项目增多、凭证篡改、付款雷同、支票二次背书、凭证号码顺序不合逻辑、凭证上字迹可疑、以凭证复印件取代原件等)；② 会计分录存在瑕疵(如缺乏原始凭证支撑,对应收款、应付款、收入和费用进行未加解释的调整,会计分录借贷不平衡,会计分录由异常人士编制,临近会计期末编制的异常会计分录等)；③ 日记账不准确(如日记账不平衡、客户或供应商的个别账户合计数与控制账户不相等)。

(2) 内部控制缺陷的预警信号。内部控制缺陷的预警信号主要包括：① 缺乏职责划分；② 缺乏实物资产保护措施；③ 缺乏独立核查；④ 缺乏适当的文件和记录保管；⑤ 逾越内部控制；⑥ 会计系统薄弱。

(3) 分析性异常的预警信号。分析性异常的预警信号主要包括：① 未加解释的存货短缺或调整；② 存货规格存在背离或废品日增；③ 采购过度；④ 借项或贷项通知繁多；⑤ 账户余额大幅增减；⑥ 资产实物数量异常；⑦ 现金出现短缺或盈余；⑧ 不合理的费用或报销;⑨ 注销费用未及时确认且金额繁多;⑩ 财务报表关系诡异(如收入增加存货减少、收入增加应收账款减少、收入增加现金流量减少、存货增加应付账款减少、在产量增加的情况下单位产品成本不降反增、产量增加废品下降、存货增加仓储成本下降)。

(4) 奢侈生活方式的预警信号。奢侈生活方式的预警信号[①]主要包括:① 生活方式与收入水平不相称;② 豪华的生活方式引人注目(如购买豪宅、名车和名贵珠宝服饰,参加豪华旅游,豪赌等);③ 生活作风绯闻不断。必须指出,这类预警信号对于识别腐败(corruption)和挪用资产(appropriation of assets)这两种舞弊比较相关,但对于财务报表舞弊的识别能力较低。

(5) 异常行为的预警信号。异常行为的预警信号主要包括:① 失眠、酗酒、吸毒;② 易怒、猜疑、神经高度紧张;③ 失去生活乐趣,在朋友、同事和家人面前表露出羞愧之情;④ 防御心理增强或动辄与人争执;⑤ 对审计人员的询问过于敏感或富有挑衅性;⑥ 过分热衷于推卸责任或寻找替罪羊。

(6) 暗示与投诉。暗示与投诉是指企业内外部知情人以匿名或明示的方式,向企业管理层、注册会计师或政府监管部门提供的有关舞弊检举线索。2002 年 10 月,ACFE 公布的一份调研报告显示,1997 年至 2002 年上半年的 603 个重大舞弊案例中,只有 26.9% 是通过内外部审计发现的,而通过各种举报发现的比例却高达 46.1%(其中雇员举报 26.3%,客户举报 8.6%,匿名举报 6.2%,卖方举报 5.1%)。可见,关注"有心人"发出的暗示与投诉预警信号,也是发现舞弊的重要途径。

2. 财务报表舞弊的一般预警信号

与一般舞弊(如行贿受贿和挪用资产等)相比,财务报表粉饰具有四个显著的特点:① 企业高管层往往牵涉其中;② 上下串通、内外勾结等群体舞弊司空见惯;③ 通常以维护企业利益为幌子(至少不像受贿和挪用资产那样赤裸裸地公然损害企业利益);④ 造成的损害更具破坏性。根据上述特点,阿尔布雷克特 2004 年提出,财务报表舞弊和粉饰一般预警信号可以从管理层面、关系层面、组织结构和行业层面以及财务结果和经营层面加以识别。AICPA 于 2002 年 10 月颁布 SAS No.99,以阿尔布雷克特提出的"舞弊三角论"为基础,从动机(压力)、机会和态度(辩解理由)等角度为注册会计师提供了评估舞弊概率的 42 个风险要素(risk factors)。这些所谓的风险要素,实际上就是财务报表舞弊和粉饰的预警信号,只是称谓较为温和。

综合阿尔布雷克特对舞弊风险预警信号的研究以及 SAS No.99 对风险要素的论述,财务报表舞弊和粉饰的一般预警信号可归纳为以下四类。

(1) 管理层面的预警信号。发现以下管理层面的预警信号时,表明企业可能存在着财务报表舞弊:① 高管人员有舞弊或其他违反法律法规的不良记录;② 高管团队

[①] 美国注册舞弊审查师协会(ACFE)将舞弊分为三类:① 腐败(corruption,如收受回扣、以权谋私等);② 挪用资产(appropriation of assets,如贪污现金、盗窃存货等实物资产);③ 虚假财务报表(fraudulent financial statements)。奢侈生活方式的预警信号和异常行为的预警信号对于识别腐败和挪用资产这两种舞弊比较相关,但对于识别虚假财务报表的能力较差。

或董事会频繁改组；③ 高管人员或董事会成员离职率居高不下；④ 关键高管人员的个人财富与企业的经营业绩和股价表现联系过于密切；⑤ 高管人员处于达到盈利预期或其他财务预期的压力下；⑥ 高管人员对不切实际的财务目标做出承诺；⑦ 高管人员的报酬主要以财务业绩为基础（如奖金、股票期权和销售佣金）；⑧ 高管人员的决策受制于债务契约，而且违规成本高昂；⑨ 高管人员过分热衷于维持或提升股票价格；⑩ 高管人员过于热衷于税务筹划；⑪ 公司重大决策由极少数关键人物（如公司创始人）所左右，而且逾越决策程序的独裁现象司空见惯；⑫ 高管层对于倡导正直诚信的文化氛围缺乏兴趣；⑬ 高管人员经常向下属经营班子下达激进的财务目标或过于严厉的支出预算；⑭ 高管层过多地介入专业性很强的会计政策选择、会计估计和会计判断；⑮ 高管层频繁接受媒体的采访宣传且对沽名钓誉的活动乐此不疲。

（2）关系层面的预警信号。通过观察企业在处理与金融机构、关联企业、注册会计师、律师、投资者和监管机构的关系时是否存在异常情况，也可对企业是否进行财务报表舞弊做出判断。这些关系层面的预警信号主要包括：① 贷款或其他债务契约的限制对企业的经营或财务决策构成重大问题；② 银企关系异常（如与异地的金融机构关系过于密切、开设的银行账户众多）；③ 高管人员或董事会成员与主办银行的高层关系过于密切；④ 频繁更换为之服务的金融机构；⑤ 缺乏正当的商业理由，将主要银行账户、子公司或经营业务设置在避税天堂；⑥ 企业向金融机构借入高风险的贷款并以关键资产作抵押；⑦ 企业的经营模式缺乏独立性，原材料采购和产品销售主要通过关联企业进行；⑧ 经常在会计期末发生数额巨大的关联交易；⑨ 当期的收入或利润主要来自罕见的重大关联交易；⑩ 关联交易明显缺乏正当的商业理由，对关联方的应收或应付款居高不下；⑪ 企业与其聘请的会计师事务所关系高度紧张或关系过于密切；⑫ 企业频繁更换会计师事务所或拒绝更换信誉不良的会计师事务所；⑬ 企业高管人员向注册会计师提出不合理的要求（如审计时间或审计范围方面的不合理要求）；⑭ 企业高管人员对注册会计师审计过程中需要询问的人员或需要获取的信息施加了正式或非正式限制；⑮ 企业经常变更为之服务的律师事务所或法律顾问；⑯ 企业经常卷入诉讼官司；⑰ 企业高管层与股东之间的关系紧张；⑱ 企业频繁发行或增发新股、债权，导致投资者抱怨或抵制；⑲ 企业高管层与投资银行或证券分析师关系过于密切或紧张；⑳ 企业高管层与证券监管机构关系紧张；㉑ 企业高管人员或董事会成员在财务报告和信息披露方面受到证券监管机构的处罚或批评；㉒ 企业与税务机关税务纠纷不断。

（3）组织结构和行业层面的预警信号。组织结构和行业层面的主要预警信号包括：① 企业的组织机构过于复杂；② 企业的主要子公司或分支机构地域分布广泛，而且缺乏有效控制和沟通；③ 缺乏内部审计机构或内部审计人员配备严重不足；④ 董事会成员主要由内部执行董事或"灰色董事"组成；⑤ 董事会的作用过于被动，受制于企业高管层；⑥ 未设立审计委员会，或审计委员会缺乏独立性和专业胜任能力；⑦ 企业的信息系统薄弱或 IT 人员配备严重不足；⑧ 企业所在行业处于成熟或衰退阶段；⑨ 企业所在行业竞争加剧，经营失败与日俱增；⑩ 企业所在行业技术进步迅猛，产品和技术具有很高的陈旧风险；⑪ 在行业一片萧条时，企业的经营业绩一枝独秀；⑫ 企业遭受巨额经营损失，面临破产、被敌意收购或其他严重后果；⑬ 企业所在行业对资产、负债、收入和成本的确认高度依赖于主观的估计和判断。

（4）财务结果和经营层面的预警信号。财务结果和经营层面的主要预警信号包括：① 报表项目余额和金额变动幅度异常惊人；② 收入和费用比例严重失调；③ 报表项目的余额或金额源于一笔或少数几笔重大交易；④ 会计期末发生"形式重于实质"的重大交易且对当期经营业绩产生重大影响；⑤ 经营业绩与财务分析师的预测惊人接近；⑥ 在连年报告净利润的同时，经营活动产生的现金流量持续入不敷出；⑦ 企业高度依赖于持续不断的再融资（包括股票和债务融资）才得以持续经营；⑧ 对外报告的资产、负债、收入和费用主要建立在高度主观的估计和判断基础之上，而且企业的财务状况和经营业绩很可能随着估计和判断基础的变化而严重恶化；⑨ 企业对外报告的盈利能力以远高于竞争对手的速度迅猛增长；⑩ 企业的主要成本费用率大大低于其竞争对手；⑪ 财务报表附注晦涩难懂；⑫ 财务报表被注册会计师出具"不清洁"意见的审计报告；⑬ 企业连续多年通过非经营性收益得以保持盈利记录；⑭ 企业经营业绩与其所处的行业地位不相称；⑮ 企业经营成功与否高度倚重的产品或服务面临着市场竞争、技术进步、消费偏好或替代品的严峻挑战；⑯ 企业财务杠杆高企，处于违反债务契约的边缘；⑰ 企业对外报告的经营业绩与内部预算或计划总是保持高度一致，罕有例外情况发生；⑱ 企业因经营业绩不佳导致其股票交易持续低迷，面临着被交易所终止交易的风险。

3. 财务报表舞弊的具体预警信号

从会计角度看，财务报表舞弊和粉饰的作用对象包括销售收入、销售成本、负债和费用、资产和披露五种形式。这五种形式的财务报表舞弊和粉饰，其常见的具体预警信号分析如下。

（1）销售收入舞弊的预警信号。收入舞弊的常见预警信号主要包括：① 分析性复核表明对外报告的收入太高、销售退回和销售折扣过低、坏账准备的计提明显不足；② 在对外报告的收入中，已收回现金的比例明显偏低；③ 应收账款的增幅明显高于收入的增幅；④ 在根据收入测算的经营规模不断扩大的情况下，存货呈急剧下降趋势；⑤ 当期确认的应收账款坏账准备占过去几年销售收入的比重明显偏高[①]；⑥ 本期发生的退货占前期销售收入的比重明显偏高；⑦ 销售收入与经营活动产生的现金流入呈背离趋势；⑧ 与收入相关的交易没有完整和及时地加以记录，或者在交易金额、会计期间和分类方面记录明显不当；⑨ 记录的收入缺乏凭证支持或销售交易未获恰当授权；⑩ 最后时刻的收入调整极大地改善了当期的经营业绩；⑪ 销售交易循环中的关键凭证"丢失"；⑫ 未能提供用以证明收入的原始凭证，或以复印件代替原件的现象屡见不鲜；⑬ 未能对银行存款往来调节表或其他调节表上的重大差异项目做出合理解释；⑭ 销售收入和现金日记账存在明显的不平衡；⑮ 与收入相关的记录（如应收款记录）与询证证据（如函证回函）存在异常差异；⑯ 高管层逾越销售交易循环的内部控制；⑰ 新客户、异常客户或大客户未遵循惯常的客户审批程序；⑱ 高管层或相关雇员对收入或收入异常现象的解释前后矛盾、含混不清或难以置信；⑲ 存在着禁止注

[①] 企业如果计提了巨额的坏账准备，可能意味着其收入确认政策极端不稳健或在以前年度确认了不实的销售收入。

册会计师接触相关设施、雇员、记录、客户、供应商等有助于获取收入证据的行为;⑳ 高管层在收入确认上对注册会计师施加了过分的时间压力;㉑ 对注册会计师要求提供的收入相关信息拖延搪塞;㉒ 高管层对注册会计师就收入提出的质询做出行为失常的举动(如勃然大怒、威胁利诱等);㉓ 接到客户、雇员、竞争对手关于收入失实的暗示或投诉。

(2) 销售成本舞弊的预警信号。销售成本舞弊的常见预警信号主要包括:① 分析性复核表明对外报告的销售成本太低或降幅太大、购买退回和购货折扣太高;② 分析性复核表明期末存货余额太高或增幅太大;③ 与存货和销售成本相关的交易没有完整和及时地加以记录,或者在交易金额、会计期间和分类方面记录明显不当;④ 记录的存货和销售成本缺乏凭证支持或与之相关的交易未获恰当授权;⑤ 期末的存货和销售成本调整对当期的经营成果产生重大影响;⑥ 存货和销售成本的关键凭证"丢失";⑦ 未能提供用以证明存货和销售成本的原始凭证,或只能提供复印件;⑧ 与销售成本相关的会计记录(如购货、销售、现金支付日记账)明显不相勾稽;⑨ 存货和销售成本的会计记录与佐证证据(如存货实物盘存记录)存在异常差异;⑩ 存货盘点数与存货记录数存在系统性差异;⑪ 存货收入报告与存货实收数存在差异;⑫ 采购订单、采购发票、存货收入报告和存货记录之间存在着不一致现象;⑬ 存货供应商没有出现在经过批准的卖主清单上;⑭ 存货丢失或盘亏数量巨大;⑮ 采购订单或发票号码被复制;⑯ 供应商的身份难以通过信用调查机构或其他渠道予以证实;⑰ 高管层逾越存货和销售成本循环的内部控制;⑱ 新的或异常的供货商未遵循正常的审批程序;⑲ 存货实物盘点制度薄弱;⑳ 高管层或相关雇员对存货和销售成本的解释前后矛盾、含混不清或难以置信;㉑ 存在着禁止注册会计师接触相关设施、雇员、记录、客户、供应商等有助于获取存货和销售成本证据的行为;㉒ 高管层对注册会计师解决复杂的存货和销售成本问题施加不合理的时间压力;㉓ 对注册会计师要求提供的存货和销售成本相关信息拖延搪塞;㉔ 高管层对注册会计师就收入提出的质询做出行为失常的举动;㉕ 接到知情者关于存货和销售成本不实的暗示或举报。

(3) 负债和费用舞弊的预警信号。负债和费用舞弊的常见预警信号主要包括:① 期后事项分析表明,在下一会计期间支付的金额属于资产负债表日业已存在的负债,但未加以记录;② 存货盘点数超过存货会计记录数;③ 仓库进出记录表明期末有验收入库的存货,但采购部门未能提供采购发票;④ 供货商发货声明上载明的金额未体现在会计记录上;⑤ 采购金额、数量和条件与询证函存在着重大差异,且未能调节一致;⑥ 截止期测试发现大量存货被归属于错误会计期间;⑦ 未能提供雇员薪酬个人所得税代扣证明;⑧ 有贷款但没有相应的利息支出,或有利息支出但未体现贷款;⑨ 有租赁办公场所,但没有相应的租金支出;⑩ 在会计期末编制了增加销售收入、减少预收货款的重分类分录;⑪ 收入会计记录与客户函证存在重大差异;⑫ 产品担保支出大大超过担保负债;⑬ 客户的回函表明企业与客户签订了回购协议;⑭ 将保证金记录为收入;⑮ 董事会已批准的贷款在会计记录上未得到体现;⑯ 银行回函上载明的贷款没有在会计记录上体现;⑰ 有租金支出,但没有租赁负债;⑱ 银行对账单上出现巨额的贷项;⑲ 董事会会议记录讨论的或有负债没有体现在会计记录上;⑳ 向外聘律师支付了大额费用,但未确认任何或有负债;㉑ 律师函表明企业可能卷入重大法律诉讼;㉒ 监管部门的公函表明企业可能存在重大违法违规行为,但企业既未确认或有负债,也未在附注披露;㉓ 企业设立了众多的特殊目的实体,且资金往来频繁;㉔ 企业与关联方的资金往来频繁,委托付款或委托收款现象突出;㉕ 在收购兼并过程中未预提重组负债和重组费用;㉖ 以前期间提取的重组负债在本期被用于冲减经营费用;㉗ 对注册会计师要求提供的重要负债和费用相关信息拖延搪塞;㉘ 高管层对注册会计师就重要负债和费用提出的质疑做出行为失常的举动;㉙ 接到知情者对重要负债和费用不实的暗示或举报。

(4) 资产舞弊的预警信号。资产舞弊的常见预警信号主要包括:① 缺乏正当理由对固定资产进行评估并将评估增减值调整入账;② 频繁进行非货币性资产置换[①];③ 重大资产剥离;④ 在某个会计期间计提了巨额的资产减值准备;⑤ 注销的资产价值大大超过以前年度计提的减值准备;⑥ 固定资产、在建工程和无形资产中包含了研究开发费用或广告促销费用;⑦ 固定资产和在建工程当期增加额与经过批准的资本支出预算存在重大差异,且未能合理解释[②];⑧ 缺乏正当理由将亏损子公司排除在合并报表之外;⑨ 采用成本法反映亏损的被投资单位;⑩ 经常将长期投资转让给关联方或与关联方置换;⑪ 频繁与关联方发生经营资产买卖行为;⑫ 固定资产和无形资产的折旧或摊销政策显失稳健;⑬ 未能提供重要厂房设备资产和土地资源有效的产权凭证;⑭ 重大资产的购置或处置未经过恰当的授权批准程序;⑮ 未建立有效的固定资产盘点制度;⑯ 高管层或相关雇员对重大资产的解释前后矛盾、含混不清或难以置信;⑰ 存在着禁止注册会计师接触相关设施、雇员、记录、供应商等有助于获取重大资产证据的行为;⑱ 高管层对注册会计师解决复杂的资产计价问题施加不合理的时间压力;⑲ 对注册会计师要求提供的重要资产相关信息拖延搪塞;⑳ 高管层对注册会计师就重要资产提出的质询做出行为失常的举动;㉑ 接到知情者对重要资产不实的暗示或举报。

(5) 信息披露舞弊的预警信号。信息披露舞弊的常见预警信号主要包括:① 因信息披露原因受到证券监管部门或证券交易所的处罚或警告;② 披露程度历来只达到部门的最低要求,鲜有额外的自愿性披露;③ 会计政策披露晦涩难懂;④ 对收购兼并、或有事项等重大事项的披露过于简明扼要;⑤ 对重大经营和非经营损失的解释有避重就轻之嫌;⑥ 财务信息的披露与经营活动的总结相互矛盾;⑦ 财务信息的披露与公司的对外宣传或新闻媒体的相关报道存在着严重的不一致现象;⑧ 财务信息披露与董事会会议记录存在重大差异。

---

① 比如,从奎斯特(Qwest)通信公司在 2004 年年初的报表重编中,可以看出该公司在 1999—2001 年通过与环球电信公司(Global Crossing)和安然宽带公司(Enron Broadband)频繁进行光纤电缆的套换交易,不仅虚构了 25.4 亿美元的利润,而且也严重夸大了资产价值,不得不在 2003 年计提了数十亿美元的资产减值准备。

② 世界通信由于在 2001 年至 2002 年第一季度将 38.5 亿美元的线路成本作为资本性支出,导致当期固定资产严重超过资本支出预算数,而且未经过董事会或股东大会审批。主管内部审计的世界通信副总裁高度重视这一预警信号,最终揭开了这一惊天舞弊黑幕。

五、财务报告舞弊检查

舞弊根据性质和内容不同,可分为与虚假财务报告相关的舞弊和与侵占资产相关的舞弊两大类别。财务报表舞弊是指为了欺骗报告使用者而对财务报告中列示的数字或财务报表附注进行有意识的错报或忽略。它包括:对财务报告据以编制的会计记录或凭证文件进行操纵、伪造或更改;对财务报告的交易、事项或其余重要信息的错误提供或有意忽略;与数量、分类、提供方式或披露方式有关的会计原则的有意误用。

1. 财务报告舞弊风险因素

根据前述章节舞弊三角形理论和舞弊风险因子理论,与虚假财务报告相关的舞弊风险因素如表 6-1 所示,与侵占资产相关的舞弊风险因素如表 6-2 所示。法务会计师应当运用职业判断,考虑被审计单位的规模、复杂程度、所有权结构及所在行业等,以确定舞弊风险因素的相关性和重要程度。

表 6-1 与虚假财务报告相关的舞弊风险因素

舞弊发生的因素	舞弊风险因素细类	舞弊风险因素具体示例
动机或压力	财务稳定性或盈利能力受到经济环境、行业状况或企业经营情况的威胁	竞争激烈或市场饱和,且伴随着利润率的下降
		难以应对技术变革、产品过时、利率调整等因素的急剧变化
		客户需求大幅下降,所在行业或总体经济环境中经营失败的情况增多
		经营亏损使企业可能破产、丧失抵押品赎回权或遭恶意收购
		在财务报表显示盈利或利润增长的情况下,经营活动产生的现金流量经常出现负数,或经营活动不能产生现金流入
		高速增长或具有异常的盈利能力,特别是在与同行业其他企业相比时
		新发布的会计准则、法律法规或监管要求
	管理层为满足第三方要求或预期而承受过度的压力	投资分析师、机构投资者、重要债权人或其他外部人士对盈利能力或增长趋势存在预期(特别是过分激进的或不切实际的预期),包括管理层在过于乐观的新闻报道和年报信息中做出的预期
		需要进行额外的举债或权益融资以保持竞争力,包括为重大研发项目或资本性支出融资
		满足交易所的上市要求、偿债要求或其他债务合同要求的能力较弱
		报告较差财务成果将对正在进行的重大交易(如企业合并或签订合同)产生可察觉的或实际的不利影响

(续表)

舞弊发生的因素	舞弊风险因素细类	舞弊风险因素具体示例
动机或压力	管理层或治理层的个人财务状况受到企业财务业绩的影响	在所在企业中拥有重大经济利益
		其报酬中有相当一部分（如奖金、股票期权、基于盈利能力的支付计划）取决于所在企业能否实现激进的目标（如股价、经营成果、财务状况或现金流量方面）
		个人为所在企业的债务提供了担保
	管理层或经营者面临财务或经营指标过高要求的压力	治理层为管理层设定了过高的销售业绩或盈利能力等激励指标
机会	企业所在行业或其业务的性质为编制虚假财务报告提供了机会	从事超出正常经营范围的重大关联方交易，或者与未经审计或由其他会计师事务所审计的关联企业进行重大交易
		企业具有强大的财务实力或能力，使其在特定行业中处于主导地位，能够对与供应商或客户签订的条款或条件做出强制规定，从而可能导致不适当或不公允的交易
		资产、负债、收入或费用建立在重大估计的基础上，这些估计涉及主观判断或不确定性，难以印证
		从事重大、异常或高度复杂的交易（特别是临近期末发生的复杂交易，对该交易是否按照"实质重于形式"原则处理存在疑问）
		在经济环境及文化背景不同的国家或地区从事重大经营或重大跨境经营
		利用商业中介，而此项安排似乎不具有明确的商业理由
		在属于"避税天堂"的国家或地区开立重要银行账户或者设立子公司或分公司进行经营，而此类安排似乎不具有明确的商业理由
	组织结构复杂或不稳定	难以确定对企业持有控制性权益的组织或个人
		组织结构过于复杂，存在异常的法律实体或管理层级
		高级管理人员、法律顾问或治理层频繁更换
	对管理层的监督失效	管理层由一人或少数人控制（在非业主管理的实体中），且缺乏补偿性控制
		治理层对财务报告过程和内部控制实施的监督无效

(续表)

舞弊发生的因素	舞弊风险因素细类	舞弊风险因素具体示例
机会	内部控制要素存在缺陷	对控制的监督不充分,包括自动化控制以及针对中期财务报告(如要求对外报告)的控制
		由于会计人员、内部审计人员或信息技术人员不能胜任而频繁更换
		会计系统和信息系统无效,包括内部控制存在值得关注的缺陷的情况
态度或借口	管理层态度不端或缺乏诚信	管理层未能有效地传递、执行、支持或贯彻企业的价值观或道德标准,或传递了不适当的价值观或道德标准
		非财务管理人员过度参与或过于关注会计政策的选择或重大会计估计的确定
		企业、高级管理人员或治理层存在违反证券法或其他法律法规的历史记录,或由于舞弊或违反法律法规而被指控
		管理层过于关注保持或提高企业的股票价格或利润趋势
		管理层向分析师、债权人或其他第三方承诺实现激进的或不切实际的预期
		管理层未能及时纠正发现的值得关注的内部控制缺陷
		为了避税的目的,管理层表现出有意通过使用不适当的方法使报告利润最小化
		高级管理人员缺乏士气
		业主兼经理未对个人事务与公司业务进行区分
		股东人数有限的企业股东之间存在争议
		管理层总是试图基于重要性原则解释处于临界水平的或不适当的会计处理
	管理层与现任或前任注册会计师之间的关系紧张	在会计、审计或报告事项上经常与现任或前任注册会计师产生争议
		对注册会计师提出不合理的要求,如对完成审计工作或出具审计报告提出不合理的时间限制
		对注册会计师接触某些人员、信息或与治理层进行有效沟通施加不适当的限制
		管理层对注册会计师表现出盛气凌人的态度,特别是试图影响注册会计师的工作范围,或者影响对执行审计业务的人员或被咨询人员的选择和保持

表 6-2　与侵占资产相关的舞弊风险因素

舞弊发生的因素	舞弊风险因素细类	舞弊风险因素具体示例
动机或压力	个人的生活方式或财务状况问题	接触现金或其他易被侵占(通过盗窃)资产的管理层或员工负有个人债务,可能会产生侵占这些资产的压力
动机或压力	接触现金或其他易被盗窃资产的员工与企业之间存在的紧张关系	已知或预期会发生裁员
动机或压力	接触现金或其他易被盗窃资产的员工与企业之间存在的紧张关系	近期或预期员工报酬或福利计划会发生变动
动机或压力	接触现金或其他易被盗窃资产的员工与企业之间存在的紧张关系	晋升、报酬或其他奖励与预期不符
机会	资产的某些特性或特定情形可能增加其被侵占的可能性	持有或处理大额现金
机会	资产的某些特性或特定情形可能增加其被侵占的可能性	体积小、价值高或需求较大的存货
机会	资产的某些特性或特定情形可能增加其被侵占的可能性	易于转手的资产,如无记名债券、钻石或计算机芯片
机会	资产的某些特性或特定情形可能增加其被侵占的可能性	体积小、易于销售或不易识别所有权归属的固定资产
机会	与资产相关的不恰当的内部控制可能增加资产被侵占的可能性	职责分离或独立审核不充分
机会	与资产相关的不恰当的内部控制可能增加资产被侵占的可能性	对高级管理人员的支出(如差旅费及其他报销费用)的监督不足
机会	与资产相关的不恰当的内部控制可能增加资产被侵占的可能性	管理层对负责保管资产的员工的监管不足(如对保管处于偏远地区的资产的员工监管不足)
机会	与资产相关的不恰当的内部控制可能增加资产被侵占的可能性	对接触资产的员工选聘不严格
机会	与资产相关的不恰当的内部控制可能增加资产被侵占的可能性	对资产的记录不充分
机会	与资产相关的不恰当的内部控制可能增加资产被侵占的可能性	对交易(如采购)的授权及批准制度不健全
机会	与资产相关的不恰当的内部控制可能增加资产被侵占的可能性	对现金、投资、存货或固定资产等的实物保管措施不充分
机会	与资产相关的不恰当的内部控制可能增加资产被侵占的可能性	未对资产做出完整、及时的核对调节
机会	与资产相关的不恰当的内部控制可能增加资产被侵占的可能性	未对交易做出及时、适当的记录(如销货退回未作冲销处理)
机会	与资产相关的不恰当的内部控制可能增加资产被侵占的可能性	对处于关键控制岗位的员工未实行强制休假制度
机会	与资产相关的不恰当的内部控制可能增加资产被侵占的可能性	管理层对信息技术缺乏了解,从而使信息技术人员有机会侵占资产
机会	与资产相关的不恰当的内部控制可能增加资产被侵占的可能性	对自动生成的记录的访问控制(包括对计算机系统日志的控制和复核)不充分

(续表)

舞弊发生的因素	舞弊风险因素细类	舞弊风险因素具体示例
态度或借口	管理层或员工不重视相关控制	忽视监控或降低与侵占资产相关的风险的必要性
		忽视与侵占资产相关的内部控制,如凌驾于现有的控制之上或未对已知的内部控制缺陷采取适当的补救措施
		企业员工在行为或生活方式方面发生的变化可能表明资产已被侵占
		容忍小额盗窃资产的行为
	对所在单位存在不满甚至敌对情绪	企业员工的行为表明其对单位感到不满,或对单位对待员工的态度感到不满

2. 财务报表间的勾稽关系

"经济越发展,会计越重要""会计越重要,报表越复杂"。一方面,多样化且复杂化的经济业务需要在报表中得到反映;另一方面,企业的盈余治理手段也在不断翻新。这些因素使得财务报表越来越复杂,同时也使得财务报表分析演变为更专业化的工作。计算几个简单的财务比率已经无法实现财务报表分析的目的,不能满足现实的需要。分析者只有具备较强的财务会计知识才能够正确地理解愈发复杂的财务报表,对于那些关注报表细节、试图了解企业财务报表中是否存在问题的分析者(如股票交易所的财务分析职员、证券公司的财务分析师、审计人员等)来说更是如此。因此我们认为,分析者应该基于报表勾稽关系进行财务报表分析。

所谓基于报表勾稽关系的财务报表分析,是指分析者以财务报表中各个项目之间的勾稽关系作为主要分析工具,通过考察报表中某项目的金额及相关项目的金额来分析企业的会计政策选择、账务处理思路以及报表数字背后的交易或事项,并从报表及其附注中来证明或证伪自己的假设,进而对企业的财务状况、经营成果和现金流量状况做出判定。这一方法要求分析者认识不同会计政策和会计处理方式对三张表的影响,能够把握报表项目之间的勾稽关系。

(1) 会计报表项目之间基本勾稽关系。会计报表项目之间基本勾稽关系包括:资产=负债+所有者权益;收入－费用=利润;现金流入－现金流出=现金净流量;资产负债表、利润表及现金流量表分别与其附表、附注、补充资料等相互勾稽。在会计报表基本勾稽关系中,前三项勾稽关系分别是资产负债表、利润表及现金流量表的基本平衡关系,一般没有问题,但是从调查程序上还是应予以必要的关注。

(2) 资产负债表与利润表间勾稽关系。根据资产负债表中短期投资、长期投资,复核、估算利润表中"投资收益"的合理性。例如,关注是否存在资产负债表中没有投资项目而利润表中却列有投资收益,以及投资收益大大超过投资项目的本金等异常情况。

根据资产负债表中固定资产、累计折旧金额,复核、估算利润表中"管理费用—折旧费"的合理性。结合生产设备的增减情况和开工率、能耗消耗,分析主营业务收入的变动是否存在产能和能源消耗支撑。

关注利润及利润分配表中"未分配利润"项目与资产负债表"未分配利润"项目数据勾稽关系是否恰当。注意利润及利润分配表中,"年初未分配利润"项目"本年累计数"栏的数额应等于"未分配利润"项目"上年数"栏的数额,应等于资产负债表"未分配利润"项目的期初数。

(3) 现金流量表与资产负债表、利润表相关项目的勾稽关系。资产负债表"货币资金"项目期末与期初差额,与现金流量表"现金及现金等价物净增加"勾稽关系是否合理。一般企业的"现金及现金等价物"所包括的内容大多与"货币资金"口径一致。

销售商品、提供劳务收到现金≈(主营业务收入+其他业务收入)×(1+13%)
　　　　　　　　　　　　+预收账款增加额-应收账款增加额
　　　　　　　　　　　　-应收票据增加额
购买商品、接受劳务支付现金≈(主营业务成本+其他业务成本+存货增加额)
　　　　　　　　　　　　×(1+13%)+预付账款增加额-应付账款增加额
　　　　　　　　　　　　-应付票据增加额

现金流量表中的"现金及现金等价物净增加额"一般与资产负债表"货币资本"年末数年初数之差相等,前提是企业不存在现金等价物。同理,现金流量表中的"期初现金及现金等价物余额""期末现金及现金等价物余额"就分别是资产负债表中的"货币资金"的年初余额、期末余额。

利润表中的"营业收入"、现金流量表中的"销售商品、提供劳务收到的现金"、资产负债表中的"应收账款"等项目之间存在勾稽关系,可以简单估算:营业收入-应收账款=销售商品、提供劳务收到的现金。当然,还要考虑应交税费中的有关税金的变动数。

同理,利润表中的"主营业务成本"、现金流量表中的"购买商品、接受劳务支付的现金"、资产负债表中的"应付账款"等项目之间亦存在勾稽关系。

案例分析

基于报表勾稽关系的财务报表舞弊识别

一位股票投资者在阅读上市公司年报时发现了一个有趣的问题。在某上市公司 2020 年的年报中,利润表中 2020 年主营业务收入为 6.52 亿元,现金流量表中 2020 年销售商品、提供劳务收到的现金为 5.23 亿元,收入与现金流相差 1 亿多元;同时在资产负债表中,公司 2020 年年末的应收票据、应收账款合计只有近 0.14 亿元。这使这位分析者产生了疑惑,近一个亿的收入为什么在现金流量表与资产负债表中未能体现出来?究竟是该公司的报表存在问题,还是其他什么原因?

这位分析者留意到了三张表之间的勾稽关系。其基本思路是:对于利润表中所实现的"主营业务收入",企业要么收到现金,则反映于现金流量表中的"销售商品、提供劳务收到的现金",要么形成应收款项,反映于资产负债表中的"应收账款"和"应收票据"。

但是,正如前面所指出的那样,这种勾稽关系的成立依赖某些前提条件。导致上述情形出现的常见原因有以下几类。

第一类是企业在确认主营业务收入时,既没有收到现金流,也没有确认应收账款或应收票据。例如:企业在确认主营业务收入时冲减了"应付账款";企业在确认主营业务收入时冲减了以前年度的"预收账款";企业在补偿贸易方式下确认主营业务收入时冲减了"长期应付款";企业用以货易货方式进行交易,但不符合非货币性交易的标准(补价高于25%)等。

第二类是企业在确认主营业务收入时,同时确认了应收账款或应收票据,但是其后应收账款或应收票据的余额减少时,企业并非全部收到现金(留意报表中"应收账款"项目是应收账款余额扣除坏账预备后的应收账款账面价值)。例如:对应收账款计提了坏账准备;企业对应收账款进行债务重组,对方以非现金资产抵偿债务或者以低于债务面值的现金抵偿债务;企业年内发生清产核资,将债务人所欠债务予以核销;企业利用应收账款进行对外投资;企业将应收账款出售,售价低于面值;企业将应收票据贴现,贴现所获金额低于面值;企业给予客户现金折扣,收到货款时折扣部分计入了财务费用;企业委托代销产品,按照应支付的代销手续费,借记"营业费用",同时冲减了应收账款等。

第三类是企业合并报表范围发生了变化。例如,企业在年中将年初纳入合并报表的子公司出售(或降低持股比例至合并要求之下),则在年末编制合并利润表时将子公司出售前的利润表纳入合并范围,但资产负债表没有纳入,故此使得勾稽关系不成立。

分析者可以通过阅读报表及相关附注证实或证伪上述三类原因的存在。假如没有发现上述原因及其他特别原因存在的证据,那么很有可能是该公司的报表存在舞弊,则分析者需要重点关注该公司的收入确认、应收账款与其他应收款、现金流量情况等。

通过对上述案例的分析,我们可以看到,基于报表勾稽关系的财务报表舞弊识别是一种更为注重对报表结构、报表各项目间关系的理解的检查思路。我国现阶段,现实中存在着一定的虚假会计信息,报表粉饰行为盛行,所以应该强调基于报表勾稽关系的财务报表分析与舞弊识别。

3. 财务报表舞弊检查方法

注册会计师在决定采用何种审计程序收集审计证据时,有七大类程序可供选择,即检查、观察、询问、函证、重新计算、重新执行和分析程序[①]。这些类别也被称为审计证据的类型或收集审计证据的方法,每一项审计程序总能获得一类或多类证据。借助注

---

① 中国注册会计师协会:《审计》,中国财政经济出版社,2017,第48页。

册会计师查找重大错报的审计方法，针对舞弊检查，法务会计师可以采用八种方法，即分析程序、检查、询问、换位思考、盘点、函证、利用专家工作和追踪现金流量。

(1) 分析程序。分析程序是指调查人员通过分析不同财务数据之间和财务数据与非财务数据之间的内在关系，来发现与其他数据不一致或与预期值差异重大的波动，据以识别企业中存在的犯罪风险因素。即使舞弊者能够篡改某些财务信息或非财务信息，也无法改动所有的信息。信息之间有一定的勾稽关系，分析程序就是利用不同信息之间的相关性来识别舞弊风险因素。因此，分析程序在识别上具有很好的效果。分析程序包括与同行业比较的分析、与过去数据比较的分析以及与预算比较的分析等。

(2) 检查。舞弊行为在相关书面资料中会有一定程度的反映。检查就是指调查人员对企业中以书面形式存在的资料进行审阅，来判断所发生交易或事项的合理性和真实性的一种识别方法。合理性是判断所记录的交易或事项是否是企业的日常经营活动，是否合乎情理，是否违反了相关法律的规定，是否与其他记录的资料矛盾。真实性是判断资料的真实性，是否完整、连贯，是否具有逻辑性。

(3) 询问。企业管理层舞弊可能会指使其他人员去完成，其他人员必然知道一些管理层的犯罪线索。但是，其他人员也有可能出于报复管理层的动机而提供一些虚假的信息。所以，对相关人员进行适当询问可以很好地识别风险因素。询问有三个步骤，即确定询问对象、拟定询问内容以及记录询问。在询问时，调查人员应当充分应用语言技巧，对被询问者察言观色，既要从被询问者那里获取想要的信息，又要避免询问者告诉正在调查的舞弊者，而使得存在舞弊或犯罪行为的管理者有了防备。

(4) 换位思考。换位思考就是设身处地为他人着想，想他人所想。换位思考法是指调查人员在调查过程中假设自己是企业舞弊的实施者，面对存在的压力、机会和借口，将会采取哪些把企业财产据为己有和用来掩盖自己的犯罪行为的方式和手段。然后，调查人员对其假设推导出来的舞弊方式和手段进行调查，以获取舞弊行为的证据。换位思考的方法有利于迅速地识别和发现舞弊者的痕迹，及时、高效地取得证据。调查人员应当站在舞弊者的立场上去调查其舞弊行为。

(5) 盘点。盘点法是调查人员对企业的实物财产，包括有价证券、现金、存货等进行清算和盘点，以证实账面数和实有数是否相符的一种取证方法。舞弊者可能已经把实物财产转移出去了，但账面上并没有记录减少。通过实物财产的盘点，能够及时地发现企业财产的减少，取得舞弊的证据，保护企业财产的安全和完整。盘点法流程是：确认财产的账面数；盘点实际库存数；对比账面数和实有数是否一致；调查账面数和实有数不一致的原因。

(6) 函证。函证是指调查人员向相关部门发询证函，以证实企业财产真实存在性的一种取证方法。盘点法只能证实财产存在，并不能证明存在的财产为企业所拥有，所有权是否属于企业。函证法就是从外部获取财产所有权是否归属企业的证据。函证法包括积极式和消极式。在对舞弊进行调查时，主要采用积极式函证，不管财产是否属于被调查的企业，被询证者都要回函。

(7) 利用专家工作。调查人员不是万能的，在一些超出调查人员能力的领域，调查人员有必要请求专家来帮忙解决。利用专家工作主要包括两个方面，即资料真伪的识别和财产价值的评估。被调查的企业可能提供虚假的财务资料或其他资料，以达到掩盖舞弊行为的目的。资料真伪的识别就是请求专家鉴定资料的真假。例如，舞弊者窃取企业的商业承兑汇票到银行贴现，然后购买假的商业承兑汇票来补充，调查人员没有这方面的能力，就应当请求相关专家对商业承兑汇票的真伪进行鉴定，以识别舞弊者的阴谋。盘点和函证只能证明存在的财产属于被调查的企业，但无法证明存在的财产价值是否正确，舞弊者很可能利用财产价值的不公允来侵占企业财产。财产价值的评估就是请求相关专家对企业的财产进行评估，以判断企业财产价值的公允性是否合理。例如，企业舞弊者对财产进行重估价，通过不适当的估价方法把资产的价格估高，以掩盖侵占企业财产而导致财产价值减少的现象。调查人员可能不了解舞弊者提供的估价方法，可以请求这方面的专家对财产进行估价并对企业提供的估价方法进行评价，以揭示舞弊行为。

（8）追踪现金流量。现金是流动最强的资产，对人的诱惑也是最大的，舞弊往往与谋取现金有关。对侵占现金的调查应当以现金流动的路径为着手点进行调查。追踪现金流量法是指调查人员根据现金的流动实施调查，检查现金流转的各个环节，以证实现金是否被侵占。追踪现金流量包括三个方面，即追踪现金的流入环节、在企业内部流动环节及流出环节。在追踪现金流量时，要注意调查现金流入与流出的时点和金额是否合理，是否存在截取企业现金的犯罪行为。

第四节　资产滥用调查

一、资产滥用与舞弊

资产包括库存现金、银行存款、存货及其他资产；滥用是指过多、胡乱使用。在此，对资产滥用作扩大化解释，滥用资产指侵害了组织的资金款项专有权、改变了资金款项的用途，从而危害了组织对资金的占有、使用和收益，损害了组织的利益，同时在一定程度上产生了社会危害性的行为。

《亚洲审计组织反舞弊和腐败指南》指出，舞弊是管理部门、雇员或第三方中的单人或多人故意误报财务信息的行为。它往往涉及通过欺骗获取的非法经济利益。舞弊包括：伪造、虚报或篡改记录或文件；挪用或滥用资产；在财务记录或文件中掩盖或省略某些交易行为的影响；会计分录没有凭证支持；滥用会计政策。由此可见，资产滥用是舞弊的一种形式。

ACFE发布的全球舞弊调查报告提出了职务舞弊观点，其对舞弊实施方法进行长期研究，得出了"舞弊和滥用职权的识别系统"（"舞弊树"）。ACFE将职务舞弊分为三大类，即资产侵占、腐败行为和欺诈性财务报表。

侵占资产是指被审计单位的管理层或员工非法占用被审计单位的资产，其手段主要包括：一是贪污收入款项，如侵占收回的货款、将汇入已注销账户的收款转移至个人银行账户;二是盗取货币资金、实物资产或无形资产,如窃取存货自用或售卖,通过向公司竞争者泄露技术资料以获取回报;三是使被审计单位对虚构的商品或劳务付款,如向虚构的供应商支付款项、收受供应商提供的回扣并提高采购价格、虚构员工名单并支取工资;四是将被审计单位资产挪为私用,如将公司资产作为个人贷款或关联方贷款的抵押。侵占资产通常伴随着虚假或误导性的文件记录,其目的是隐瞒资产缺失或未经适当授权使用资产的事实。资产滥用与侵占资产的结果一致,都是侵害了组织的资产,危害了组织的收益,损害了组织的利益。

在 ACFE 的研究报告中,侵占资产主要是指对资产的挪用,所以本节以挪用资产为例分析改变资金款项的用途从而危害组织收益的行为。

二、挪用的行为类型

(1) 挪用本单位资金归个人使用或者借贷给他人,数额较大、超过三个月未还。这是较轻的一种挪用行为,行为人利用职务上主管、经手本单位资金的便利条件而挪用本单位资金,其用途主要是归个人使用或者借贷给他人使用,但未用于从事不正当的经济活动,而且挪用数额较大,时间上超过三个月未还。这里的"个人使用"是指挪用资金用于自己或者其他个人的合法生活、非经营性支出等合法用途。所谓的"数额较大不退还",是指挪用人由于客观上的原因而不能归还。如果行为人挪用单位资金后主观上转化为不愿意、不打算归还,或者携款潜逃的,则该行为性质转化为侵占,应认定为职务侵占罪。

(2) 挪用本单位资金归个人使用或者借贷给他人,虽未超过三个月,但数额较大,进行营利活动。这种行为没有挪用时间是否超过三个月以及超过三个月是否退还的限制。只要数额较大且进行营利活动就构成犯罪。所谓"营利活动",是指合法的营利活动,不包括非法的营利活动,主要是指存入银行,或者进行经商,投资,购买股票、债券或彩票等行为活动。将挪用的资金用于归还个人在经营活动中的欠款,也属于进行营利活动。

(3) 挪用本单位资金归个人使用或者借贷给他人,进行非法活动。这种行为没有挪用时间及数额的限制,只要挪用了本单位资金进行非法活动的就构成本罪。所谓"非法活动",就是指将挪用来的资金用来进行走私、赌博、吸毒、嫖娼和非法经营、发放高利贷等为国家法律、行政法规所禁止的行为活动。

上述是我国《刑法》第 272 条对挪用资金罪的表现形式的规定,行为人只要具备上述三种行为中的一种就可以构成本罪,而不需要同时具备。挪用资金的用途不同,立案的数额标准也不同。

三、挪用的手段及调查重点

(一)挪用的手段

(1) 利用管理现金、银行存款之便,直接将现金或从银行取款进行挪用。
(2) 将销售产品、提供劳务、出售原材料、低值易耗品、固定资产、废旧物资、转让无形资产等所收到的现金或现金支票收入不及时上交入账而挪用。

（3）以现金或现金支票形式收取的款项，收缴的罚没款、收到的赞助、集资、摊派款不及时上交入账而挪用。

（4）以现金或现金支票形式收到的资产出租租金不及时上交入账而挪用。

（5）以现金或现金支票形式收到的应收款、预收款不及时上交入账而挪用。

（6）该付的应付款、预付款以现金或现金支票形式做账付出，但现金或以现金支票取出的现金不及时付给对方而挪用。

（7）应发放给干部、职工等的款项，一方面做账作发放处理，另一方面又全部或部分不及时发放而挪用，特别是对少数人因外出等原因不能发放到位的，不及时交回现金到财会上作暂时收回处理而挪用。

（8）将代扣、代收款项不及时交给有关单位或上交入账而挪用。

（9）以现金或现金支票形式收回的投资或收到的投资收益不及时上交入账而挪用。

（10）以现金或现金支票形式收到的出租资产、包装物等押金不及时上交入账而挪用。

（11）将待处理款项不及时上交入账，如执法部门经办人对尚未作处理的暂扣款项不及时上交入账而挪用。

（12）公务和业务关系中的"手续费"、经济往来中的"回扣"不及时上交入账而挪用。

（13）以现金或现金支票形式收到经济合同或协议规定的定金不及时上交入账而挪用。

（14）利用管理现金、银行存款之便，将现金或银行存款转入其他单位或个人，然后从对方取出进行挪用。

（15）掌管公款私存存折或存单的人员，用其存折或存单从银行取款进行挪用。

（16）利用管理"小金库"①的便利，将"小金库"中的资金进行挪用。

（二）挪用舞弊的调查重点

1. 审查会计凭证

（1）审查涉及收取现金的会计凭证，核实进账日期与收款日期是否一致，有无将所收到的现金或现金支票收入挪用一段时间后再上交入账的情况。

（2）审查涉及发放款项的会计凭证，看领款人是否都签了名或盖了章，一方面核实有无做账作发放处理，另一方面核实有无全部或部分不及时发放而挪用的情况，特别是对少数人因外出等原因不能发放到位的，有无不及时交回现金到财会上作暂时收回处理而挪用的情况。

（3）审查涉及代扣、代收现金的会计凭证，核实有无将代扣、代收款项不及时交给有关单位或上交入账而挪用的情况。

---

① 2009年中央开展的"小金库"专项治理工作为"小金库"下了新定义，表明违反法律法规及其他有关规定，应列入而未列入符合规定的单位账簿的各项资金（含有价证券）及其形成的资产，均属于"小金库"。

(4) 审查涉及付款的会计凭证。一是核实做账日期与付款日期是否一致,有无将应付款项做账付出但不及时付给对方而挪用的情况;二是核实款项是否应该付出,有无利用管理现金、银行存款之便,将现金或银行存款转入其他单位或个人,然后从对方取出进行挪用的情况。

2. 审查会计账簿

关注会计账簿中的异常日期、异常摘要、异常对应科目、异常单据、异常余额等。在查账中,发现异常,就应顺藤摸瓜,一查到底。因此,在对被查单位的会计资料进行审查的同时,还要对有关便条、借据、所签订的协议合同,原始的记录等进行认真审查,以确定其真假,从中发现挪用公款犯罪事实。

(1) 审查"现金""银行存款"账簿,核实其总账与日记账、日记账与会计凭证是否相符,有无财会人员采取不及时登账或故意漏登收入账、重登支出账、错登账的手段来掩盖其直接将现金或从银行取款进行挪用的情况。

(2) 审查"原材料""低值易耗品""产成品"等存货账簿,核实其总账与明细账、明细账与仓库保管账是否相符,有无将销售产品、出售原材料、低值易耗品等存货所收到的现金或现金支票收入不及时上交入账而挪用的情况。

(3) 审查收款票据。对单位使用的发票和收据进行审查,看收款时间与开票时间、开票时间与进账时间是否相符,核实有无将所收到的现金或现金支票收入不及时上交入账而挪用的情况;有无将代扣、代收款项不及时交给有关单位或上交入账而挪用的情况。

(4) 盘点库存现金。对库存现金进行突击盘点,检查库存现金实有数与现金日记账和总账余额是否相符,并要注意审查出纳手中保管的未入账抵作现金的单据,如借条、白条,核实有无利用管理现金之便,直接将现金进行挪用的情况。

(5) 审查银行存款。挪用公款行为人均利用职务上的便利,采取挪用公款账外循环不入账的方式,故意隐匿财务账目,造成无账可查。此类案件作案手段更为隐蔽、狡猾,案情更为复杂,取证、认证更为困难。在办案中要变难为易,最重要的是要以银行账户为突破口,采用查阅银行账户的账单、原始传票的方式,逐笔核对收入情况,查明付款去向和收入来源,核实款项是否用于私营企业或个人,从中发现和揭露挪用公款的蛛丝马迹。对银行存款进行审查,检查单位银行存款账面余额与单位银行存款实有金额是否相符,未达账款是否由于正常原因所致,核实有无利用管理银行存款之便,直接从银行取款进行挪用,或将银行存款转入其他单位或个人,然后从对方取出进行挪用的情况。

3. 盘点存货和固定资产

对产成品、原材料、低值易耗品等存货和固定资产进行盘点,看账实是否相符,核实有无将销售产品、原材料、低值易耗品等存货和出售固定资产所收到的现金或现金支票收入不及时上交入账而挪用的情况。

(1) 核实对方付出、收到现金的时间及往来账项的实有数。对本单位收到、付出的现金以及往来账项,核实对方付出、收到的时间以及往来账项的实有数,审查有无将所收到的现金或现金支票收入不及时上交入账而挪用的情况;有无该付的应付款、预付款以现金或现金支票形式做账付出,但现金或将现金支票取出的现金不及时付给对方而挪用的情况；有无应发放给干部、职工等的款项，一方面做账作发放处理，另一方面又全部或部分不及时发放而挪用的情况；有无将代扣、代收款项不及时交给有关单位或上交入账而挪用的情况。

（2）审查公款私存资金。对通过采取审查所收款项是否及时入账、所付款项是否做账付出与实际付款时间相符、现金和银行存款是否账实相符等方法发现有公款私存的单位，要审查公款私存资金，核实掌管公款私存存折或存单的人员有无用其存折或存单从银行取款进行挪用的情况。

（3）审查"小金库"资金。对通过采取审查收入是否全部进账、账上的支出有无虚假开支、所有支出是否都在账上等方法检查发现设有"小金库"的单位，要审查"小金库"资金，核实有无利用管理"小金库"的便利，将"小金库"中的资金进行挪用的情况。

利用审阅法、盘存法、核实法，针对上述调查重点进行审查，可以有效地找出挪用资产的审计证据，达到反舞弊目的，治理资产流失问题。

案 例 分 析

2014年6月，睢宁县审计局对该县老龙河下段治理工程建设处的专项资金管理及使用情况进行审计时，发现一起管账会计监守自盗、挪用专项资金大案。

老龙河下段河道治理工程全部由县以上财政投资，由省国际招标公司对外公开招标，中标单位是江苏省某市水利建筑安装公司总公司，暂定价2 110万元，工程期限180天，并规定实行项目法人制度，资金专户专账管理。至审计时已经超过规定的完工期限，但工程还未完成，尚未申请验收；为了弄清延误工期的原因和资金使用情况，审计局决定对该项目进行专项审计。2014年6月20日，审计组下发通知书，要求被审计单位三天后将所有账证资料送达审计组，但会计刘某迟迟未提供资料，经过多次催要直到7月6日才将"专账"送来。

原来，会计刘某拖延时间是为了篡改会计原始凭证。为了能够蒙混过关，他利用两个星期时间多次找开户银行打印2011年8月至2013年年末的对账单。他挖空心思，巧妙利用时间差，多次在下午5点后到开户行营业厅要求打印对账单，并要求用A4纸打印，因为营业部门下午5点后就得将印鉴送总行封存，打印的对账单不能盖章，刘某将对账单带回办公室全部输入自己电脑后，将自己私自转出的资金，根据计算好的日期、金额、笔数等进行修改，最后余额保持与银行一致，第二天上班后再到银行去盖章。由于银行职员较忙，不细心，认为是昨天下午打印的，就直接盖了业务印章，于是刘某得到了自己想要的而又能够送给审计组的银行对账单。

取得银行盖章的对账单后，刘某开始制造假账，他利用原来手中存有的银行转账支票，撕下存根入账，将原来真正的转账或提款单据藏匿起来，并根据自己修改的银行对账单造假：一是将转账日期后推；二是改变金额，由原来2011年8月31日、9月7日、9月9日和9月20日转出的资金，改成2012年7月31日和9月25日等不同的日期，并且据此登记总账、分类账、日记账，以假乱真。

老龙河下段河道治理工程的中标单位虽然是某市水利建筑安装公司总公司，但该单位只派遣个别技术人员到现场监督实施，具体工程由本地工头方某某承包，刘某与其一起私刻中标单位公章，打印虚假授权委托书，写上"同意将工程款打入方某某个人账户"的内容，将工程款打入方某某账户。转出资金时既无单位一把手签字，又无项目法人批准，而且未按工程进度支付，共转出330万元，而在假账中只反映转给方某某个人310万元，为个人挪用专款留下可乘之机。借此之机，会计刘某将转账支票存根联写成是支付方某某工程款，偷偷将部分资金转到个人存折户或其他工程账户，从而达到挪用公款的目的。

审计人员在对刘某提供的账证资料审计中发现：刘某转给方某某310万元工程款，其中2011年8月31日30万元作为启动资金，2012年7月31日250万元、2012年9月25日20万元作为工程款，附件中虽然有个人收条（有的是造假），但都未附任何工程资料、监理现场签字单，也无领导审批，且都没有银行传票单据，都是以转账支票存根记账。其中有一笔转款最值得怀疑：2013年6月21日又转给方某某10万元工程款，只有转账支票存根，连个人收条也没有，审计人员觉得不正常，决定到银行找到传票看个究竟。于是按照法定程序，审计组开了证明信，并携带有关证件到开户银行查证，核查结果表明：银行不仅没有这10万元的传票，其余的传票存根与会计刘某提供的转账支票存根的金额、时间等都不一致。这样的结果非同小可，令审计人员惊叹不已。由此推断刘某提供的财务账证可能是假的。

审计组随即向领导口头汇报，决定继续追查，为了不打草惊蛇，一切调查悄悄进行。

6月下旬，审计人员突击查证，一天中午十二点半找到金融机构负责人，向他讲明此时查证问题的严重性，并要求他们加班配合，找出三年来有关的原始转账传票，逐笔核对。该机构负责人和职工都非常配合，立即抽调专门人员与审计组配合，重新打印银行对账单，查找三年多来与该单位业务有关的银行传票，从中午十二点半加班到晚上九点半，终于查清了转账时间、金额及去向。

一是2011年8月—2012年6月共转到工头方某某个人账户330万元。其中：2011年8月31日转出20万元，9月7日转出50万元，9月20日转出240万元；2012年6月6日转出15万元，6月18日转出5万元。这些转出的资金在会计提供的账中都未如实反映。

二是转到个人账户68万元。其中2011年9月9日转到会计刘某个人账户50万元，2013年6月21日转到刘某账户14万元。2011年9月1日转到刘某的朋友贾某某个人账户4万元。以上转出款项在会计账中均未反映。

三是转移工程款50万元。2012年6月7日，无依据将专项工程款转到另外一个工程建设管理处账户50万元，并已被个人挪用。

四是2011年8月11日施工单位转进来的履约保证金108万元，在账上未反映。

审计人员分析发现：以上转出的资金与刘某提供的假账差距甚大：一是转给方某某工程款330万元假账只反映310万元，而且时间相差一年多；二是转到个人账户69万元及工程管理处账户50万元均未反映；三是施工单位缴入的履约保证金108万元未反映。掌握了这些确凿的账面证据后,审计人员决定继续寻找其他线索,不放过任何可疑的地方。

为了保证付给中标方的工程款无误,审计组又到300公里以外的某市水建工程总公司核对账务。结果表明:中标方已经开出工程款票据1630万元,实际收到工程款1132万元,挂账498万元,而这已经收到的工程款也全部付给了方某某,但中标方不知道投资方又付给方某某工程款330万元。当审计人员拿出他们出具的收取工程款"授权委托书"时,对方惊讶不已,他们说根本没有这回事,从来都没有出具这样的委托书。经过比对,所盖的公章系伪造,投资方付出的工程款与中标方收到的工程款相差300多万元。至此一起制造假账、提供假银行对账单、私刻公章、私自转出及挪用专项资金的大案线索基本清楚了。

上述事实都核查清楚后,审计组为了稳住刘某,决定找刘某到审计局来签证,基本取证签字认可后,审计人员才向他摊牌。审计人员拿出各种造假账、挪用专项资金的确凿证据后,刘某承认挪用资金的事实,审计组决定立刻追缴专项资金,通过教育和多种手段并行,迫使刘某当时交出专项资金68.1万元。至此,审计部门及时将案件移交纪检、检察部门,最后确认刘某个人挪用专项资金159.5万元,2014年11月25日,睢宁县人民法院判处刘某有期徒刑3年零6个月。

资料来源:江西省审计厅网站。

第五节 腐败的调查

腐败是一个复杂的事物,其往往扎根于某个国家特定的社会、文化、历史环境,以及政治、经济发展水平和政府机构设置的传统或政策之中。多数腐败行为在组织的账面没有直接反映,而是通过账外资产的方式进行运作,甚至不通过组织运作,直接以私下交易的方式进行,导致腐败成为审计的难题。通过财务审计难以发现组织中的腐败行为,所以只能通过调查账目、内部控制以及资产的异常现象来发现舞弊行为的线索,由浅入深,达到治理腐败的目的。

一、腐败舞弊的类型

亚洲发展银行制定的反腐败政策书中对腐败进行了以下定义:"腐败由公共或私营部门的官员所参与,他们通过利用被赋予的权力不恰当地或非法地为自己或与自己关系密切的人牟取私利。"

腐败舞弊是由员工实施的损害组织利益以满足自己利益的行为。腐败的发生需要组织内部人员与外部人员的里外勾结,这种里外勾结的舞弊方式对组织的伤害是巨大的。ACFE认为,腐败包括利益冲突(conflicts of interest)、贿赂(bribery)、非法报酬

(illegal gratuities)和经济敲诈(economic extortion)。

(一) 利益冲突

利益冲突发生的原因是员工、经理或执政人员在经济交易中存在未公开的经济或私人利益,而这种利益将会损害公司的权益。利益冲突发生在三种情形中：购买、销售和其他。利益冲突的特点在于,舞弊人滥用职权(如出具发票或审核账单)的目的仅在于满足自己的利益,这和贿赂或回扣是不同的。

(二) 贿赂

贿赂可被定义为收取、给予任何金钱、有价物品,意图影响行政人员行为或经济决策的活动,即以财富换取公权力或更大的财富。国家工商局《关于禁止商业贿赂行为的暂行规定》第二条规定："商业贿赂,是指经营者为销售或购买商品而采用财物或者其他手段贿赂对方单位或者个人的行为。"商业贿赂是指经营者以排斥竞争对手为目的,为使自己在销售或购买商品或提供服务等业务活动中获得利益,而采取的向交易相对人及其职员或其代理人提供或许诺提供某种利益,从而实现交易的不正当竞争行为。

我国刑法将贿赂犯罪的内容限定为受贿、行贿、介绍贿赂等三种形式,《刑法》第385条规定："国家工作人员利用职务上的便利,索取他人财物的,或者非法收受他人财物,为他人谋取利益的,是受贿罪。国家工作人员在经济往来中,违反国家规定,收受各种名义的回扣、手续费,归个人所有的,以受贿论处。"第389条规定："为谋取不正当利益,给予国家工作人员以财物的,是行贿罪。在经济往来中,违反国家规定,给予国家工作人员以财物,数额较大的,或者违反国家规定,给予国家工作人员以各种名义的回扣、手续费的,以行贿论处。"第392条规定："向国家工作人员介绍贿赂,情节严重的,处3年以下有期徒刑或拘役,并处罚金。"

(三) 非法报酬

非法报酬与贿赂相似,但是前者的目的不在于影响经济决策。例如,某有影响力的人收到了贵重的礼物、免费旅游等。事实上,这些报酬是因为他在某项经济谈判上发挥了重要影响,所不同的是,这些报酬是在事件发生以后才收到的。由于是在事后收取的报酬,所以很难证实其是否非法。但是,在许多政治组织中,收取超过限定金额的礼物等是非法的,而且在某些大型商业组织或企业中是被明令禁止的。

(四) 经济敲诈

经济敲诈与贿赂相反,它不是由行贿人提供贿赂款,而是舞弊员工主动要求当事人向其支付金钱、财务、服务等报酬,以做出符合当事人利益的经济决策。

下面我们以贿赂为代表介绍腐败行为及其审计问题。

二、贿赂的手段

从司法机关、行政执法机关查办的商业贿赂案件数量和企业人员接受调查的情况来看,我国的反商业贿赂执法日趋严格,而各种新兴的贿赂手段也层出不穷。

现金支付是行贿的主要手段,由于现金支付比实物馈赠更为隐蔽,不易被查出,所以大部分贿赂犯罪主体会首选现金支付。受贿款则多以回扣、手续费、好处费的名义出现。

舞弊审计与法律

反腐高压以来,雅贿手法渐渐增多。雅贿是贿赂的一种手法,本质上仍是赤裸裸的利益交换,其性质没有因贿赂的物品不同而有所区别,只是贿赂方式产生了新变种,行贿人不再送官员真金白银,改而送名家字画、珍奇古玩等。由于"雅贿"需求的不断膨胀,现已形成一个官员特种奢侈品产业链。常用手法如下所述[①]。

1. 以假当真

如果不是因为东窗事发,刘志军那幅张大千的赝品图,说不定现在正静静地躺在另一位官员的收藏室里,等待下一位送礼者做局高价买下。官员把假古董假字画放在古玩店代售,送礼者再以真品价格买下。其实送礼人和收礼人早就心知肚明,都知道是赝品,送礼人也会告诉收礼人,什么时候、到哪家店去把这个东西卖出去,价格大概多少。这个流程三方都清清楚楚,在这里假古董、假字画已经变成了一种道具,是一种变相送钱的方式。不过是古玩店多赚了几次手续费而已。

2. 以真作假

行贿者将一件古玩真品或一幅名人字画真迹放在古玩店,由店主以赝品的价格低价卖给某位官员。官员再抽时机将真东西倒手卖出套现,整个过程就完成了。不少收受贵重古玩的官员,之所以敢收价值几百万元的古玩,而不敢收几百万元的现金,原因就在于古玩真假难辨,一旦东窗事发,还可狡辩"以为是赝品"。

3. 瞒天过海

除了直接从古玩店买进卖出的方式外,"雅贿"另一个更为光明和公开的方式,就是通过拍卖行公开拍卖。看起来很神秘的拍卖过程,其实流程并不复杂。最常见的一种方式是送礼人把一件文物,通常是不值钱的赝品,通过熟人获得专家或鉴定机构的鉴定书,再和拍卖行"合作"把它当作真品拿上拍卖会。关键的一个步骤是,送礼人会把这个赝品的产权确定为收礼人的,再找另外一个人把它以真品的价格拍下来,对拍卖行当然要给好处费,而收礼人就貌似合法地获得了一大笔拍卖款。

三、贿赂的调查重点

(一) 识别贿赂的舞弊风险因素

要想有效地探测和防止腐败的发生,关键是要知道如何识别这种里应外合的关系。除了一般的行为征兆和生活方式的改变之外,审计师还须注意以下信号:

(1) 重要员工和授权厂商之间的密切关系;

(2) 隐藏同第三方的关系;

(3) 对当前的与已知第三方关系的管理审批缺乏审查(随着时间的推移,舞弊者可能会通过这种关系开始盗取公司资产);

(4) 记录交易异常;

(5) 审批厂商异常。

[①] 《贪官雅贿:你所不知道的贿赂操作手法》,张雄艺术网,2014年1月9日,www.zxart.cn/Detail/213/19120.html。

一开始识别舞弊的信号是困难的,因为它们看起来没有什么问题,尤其是仅考虑单一的交易、文档或个别事件的时候。例如,内部审计师在实施对某个供应商的文件审查时,发现一张发票上写的是邮局信箱地址而没有真实地址。虽然有些供应商会提供一个邮局信箱地址以接收退回的支票和汇款,但是事实上如果一张发票上只有邮箱地址而没有真实地址,也很可能是一个账单舞弊的警告信号。审计人员是否应该考虑忽略这个红色警告?就其本身而言,它意味着什么?即使不意味着什么,也不应该忽略它。一宗简单的异常事件可以关联其他情形,从而成为揭露一个舞弊的关键。因此,对审计人员来说,使用一些累积和分类异常事件的模型对反舞弊非常有益。

那么,当红色预警信号已经被识别出来之后,审计人员应该如何应对?在这种情况下,审计人员的应对原则与财务审计中重要性原则十分相似。当财务审计师发现一个似乎对报表和账户不甚重要的误报时,他并不会忽略这个误报,而是把这个误报输入一个积累了其他误报的文档里。之所以要把这些错报积累起来,是要判断它们的累计额是否重要。当然,同样的程序和目标也可以运用在审计舞弊和异常情况(特别是那些红色警告)中。也就是说,单独的因素和证据都应当累积起来进行考虑,看看它们是否可以帮助审计师积累证据。

可以想象,如果在一次审核中有多位审计人员参与,而每一个审计人员都发现一个到两个小的红色警告却忽略了它们,虽然在单一基础上他们这么做是合理的,但是多个小异常情况汇集到一起就可能预示着重大舞弊行为,而忽略这一情况将导致严重的后果。因此,只有使用正式的审计程序,将不同的异常情况收集起来,才能知道某些红色警告加在一起是否重要。

(二) 重点调查单据凭证

业务单位非法报销的费用,基本以餐饮费、汽油费、修理费、烟酒费、食品礼品费等凭证居多,而且相对集中。大凡单位不正当的大额费用支出,要么根本不列入账簿,要么以各种"日常名目"列支,把握了记账规律,查账就往往成为突破案件和获取贿赂书证的重要手段之一。从凭证内容上找疑点。凭证内容是各种原始凭证上所反映的经济内容,它是贪污贿赂犯罪最容易利用的平台。他们在追求凭证形式合法的同时,也会留下种种疑点。检查的直接方法就是判断其凭证内容是否符合常规,是否合理合法。对商业贿赂的查证还有其特别的方法:一是查标的数量,是一次性进货采购,还是长期或多次的;二是查回扣率,是明扣率还是暗扣率。

(1) 了解回扣行规,即回扣占总值的比例、方式等。例如,医务人员收受医药器械代表的回扣和贿赂的时间绝大多数在月底,而且回扣比例也随行就市,在价格没有波动时回扣比例也稳定不变。

(2) 查回扣有无上交单位,或入"小金库",是部分上交、全部上交,还是个人占为己有。

(3) 采购中的回扣还可以从采购流程入手,重点关注询比价流程及相关资料是否齐全;从采购合同执行情况入手,有些采购人员会比较容易发现公司的漏洞,如合同价格执行错误,合同价格低而执行得高,尤其是在价格调整日前后,公司财务又审核不严等;提供方便的投诉渠道,为供应商、质检员、仓库保管等及时投诉提供详细信息。

舞弊审计与法律

通过红旗标志法发现舞弊线索,再从单据凭证入手运用舞弊反应技术进行调查,可以有效调查贿赂这一腐败现象,达到反舞弊、反腐败的目的。

案例分析

浙江丽水所披露的一起公立医院医生受贿案中,主要行贿方是恒瑞医药的子公司新晨医药有限公司。

2017年2月—2019年6月,新晨医药销售的5款药品被丽水市中心医院麻醉科使用,为给医院行贿,在签订的采购协议中,江苏新晨公司抬高了每一支药水的采购价格,如一种麻醉注射剂左布比卡因,在新晨医药的销售表中标价20元,而其中返还给医生的回扣金额达5元,即有25%的费用被吃了回扣。

雷某是浙江省丽水市中心医院原麻醉科主任。2014年6月—2019年9月,雷某利用职务便利,在药品、医疗器械及耗材的引进和使用过程中,收受回扣共计6 744 660元,其中上交医院3 429 832元,余下3 314 828元归个人使用。医药公司销售代表为了和雷某搞好关系,让其科室维持和增加药品使用量,新晨医药的3名员工先后给了雷某40.8万元的"感谢费"。

无独有偶,除上述丽水市中心医院原麻醉科主任雷某案外,新晨医药还涉入另一起案件。

2020年1月,浙江省温州市龙湾区人民法院公布的一份刑事判决书显示,2007—2019年,自然人连某利用担任温州医科大学附属第二医院、育英儿童医院、第二临床医学院副院长、院长的职务便利,为企业和个人在药品、耗材及设备等销售中谋取利益,累计受贿220余万元。

细节显示,2010—2018年,连某为新晨医药在药品销售等方面谋取利益,先后10次收受新晨医药区域经理孙某给予的人民币43万元、价值2万元的加油卡、金条一根、2 000美元及虎头金饰品等有价物件。

恒瑞医药2018年年报显示,2018年恒瑞医药实现营业收入174.18亿元。其中90%左右的营业收入来自恒瑞医药的仿制药。创新药的收入仅占营业收入的10%左右。再来看恒瑞最近三年的销售费用变动情况,2019年、2018年及2017年三年销售费用分别同比增长31.87%、24.58%、19.24%。其中2019年销售费用85.2亿元同比2018年增长达到31.87%,占公司营收比重36.61%。

年年递增的销售费用背后"投喂"了多少医药蛀虫?

在恒瑞医药的销售费用项下,分门别类地列了科目,分别为"学术推广、创新药专业化平台建设等市场费用""差旅费""股权激励费用"及其他,其中前两项合计占比接近99%。

事实上,"学术推广、创新药专业化平台建设等市场费用"是2017年后才在恒瑞年报中出现的一个新词,2017年的年报中恒瑞将之直白地描述为"市场费用"。

那么包装了"学术推广"的定语之后,是不是就能掩盖市场费用的实质呢?

有业内专家指出:"学术推广说白了就是'重金堆砌'消费渠道,这里向来是商业贿赂的高发区。"学术推广即公司通过学术推广会议或学术研讨会,宣传介绍产品。"打个比方,医药企业请我们去参加学术会议,讲半小时课程,然后玩几天,台面上就是正常的学术会议,这也算是学术营销。"一位医药界不具名人士表示,"加强学术营销力度"在药企比较普遍,"无非就是加强请客吃吃饭的频率"。

学术推广的过程中,行贿也在悄然发生。2018年7月,另一医疗行业白马股乐普医疗在学术会议上向授课专家支付讲课费2.4万元并制作具有宣传字眼的讲义,被上海青浦区市场监督管理局认定涉嫌商业贿赂,被处罚15万元。

值得注意的是,恒瑞医药已经堂而皇之地将"学术营销"端上了台面。

恒瑞医药近三年连续在年报中强调要"加强学术营销力度",也就是说,药企要大幅增加市场费用,"当然也包括回扣。"上述人士说,回扣、请吃喝都是包含在学术营销中的隐性支出。

七年前,跨国药企巨头葛兰素史克正是栽在了"学术营销"的套路上。为将药品推销进医院并撬动医生的处方权,很多药企常常以举办或赞助学术会议的形式推广药品,药企的会议费支出也因此大幅增长。以学术营销的方式做药品推广,是跨国药企引入中国的营销策略。葛兰素史克相关高管在通过外部旅行社"走账"报销高额会务费用的时候露出了马脚,进而被监管部门一举查获。

葛兰素史克案过后,跨国药企风声鹤唳,逐步走向合规化进程。不料,却被有心的国内药企"取到了真经",转而以"学术营销"的名义推行"带金销售"药品之实。或许正是借鉴了葛兰素史克"翻车"的教训,恒瑞医药选择自有销售公司来盘存这些"账单",甚至通过会计调整的方式埋入上市公司财报中。

一番操作过后,销售费用从面上看计入的是上市公司的成本,实际上却转嫁到了患者和国家医保身上,真正买单人恰恰是"看病难、看病贵"的普通老百姓。

值得庆幸的是,国家医保局正在酝酿的一项新政有望彻底扭转这个现象。2020年8月28日,《国家医疗保障局关于建立药品价格和招采信用评价制度的指导意见》指出,医药领域商业贿赂将追责至药企,严重者将失去全部药品的挂网、投标以及配送资格,并被纳入打击"欺诈骗保"范围。

资料来源:《药品回扣之谜:年销售费用85亿,都去哪儿了?》虎嗅网,2020年5月14日,www.huxiu.com/article/356506.html。

思 考 题

1. 财务报表舞弊的动机有哪些?
2. 财务报表舞弊的常用手段有哪些?
3. 简述你所了解的识别财务报表舞弊的预警信号。
4. 现金流量表与资产负债表、利润表相关项目存在哪些勾稽关系?
5. 简述财务报表舞弊检查的方法。

第七章 舞弊报告

[教学目标]

通过本章的学习,旨在使学生了解舞弊的认定方法和舞弊相关的法律法规、准则,掌握舞弊的报告形式、内容、对象和程序,理解舞弊行为应承担的法律责任。

第一节 舞弊的认定

舞弊的报告以对舞弊行为的认定为前提,即在报告舞弊行为之前,应当已经经过了充分的调查,从而对舞弊行为有明确合理的认定。故本章首先介绍舞弊的认定方法。认定舞弊行为既可以通过概括式的分析方法,对舞弊的必备要素进行逐个分析,也可以通过列举式的对照方法,对法律法规等已经明确列举的表现形式进行对照进而做出判断。

一、认定舞弊的要素

根据中国注册会计师审计准则第1141号①对舞弊的含义的界定,认定舞弊行为应至少包含三个要素,即主观要素、行为要素和后果要素。

(一)主观要素

舞弊与错误最大的区别在于行为人主观上是故意的,而错误是出于疏忽。因此在认定舞弊行为时,要注意考查行为人的主观方面是故意还是过失。故意是指明知会发生损害他人经济利益的结果仍积极为之,希望或放任损害结果的发生。出现虚假会计信息并非出于疏忽、失误或认知局限,而是以获取不正当利益为目的积极谋划,蓄意为之,具有目的性、计划性和针对性。

关于如何认定舞弊者的主观方面为故意,应当有充分的证据佐证,而不能陷入空想和主观臆测,一方面要结合对舞弊行为人的访谈,根据行为人的表述内容和方式进行判断,另一方面也要结合虚假会计信息出现的时间、频率、舞弊的手段和环境等客观因素

---

① 《中国注册会计师审计准则第1141号——财务报表审计中与舞弊相关的责任》第10条规定,舞弊是指被审计单位的管理层、治理层、员工或第三方使用欺骗手段获取不当或非法利益的故意行为。

进行判断。另外,动机是判断主观要素的一个辅助因素,查明行为动机能帮助我们判断行为人主观方面是否为故意。实施舞弊行为的主观动机主要包括迎合市场预期或特定监管要求、牟取以财务业绩为基础的私人报酬最大化、偷逃或骗取税款、骗取外部资金、掩盖侵占资产的事实等。

(二) 行为要素

仅有主观意图而缺乏实施行为也难以界定为舞弊,故行为要素是认定舞弊的另一重要因素。舞弊行为是违反法律法规、会计准则的行为,违背了会计真实性原则的要求,行为通常表现为欺骗、隐瞒、引诱等手段,如刻意隐瞒事实或提供虚假信息等,若非予以特别关注和专业分析,一般难以察觉,因而需要我们去检查、鉴别,抽丝剥茧,探寻真相。例如,万福生科公司2012年在半年报中虚增利润4 023万元,而且未披露上半年停产事项。万福生科通过虚增"在建工程"和"预付账款"的方式进行财务造假,做法十分隐蔽,投资者从收入、现金流、应收、存货、预收等指标均难以发现明显漏洞。其行为既有消极地隐瞒事实,也有积极地提供虚假信息,该行为违反了会计准则的要求,也违反了法律法规的规定,是典型的舞弊行为,若不经过专业的检查、分析,难以发现真相。

(三) 后果要素

舞弊行为的认定还需要考虑后果要素,即舞弊行为使得组织的经济利益受到损害,或者使得国家和其他组织或者个人利益受到损害;同时,舞弊行为人可能为自身或组织集体谋取了不正当利益,这也是舞弊行为的目的所在。因此,审计人员应当将是否获取了不正当利益作为区分舞弊和错误的重要标志,找到行为人通过假账、错账获取了不正当利益的证据,就能对舞弊进一步确认。另外,舞弊后果的严重程度也直接影响舞弊的严重程度,舞弊对国家、组织或个人造成的经济利益损害越严重,舞弊的程度也就越严重,其所应受到的处理、处罚也就越重。

值得注意的是,舞弊的认定应当建立在充分、适当的审计证据基础上,所有证据应当都经过验证、复核,具有真实性、客观性和合法性,言词证据应当与实物证据相吻合,各个证据之间不能自相矛盾,而应当相互印证,形成完整的证据链。这是审计工作严谨性的必然要求,有利于避免审计风险的发生。

二、舞弊的具体表现

舞弊按照其在会计资料中的表现,可分为原始凭证舞弊、记账凭证舞弊、会计账簿舞弊和财务报表舞弊。原始凭证舞弊是围绕并以原始凭证为对象的舞弊行为,主要是伪造单证和改动凭证,使输入会计核算系统的信息源头发生紊乱。记账凭证舞弊是指发生于会计记账凭证的作假和舞弊,主要是无原始凭证编制记账凭证、混淆和滥用会计科目、破坏经济业务的内在联系、原始凭证与记账凭证之间无衔接对应关系、记账凭证要素被篡改等。会计账簿舞弊是指在记账、算账、转账、结账、报账等过程中发生的舞弊,主要有涂改账目、恶意改账、做假账、不正当挂账、业务不入账、账账不符、账证不符、账表不符、抽动账页、毁灭账簿记录、提前结账等。财务报表舞弊是对外发布信息的舞弊,是以会计报表不实为基本特性的。财务报表舞弊与前几种舞弊有着紧密的联系,前

舞弊审计与法律

几种舞弊往往是财务报表舞弊的手段和条件,而财务报表舞弊是前几种舞弊的结果和延伸。财务报表舞弊主要有按照某种目的改动报表数据,故意扭曲企业的财务状况与经营成果,特别是虚构企业的损益,假报资产、负债和权益等①。

《第 2204 号内部审计具体准则——对舞弊行为进行检查和报告》也对舞弊行为的具体表现进行了详细规定,从损害组织经济利益的舞弊和谋取组织经济利益的舞弊两方面进行了比较全面、明确、具体的列举。损害组织经济利益舞弊表现形式包括:收受贿赂或者回扣;将正常情况下可以使组织获利的交易事项转移给他人;贪污、挪用、盗窃组织资产;使组织为虚假的交易事项支付款项;故意隐瞒、错报交易事项;泄露组织的商业秘密;其他损害组织经济利益的舞弊行为②。谋取组织经济利益舞弊表现形式包括:支付贿赂或者回扣;出售不存在或者不真实的资产;故意错报交易事项、记录虚假的交易事项,使财务报表使用者误解而做出不适当的投融资决策;隐瞒或者删除应当对外披露的重要信息;从事违法违规的经营活动;偷逃税款;其他谋取组织经济利益的舞弊行为③。对于条款中兜底性的"其他舞弊行为"的认定,可以结合上文中舞弊认定的三要素进行判断和分析。将两种方法结合起来,当法律法规或会计准则直接列举出了舞弊行为的表现形式,已经足以判断时,可以根据法律法规或会计准则直接对照进行判断,当没有直接列举时,可以根据三要素认定方法进行综合分析和认定。

第二节 舞弊的报告

舞弊的报告是指审计人员以口头或书面形式向适当的组织管理层、治理层或者被审计单位以外的机构报告舞弊检查的情况和结果。

一、舞弊报告的形式

舞弊的报告形式可以是口头的,也可以是书面的。书面报告具有正式、明确等特点;口头报告虽不够正式,但具有迅速、生动等优点。因此,口头报告主要应用于需要使组织管理层及时知晓所发现问题的情形,以便于管理层及时决定是否采取措施和采取什么措施来遏制舞弊行为。报告一般在检查工作结束后提交,但为了使组织管理层及时知晓有关情况,也可以在检查工作进行过程中提交。在完成舞弊检查工作后,应提交正式的书面报告。

二、舞弊报告的内容

审计报告是对舞弊审计查账工作的总结,要反映查账过程中查出的主要问题及其

---

① 尹平:《舞弊审计》,中国财政经济出版社,2012,第 259—260 页。
② 《第 2204 号内部审计具体准则——对舞弊行为进行检查和报告》第 8 条。
③ 《第 2204 号内部审计具体准则——对舞弊行为进行检查和报告》第 9 条。

成因。审计报告的基本内容除了应当包含审计的客体、范围、方式、时间、实施审计查账的情况以及被查单位的基本情况外,还应重点突出舞弊行为的性质及后果、涉及人员、舞弊手段及原因、检查结论、处理或处罚意见及其依据、提出的建议及纠正措施。审计人员在完成舞弊检查工作之后提交的报告中,应当体现审计人员对舞弊的检查过程及审计人员的职业判断,不仅要阐明舞弊的成因、责任人、性质,还应当提出处理意见、改进建议和纠正措施,这有利于被审计单位改正现有的问题,减少组织或组织外其他主体的经济利益损失。

关于舞弊处理意见的内容,应当对照有关法律法规确定舞弊行为的性质和程度,提出不同的处理意见。当舞弊行为性质较轻时,可以要求被查单位迅速调整有误的会计账目,对混乱的内部控制与财务管理要求限期整改,对不称职的财会人员要求撤换等;有关当事人违反了党纪政纪的,要移送有关部门给予党政处分;当舞弊行为性质构成行政违法时,可以没收其非法所得,要求其归还非法侵占的国家资财,涉及偷逃税款的,可以要求单位补缴偷漏的税款,并课以一定的罚款等;舞弊行为已经触犯刑法涉嫌犯罪的,应移交司法部门,移送应办理有关手续,留下有关凭据,并将其逐一归入查账工作档案备考。

舞弊行为的严重程度也会影响舞弊报告的方式,根据《第 2204 号内部审计具体准则——对舞弊行为进行检查和报告》第 18 条,内部审计人员完成必要的舞弊检查程序后,应当从舞弊行为的性质和金额两方面考虑其严重程度,并出具相应的审计报告。这要求内部审计人员对不同性质和金额的舞弊行为采取不同的处理方式。若发现的舞弊行为性质较轻且金额较小,可一并纳入常规审计报告;若发现的舞弊行为性质严重或金额较大,应出具专项审计报告。如果涉及敏感的或对公众有重大影响的问题,则应征求法律顾问的意见。需要强调的是,对舞弊的性质和金额的判断同等重要,某些金额较小但性质严重的舞弊行为也应得到重视,在决定采取何种方式报告舞弊检查结果时,需要运用内部审计人员的职业判断。①

三、舞弊报告的对象

审计可以分为内部审计、社会审计和政府审计,不同类型的审计人员报告的对象也不完全相同。

在内部审计中,由于舞弊检查具有机密性,舞弊报告的提交对象应是适当的管理层,内部审计人员通常向组织的高级管理层或董事会进行报告。根据《第 2204 号内部审计具体准则——对舞弊行为进行检查和报告》第 17 条规定,在舞弊检查过程中,出现下列情况时,内部审计人员应当及时向组织适当管理层报告:可以合理确信舞弊已经发生,并需要深入调查;舞弊行为已经导致对外披露的财务报表严重失实;发现犯罪线索,并获得了应当移送司法机关处理的证据。组织适当的管理层主要是指主管内部审计机构的管理层、主管被审计单位的管理层以及有权对审计发现问题采取纠正措施或

---

① 张建平:《内部审计学(第二版)》,东北财经大学出版社,2020,第 286—287 页。

能对采取纠正措施做出指示的管理层。必要时,内部审计机构也可以将内部审计报告呈送给董事、监事等相关人员①。

在社会审计中,注册会计师除了应当向管理层和治理层报告外,在必要的时候还应当向监管机构或执法机构报告。根据《中国注册会计师审计准则第1141号——财务报表审计中与舞弊相关的责任》,如果识别出舞弊或获取的信息表明可能存在舞弊,除非法律法规禁止,注册会计师应当及时与适当层级的管理层沟通此类事项,以便管理层告知对防止和发现舞弊事项负有主要责任的人员。如果确定或怀疑舞弊涉及下列人员,注册会计师应当及时与治理层沟通此类事项,除非治理层全部成员参与管理被审计单位:① 管理层;② 在内部控制中承担重要职责的员工;③ 其他人员(在舞弊行为导致财务报表重大错报的情况下)。如果怀疑舞弊涉及管理层,除非法律法规禁止,注册会计师应当与治理层沟通这一怀疑,并与其讨论为完成审计工作所必需的审计程序的性质、时间安排和范围。如果根据判断认为还存在与治理层职责相关的、涉及舞弊的其他事项,除非法律法规禁止,注册会计师应当就此与治理层沟通。如果识别出或怀疑存在舞弊,注册会计师应当确定法律法规或相关职业道德要求是否:① 要求注册会计师向被审计单位之外的适当机构作出报告;② 规定了相关责任,基于该责任,注册会计师向被审计单位之外的适当机构报告在具体情形下可能是适当的。尽管注册会计师对客户信息负有的保密义务可能妨碍这种报告,但如果法律法规规定注册会计师履行报告责任,注册会计师应当遵守法律法规的规定。

在政府审计中,舞弊报告的对象除上述外,还包括本级人民政府和上一级审计机关,甚至还有权向政府有关部门通报或者向社会公布审计结果。《中华人民共和国审计法》第29条规定,审计机关有权对与国家财政收支有关的特定事项,向有关地方、部门、单位进行专项审计调查,并向本级人民政府和上一级审计机关报告审计调查结果。第40条规定,审计机关可以向政府有关部门通报或者向社会公布审计结果。审计机关通报或者公布审计结果,应当依法保守国家秘密和被审计单位的商业秘密,遵守国务院的有关规定。

四、舞弊报告的程序

在完成舞弊的初步认定工作后,应当撰写审计报告初稿。由审计小组成员共同讨论查账结果,形成审计结果报告,并由查账组长或某一位组员执笔,撰写审计报告初稿。对查出的事实,审计人员应认真查对有关法律法规,得出严密的查账结论。

在审计报告初稿完成后,应当听取被审计单位对审计报告的意见。听取意见的目的是提高舞弊认定结果的客观性、公正性,保障被审计单位的参与权,促进被审计单位、组织适当管理层对舞弊认定的接受和认同。在沟通过程中,要仔细观察被审计单位的态度,如果被审计单位反映强烈,应仔细考察是否舞弊认定存在误判;如果被审计单位态度冷漠,对舞弊认定视而不见或很快认可,则应考虑是否存在尚未被查出或查实的

---

① 张庆龙:《内部审计学》,中国人民大学出版社,2017,第107页。

问题。

最后,完成并递交审计报告定稿。在征求了被审计单位意见后即可定稿,向委托人或者委派者递交,同时可以下达审计处理决定和审计意见书。根据委托人和委派者的要求,审计人员不仅应当提交审计结果报告,还应当强化处理意见的落实,遏制舞弊行为的蔓延。

思 考 题

1. 政府审计如何报告?
2. 社会审计如何报告?
3. 内部审计如何报告?
4. 舞弊报告应当包含哪些内容?

第八章 舞弊法律制度

第一节 舞弊相关的法律法规和准则

一、舞弊相关的法律法规

鉴于舞弊行为对社会经济秩序造成的严重危害，我国有很多法律法规对舞弊行为进行了规范，包括会计法、审计法、注册会计师法、公司法、证券法、民法典等。其中，会计法、审计法、注册会计师法是规范财务舞弊行为的核心法律法规，本节将对上述法律法规中与舞弊行为相关的主要内容进行介绍。

(一)《中华人民共和国会计法》与舞弊相关的主要内容

首先，《会计法》在总则部分总体性地、概括性地对会计账簿的真实性、完整性提出要求。该法第 3 条规定：各单位必须依法设置会计账簿，并保证其真实、完整。第 5 条规定：会计机构、会计人员依照本法规定进行会计核算，实行会计监督。任何单位或者个人不得以任何方式授意、指使、强令会计机构、会计人员伪造、变造会计凭证、会计账簿和其他会计资料，提供虚假财务会计报告。

其次，《会计法》从会计核算方面对不得实施会计舞弊行为提出了具体的要求。该法第 9 条规定：各单位必须根据实际发生的经济业务事项进行会计核算，填制会计凭证，登记会计账簿，编制财务会计报告。任何单位不得以虚假的经济业务事项或者资料进行会计核算。第 13 条规定：任何单位和个人不得伪造、变造会计凭证、会计账簿及其他会计资料，不得提供虚假的财务会计报告。第 16 条要求各单位发生的各项经济业务事项应当在依法设置的会计账簿上统一登记、核算，不得违反本法和国家统一的会计制度的规定私设会计账簿登记、核算。第 26 条更进一步对会计核算中可能涉及的舞弊行为进行了列举，明确禁止下列舞弊行为：随意改变资产、负债、所有者权益的确认标准或者计量方法，虚列、多列、不列或者少列资产、负债、所有者权益；虚列或者隐瞒收入，推迟或者提前确认收入；随意改变费用、成本的确认标准或者计量方法，虚列、多列、不列或者少列费用、成本；随意调整利润的计算、分配方法，编造虚假利润或者隐瞒利润；违反国家统一的会计制度规定的其他行为。

再次，《会计法》从会计监督方面对舞弊行为进行了规制，要求单位负责人积极履行监督义务，不得指使会计人员舞弊，也发动公众参与监督，赋予单位和个人检举的权利。其第 28 条规定：单位负责人应当保证会计机构、会计人员依法履行职责，不得授意、指使、强令会计机构、会计人员违法办理会计事项。会计机构、会计人员对违反本法和国家统一的会计制度规定的会计事项,有权拒绝办理或者按照职权予以纠正。第30条规定:任何单位和个人对违反本法和国家统一的会计制度规定的行为,有权检举。收到检举的部门有权处理的,应当依法按照职责分工及时处理;无权处理的,应当及时移送有权处理的部门处理。

最后,《会计法》对会计人员和单位进行舞弊的法律后果进行了规定,其第40条、第42条、第43条、第44条、第45条规定了舞弊行为或将影响会计人员的从业资格,导致单位及有关责任人员被罚款、国家工作人员被行政处分,情节严重,构成犯罪的,还将承担刑事责任。

(二)《中华人民共和国审计法》与舞弊相关的主要内容

首先,《审计法》禁止被审计单位实行对抗审计行为和舞弊行为。如《审计法》第38条第1款规定:审计机关进行审计时,被审计单位不得转移、隐匿、篡改、毁弃财务、会计资料以及与财政收支、财务收支有关的资料,不得转移、隐匿、故意毁损所持有的违反国家规定取得的资产。

其次,《审计法》赋予了审计机关制止舞弊行为、暂停拨付和暂停使用有关款项、建议纠正、提请有关机关处理和通报或公布审计结果的权限。第38条第2款和第3款规定:审计机关对被审计单位违反前款规定的行为,有权予以制止;必要时,经县级以上人民政府审计机关负责人批准,有权封存有关资料和违反国家规定取得的资产;对其中在金融机构的有关存款需要予以冻结的,应当向人民法院提出申请。审计机关对被审计单位正在进行的违反国家规定的财政收支、财务收支行为,有权予以制止;制止无效的,经县级以上人民政府审计机关负责人批准,通知财政部门和有关主管机关、单位暂停拨付与违反国家规定的财政收支、财务收支行为直接有关的款项,已经拨付的,暂停使用。第39条规定,审计机关认为被审计单位所执行的上级主管机关、单位有关财政收支、财务收支的规定与法律、行政法规相抵触的,应当建议有关主管部门纠正;有关主管机关、单位不予纠正的,审计机关应当提请有权处理的机关、单位依法处理。第40条规定,审计机关可以向政府有关部门通报或者向社会公布审计结果。

最后,《审计法》第47条、第48条、第49条、第50条、第51条、第52条对舞弊行为应当承担的法律责任进行了规定:对较轻微的舞弊行为可以责令改正、通报批评、警告;较严重的,提出给予处分的建议;构成犯罪的,依法追究刑事责任。

(三)《中华人民共和国注册会计师法》与舞弊相关的主要内容

一方面,《注册会计师法》要求注册会计师自身不得有舞弊行为,同时在委托人有舞弊行为时拒绝出具报告,并予以指明。如该法第20条规定,注册会计师执行审计业务,遇有下列情形之一的,应当拒绝出具有关报告:委托人示意其作不实或者不当证明的;委托人故意不提供有关会计资料和文件的;因委托人有其他不合理要求,致使注册会计师出具的报告不能对财务会计的重要事项作出正确表述的。第21条规定:注册会计师执行审计业务,必须按照执业准则、规则确定的工作程序出具报告。注册会计师执行审计业务出具报告时,不得有下列行为:明知委托人对重要事项的财务会计处理与国家有关规定相抵触,而不予指明;明知委托人的财务会计处理会直接损害报告使用人或者其他利害关系人的利益,而予以隐瞒或者作不实的报告;明知委托人的财务会计处理会导致报告使用人或者其他利害关系人产生重大误解,而不予指明;明知委托人的会计报表的重要事项有其他不实的内容,而不予指明。对委托人有前款所列行为,注册会计师按照执业准则、规则应当知道的,适用前款规定。

另一方面,《注册会计师法》对注册会计师、会计师事务所违反上述规定应承担的法律责任分别进行了明确规定,这有利于禁止舞弊行为的法律条文得到充分遵守和落实。如该法第39条规定:会计师事务所可能受到警告、没收违法所得、罚款、暂停经营业务或者予以撤销的行政处罚;注册会计师可能受到警告、暂停执行业务或者吊销注册会计师证书的行政处罚;会计师事务所、注册会计师故意出具虚假的审计报告、验资报告,构成犯罪的,应承担刑事责任。第42条规定:会计师事务所违反本法规定,给委托人、其他利害关系人造成损失的,应当依法承担赔偿责任。

(四)《中华人民共和国公司法》与舞弊相关的主要内容

《公司法》从公司规范、合法经营的角度对舞弊行为进行了规范。

一方面,《公司法》第八章专章对公司财务、会计进行了规定,其中明确了公司向会计师事务所提供真实、完整会计资料的义务,禁止相关舞弊行为。如该法第170条规定:公司应当向聘用的会计师事务所提供真实、完整的会计凭证、会计账簿、财务会计报告及其他会计资料,不得拒绝、隐匿、谎报。第171条规定:公司除法定的会计账簿外,不得另立会计账簿。对公司资产,不得以任何个人名义开立账户存储。

另一方面,《公司法》第十二章规定了相关舞弊行为的法律责任。如该法第198条规定,提交虚假材料或者采取其他欺诈手段隐瞒重要事实的舞弊行为,应当承担罚款甚至撤销公司登记或吊销营业执照的行政责任。其第202条规定,在财务会计报告等材料上作虚假记载或者隐瞒重要事实的,相关责任人员将受到罚款的行政处罚。

(五)《中华人民共和国证券法》与舞弊相关的主要内容

《证券法》从维护证券市场秩序、保护投资者利益的角度对舞弊行为进行了规范。

首先,《证券法》禁止任何单位和个人实施舞弊行为,也禁止证券行业的有关机构及其从业人员、传播媒介实施、参与舞弊行为。如该法第56条规定:禁止任何单位和个人编造、传播虚假信息或者误导性信息,扰乱证券市场。禁止证券交易场所、证券公司、证券登记结算机构、证券服务机构及其从业人员,证券业协会、证券监督管理机构及其工作人员,在证券交易活动中作出虚假陈述或者信息误导。各种传播媒介传播证券市场信息必须真实、客观,禁止误导。传播媒介及其从事证券市场信息报道的工作人员不得从事与其工作职责发生利益冲突的证券买卖。编造、传播虚假信息或者误导性信息,扰乱证券市场,给投资者造成损失的,应当依法承担赔偿责任。

其次,《证券法》从信息披露的角度规范了舞弊行为,要求有关信息披露义务人真实、准确、完整地披露信息。如该法第78条规定:发行人及法律、行政法规和国务院证券监督管理机构规定的其他信息披露义务人,应当及时依法履行信息披露义务。信息披露义务人披露的信息,应当真实、准确、完整,简明清晰,通俗易懂,不得有虚假记载、误导性陈述或者重大遗漏。第82条规定:发行人的董事、监事和高级管理人员应当保证发行人及时、公平地披露信息,所披露的信息真实、准确、完整。

最后,《证券法》第 85 条、第 181 条、第 193 条、第 197 条、第 203 条和第 211 条规定了与证券发行、信息披露相关的舞弊行为应当承担的法律责任,包括信息披露义务人、发行人及其控股股东、实际控制人、证券公司及其主要股东、实际控制人应当承担的民事赔偿责任和警告、罚款等行政责任。

(六)《中华人民共和国民法典》与舞弊行为相关的内容

其一,我国《民法典》总则第 7 条规定了诚信原则,要求民事主体从事民事活动,应当遵循诚信原则,秉持诚实,恪守承诺。舞弊行为是弄虚作假的行为,违反了诚信原则。

其二,舞弊行为既可能是违约行为,也可能是侵权行为,因而《民法典》合同编和侵权责任编对舞弊行为的认定和法律责任的划分有重要的指导意义。如企业故意提供虚假的财务报表而引诱投资者与之签订合同的行为,损害了投资者的信赖利益,构成缔约过失,应承担缔约过失责任。《民法典》第 500 条规定,当事人在订立合同过程中有下列情形之一,造成对方损失的,应当承担赔偿责任:假借订立合同,恶意进行磋商;故意隐瞒与订立合同有关的重要事实或者提供虚假情况;有其他违背诚信原则的行为。如注册会计师的舞弊行为违反了其与委托人所签订的委托合同的约定,应当承担违约责任。《民法典》第 577 条规定,当事人一方不履行合同义务或者履行合同义务不符合约定的,应当承担继续履行、采取补救措施或者赔偿损失等违约责任。如企业会计人员采取公款私存、虚列费用冒领公款等方式造假,侵害了相应的物权,而构成侵权行为,应当承担侵权责任。《民法典》第 1165 条规定,行为人因过错侵害他人民事权益造成损害的,应当承担侵权责任。

二、舞弊相关的准则

(一)注册会计师审计准则中关于舞弊的规定

注册会计师审计准则中关于舞弊的规定主要集中在《中国注册会计师审计准则第 1141 号——财务报表审计中与舞弊相关的责任》中,该准则经历了 2006 年、2010 年和 2019 年三次修改,下文将对 2019 年修改的《中国注册会计师审计准则第 1141 号——财务报表审计中与舞弊相关的责任》的主要内容做简要介绍,其分为总则、定义、目标、要求等五章内容。具体而言:第一章是总则,对舞弊的概念进行了基本界定,区分了舞弊和错误,明确了注册会计师在发现舞弊中的责任;第二章是定义,界定了舞弊和舞弊风险因素;第三章是目标,界定了注册会计师对舞弊问题的目标;第四章是要求,对注册会计师执业中的职业怀疑、项目组讨论、风险评估等问题进行了规范,介绍了识别和评估由于舞弊导致的重大错报风险、评价审计证据、无法继续执行审计业务的情形和处理方法、书面声明、与管理层和治理层的沟通、向被审计单位之外的适当机构报告舞弊以及审计工作底稿;第五章是附则。

(二)内部审计准则中关于舞弊的规定

中国内部审计准则中用于指导有关舞弊审计的准则主要是《第 2204 号内部审计具体准则——对舞弊行为进行检查和报告》,该准则包括六章,分别是总则、一般原则、评估舞弊发生的可能性、舞弊的检查、舞弊的报告和附则。第一章总则部分包括制定该准则的目的、舞弊的定义以及准则的适用范围。第二章一般原则部分界定了组织管理层、内部审计机构和人员在防范舞弊中的不同责任,并强调内部审计机构和人员应保持应有的职业谨慎,组织管理层对舞弊行为的发生承担责任;将舞弊行为划分为损害组织经济利益的舞弊和谋取组织经济利益的舞弊,并介绍其具体情形。第三章评估舞弊发生的可能性部分强调了内部审计人员评估舞弊风险应关注的内容。第四章舞弊的检查部分规定了舞弊的检查及其实施者、舞弊检查的具体工作要求以及检查结束后评价查明的事实所需满足的要求。第五章舞弊的报告部分规定了报告的方式、应及时向管理层报告的情形以及出具舞弊审计报告①。第六章附则部分规定了解释权和施行日期。

(三)政府审计准则中关于舞弊的规定

我国的政府审计准则是 2010 年通过的《中华人民共和国国家审计准则》,其第四章第四节是重大违法行为检查,其中所指的重大违法行为包含了舞弊行为,因此该节内容也包含了对舞弊的审计。该节内容中关于舞弊的规定主要包含三个部分。第一,强调职业谨慎。《国家审计准则》第 112 条要求审计人员执行审计业务时,应当保持职业谨慎,充分关注可能存在的重大违法行为。第二,针对重大违法行为的检查方法。《国家审计准则》第 115 条规定了审计人员调查时可以重点了解的可能与重大违法行为有关的事项,第 116 条和第 117 条规定了判断重大违法行为存在与否及其性质时应当考虑的因素。第三,发现重大违法行为线索时可以采取的应对措施。《国家审计准则》第 118 条规定,审计组或者审计机关在发现重大违法行为的线索时,可以采取下列应对措施:增派具有相关经验和能力的人员;避免让有关单位和人员事先知晓检查的时间、事项、范围和方式;扩大检查范围,使其能够覆盖重大违法行为可能涉及的领域;获取必要的外部证据;依法采取保全措施;提请有关机关予以协助和配合;向政府和有关部门报告;其他必要的应对措施②。

第二节 舞弊行为的法律责任

舞弊行为对社会主义市场经济秩序造成了严重的危害,不利于市场经济的健康发展,因而需要对舞弊者课以一定的法律责任以遏抑舞弊行为的发生和蔓延。舞弊行为需要承担的法律责任有三类,分别是民事法律责任、行政法律责任和刑事法律责任,本节将对以上三种法律责任展开论述。

一、民事法律责任

(一)舞弊民事法律责任概述

民事法律责任是民事主体违反了法律规定的或当事人约定的义务而应当承担的法

---

① 李华、王素梅:《舞弊审计学(第二版)》,中国时代经济出版社,2018,第 93—95 页。
② 李华、王素梅:《舞弊审计学(第二版)》,中国时代经济出版社,2018,第 102 页。

律后果,承担民事法律责任的方式主要有停止侵害、排除妨碍、消除危险、返还财产、恢复原状、修理、重作、更换、继续履行、赔偿损失、支付违约金、消除影响、恢复名誉、赔礼道歉等。舞弊行为的民事法律责任则以赔偿损失为主。

民事责任与行政责任和刑事责任相比,具有两方面的优势:一方面,民事责任不仅能对舞弊行为人予以制裁,还能使利益受到损失的单位和个人得到经济上的补偿,对舞弊行为的受害者给予实质上的救济,这是行政责任和刑事责任不可比拟的;另一方面,在财产责任方面,民事责任具有优先于行政责任和刑事责任的效力,我国《公司法》第214条及《证券法》第220条都规定,当违法行为人的财产不足以支付应当承担的民事赔偿责任和缴纳罚款、罚金、违法所得时,其财产优先用于承担民事赔偿责任。但我国法律历来对会计民事责任的重视不足,相关规定主要集中在《注册会计师法》《公司法》和《证券法》。

(二)舞弊民事法律责任的主体及其责任

1. 会计师事务所

我国《注册会计师法》第42条规定,会计师事务所违反本法规定,给委托人、其他利害关系人造成损失的,应当依法承担赔偿责任。因此,注册会计师有舞弊行为,民事赔偿的主体是会计师事务所,而非注册会计师个人,但是会计师事务所作为特殊的有限合伙企业,对外承担了民事赔偿责任后,无过错的合伙人可以向有过错的注册会计师追偿。

2. 证券公司

我国《证券法》第29条第2款、第3款规定,证券公司承销证券,不得有下列行为:进行虚假的或者误导投资者的广告宣传或者其他宣传推介活动;以不正当竞争手段招揽承销业务;其他违反证券承销业务规定的行为。证券公司有前款所列行为,给其他证券承销机构或者投资者造成损失的,应当依法承担赔偿责任。

3. 虚假陈述行为人

《证券法》第56条规定,编造、传播虚假信息或者误导性信息,扰乱证券市场,给投资者造成损失的,应当依法承担赔偿责任。因此,进行虚假陈述的所有单位和个人,给投资者造成损失的,都应承担民事赔偿责任,包括发起人、控股股东等实际控制人,发行人或上市公司,也包括证券交易场所、证券公司、证券登记结算机构、证券服务机构及其从业人员,证券业协会、证券监督管理机构及其工作人员,以及各种传播媒介。根据《证券法》第163条,证券服务机构在其中承担的是连带责任,同时也是过错推定责任,也就是说,证券服务机构需要对自己没有过错承担证明责任。其规定:证券服务机构为证券的发行、上市、交易等证券业务活动制作、出具审计报告及其他鉴证报告、资产评估报告、财务顾问报告、资信评级报告或者法律意见书等文件,应当勤勉尽责,对所依据的文件资料内容的真实性、准确性、完整性进行核查和验证。其制作、出具的文件有虚假记载、误导性陈述或者重大遗漏,给他人造成损失的,应当与委托人承担连带赔偿责任,但是能够证明自己没有过错的除外。

4. 信息披露义务人

信息披露义务人未按照规定披露信息,或者公告的证券发行文件、定期报告、临时报告及其他信息披露资料存在虚假记载、误导性陈述或者重大遗漏,致使投资者在证券交易中遭受损失的,信息披露义务人应当承担赔偿责任;发行人的控股股东、实际控制人、董事、监事、高级管理人员和其他直接责任人员以及保荐人、承销的证券公司及其直接责任人员,应当与发行人承担连带赔偿责任,但是能够证明自己没有过错的除外。

5. 承担资产评估、验资或者验证的机构

承担资产评估、验资或者验证的机构因其出具的评估结果、验资或者验证证明不实,给公司债权人造成损失的,除能够证明自己没有过错的外,在其评估或者证明不实的金额范围内承担赔偿责任。

另外,需要说明的是,对于法律没有直接规定民事赔偿责任的,可以通过界定舞弊行为性质属于违约还是侵权行为的方式,依据《民法典》中关于违约责任或侵权责任的规定要求舞弊行为人进行民事赔偿。

二、行政法律责任

(一) 舞弊行政法律责任概述

行政法律责任是指行政法律关系主体因违反行政法上的义务构成行政违法行为而必须承担的法律后果。行政法律责任是舞弊行为法律责任的核心,法律规定的大多数法律责任均表现为行政法律责任。行政法律责任的承担主要包括行政处罚和行政处分两种类型。行政处罚是行政主体针对行政相对人违反行政管理秩序尚未构成犯罪的行为所做出的制裁性行政行为,主要包括警告、通报批评、罚款、没收违法所得、没收非法财物、暂扣许可证件、降低资质等级、吊销许可证件、限制开展生产经营活动、责令停产停业、责令关闭、限制从业、行政拘留等;行政处分是国家行政机关对其内部工作人员的违法失职行为实施的一种惩戒性措施,一般包括警告、记过、记大过、降级、撤职、开除等形式。舞弊行为承担的行政法律责任主要有行政处分以及警告、通报批评、罚款、吊销许可证件、限制从业等。

(二) 舞弊行政法律责任的主体及其责任

1. 舞弊单位

单位在舞弊行为中扮演重要角色,其往往既是提议者、决策者,又是实施者。舞弊单位承担的行政法律责任主要有警告、通报批评、罚款,最为严重的是吊销营业执照。《审计法》第47条规定:被审计单位违反本法规定,拒绝或者拖延提供与审计事项有关的资料的,或者提供的资料不真实、不完整的,或者拒绝、阻碍检查、调查、核实相关情况的,由审计机关责令改正,可以通报批评,给予警告;拒不改正的,依法追究责任。第50条规定,对被审计单位违反国家规定的财务收支行为,审计机关、人民政府或者有关主管机关、单位在法定职权范围内,依照法律、行政法规的规定,区别情况采取处理措施,并可以依法给予处罚。

《会计法》第42条规定,有下列行为之一的,由县级以上人民政府财政部门责令限期改正,可以对单位并处3 000元以上5万元以下的罚款:① 不依法设置会计账簿的;

②私设会计账簿的;③未按照规定填制、取得原始凭证或者填制、取得的原始凭证不符合规定的;④以未经审核的会计凭证为依据登记会计账簿或者登记会计账簿不符合规定的;⑤随意变更会计处理方法的;⑥向不同的会计资料使用者提供的财务会计报告编制依据不一致的;⑦未按照规定使用会计记录文字或者记账本位币的;⑧未按照规定保管会计资料,致使会计资料毁损、灭失的;⑨未按照规定建立并实施单位内部会计监督制度或者拒绝依法实施的监督或者不如实提供有关会计资料及有关情况的;⑩任用会计人员不符合本法规定的。第43条规定,伪造、变造会计凭证、会计账簿,编制虚假财务会计报告等,尚不构成犯罪的,由县级以上人民政府财政部门予以通报,可以对单位并处5 000元以上10万元以下的罚款。第44条规定,隐匿或者故意销毁依法应当保存的会计凭证、会计账簿、财务会计报告等,尚不构成犯罪的,由县级以上人民政府财政部门予以通报,可以对单位并处5 000元以上10万元以下的罚款。

《公司法》规定的对舞弊单位的处罚,除了罚款之外,还包括吊销营业执照的行政处罚。其第198条规定:违反本法规定,虚报注册资本、提交虚假材料或者采取其他欺诈手段隐瞒重要事实取得公司登记的,由公司登记机关责令改正,对虚报注册资本的公司,处以虚报注册资本金5%以上15%以下的罚款;对提交虚假材料或者采取其他欺诈手段隐瞒重要事实的公司,处以5万元以上50万元以下的罚款;情节严重的,撤销公司登记或者吊销营业执照。

《证券法》规定了发行人、证券交易场所、证券公司、证券登记结算机构、证券服务机构、信息披露义务人应当承担舞弊行为的行政责任。该法第181条规定:发行人在其公告的证券发行文件中隐瞒重要事实或者编造重大虚假内容,尚未发行证券的,处以200万元以上2 000万元以下的罚款;已经发行证券的,处以非法所募资金金额10%以上1倍以下的罚款。第193条规定:违反本法第56条第1款、第3款的规定,编造、传播虚假信息或者误导性信息,扰乱证券市场的,没收违法所得,并处以违法所得1倍以上10倍以下的罚款;没有违法所得或者违法所得不足20万元的,处以20万元以上200万元以下的罚款。违反本法第56条第2款的规定,在证券交易活动中作出虚假陈述或者信息误导的,责令改正,处以20万元以上200万元以下的罚款。第197条规定,信息披露义务人未按照本法规定报送有关报告或者履行信息披露义务的,责令改正,给予警告,并处以50万元以上500万元以下的罚款。第211条规定:证券公司及其主要股东、实际控制人违反本法第138条的规定,未报送、提供信息和资料,或者报送、提供的信息和资料有虚假记载、误导性陈述或者重大遗漏的,责令改正,给予警告,并处以100万元以下的罚款;情节严重的,并处撤销相关业务许可。第213条规定:证券服务机构违反本法第163条的规定,未勤勉尽责,所制作、出具的文件有虚假记载、误导性陈述或者重大遗漏的,责令改正,没收业务收入,并处以业务收入1倍以上10倍以下的罚款,没有业务收入或者业务收入不足50万元的,处以50万元以上500万元以下的罚款;情节严重的,并处暂停或者禁止从事证券服务业务。第214条规定:发行人、证券登记结算机构、证券公司、证券服务机构等,泄露、隐匿、伪造、篡改或者毁损有关文件和资料的,给予警告,并处以20万元以上200万元以下的罚款;情节严重的,处以50万元以上500万元以下的罚款,并处暂停、撤销相关业务许可或者禁止从事相关业务。

2. 单位负责人

单位负责人承担法律责任的主要方式是罚款,属于国家工作人员的,还应当受到其所在单位或有关单位给予的行政处分。单位负责人有《会计法》第42条规定的十种情形之一的,可以处2 000元以上2万元以下的罚款;属于国家工作人员的,还应当由其所在单位或者有关单位依法给予行政处分。第44条规定:隐匿或者故意销毁依法应当保存的会计凭证、会计账簿、财务会计报告等,对其直接负责的主管人员和其他直接责任人员,可以处3 000元以上5万元以下的罚款;属于国家工作人员的,还应当由其所在单位或者有关单位依法给予撤职直至开除的行政处分。第45条规定:授意、指使、强令会计机构、会计人员及其他人员伪造、变造会计凭证、会计账簿,编制虚假财务会计报告或者隐匿、故意销毁依法应当保存的会计凭证、会计账簿、财务会计报告等,可以处5 000元以上5万元以下的罚款;属于国家工作人员的,还应当由其所在单位或者有关单位依法给予降级、撤职、开除的行政处分。

3. 会计人员

会计人员舞弊需要承担的行政法律责任主要是罚款、限制从业。会计人员有上述《会计法》第42条规定的情形之一,可以处2 000元以上2万元以下的罚款,情节严重的,5年内不得从事会计工作。会计人员有《会计法》第43条、第44条规定的情形,可以处2 000元以上5万元以下的罚款,而且5年内不得从事会计工作;属于国家工作人员的,还应当由其所在单位或者有关单位依法给予撤职直至开除的行政处分。

4. 注册会计师及事务所

会计师事务所舞弊需要承担的法律责任主要是警告、罚款、没收违法所得、责令停业、吊销营业执照,注册会计师的法律责任主要是警告、罚款、暂停执业或吊销注册会计师证书。《注册会计师法》第39条第1款规定:会计师事务所违反本法第20条、第21条规定的,由省级以上人民政府财政部门给予警告,没收违法所得,可以并处违法所得1倍以上5倍以下的罚款;情节严重的,并可以由省级以上人民政府财政部门暂停其经营业务或者予以撤销。《公司法》第207条规定,承担资产评估、验资或者验证的机构提供虚假材料的,由公司登记机关没收违法所得,处以违法所得1倍以上5倍以下的罚款,并可以由有关主管部门依法责令该机构停业、吊销直接责任人员的资格证书,吊销营业执照。

关于注册会计师的责任,《注册会计师法》第39条第2款规定:注册会计师违反本法第20条、第21条规定的,由省级以上人民政府财政部门给予警告;情节严重的,可以由省级以上人民政府财政部门暂停其执行业务或者吊销注册会计师证书。有上述《公司法》第207条规定的舞弊行为,也可能被吊销注册会计师证书。

三、刑事法律责任

(一)舞弊刑事法律责任概述

刑事法律责任是指犯罪主体违反了刑法规定,实施了刑法所禁止的行为而应当承担的法律后果。刑法是社会法治的最后一道防线,刑事法律责任也是三种法律责任中最重的一种。根据比例原则,当民事、行政责任的承担足以遏制舞弊行为时,无须适用刑事责任,但当舞弊行为的严重程度已经无法通过民事、行政等较轻的责任承担予以规制时,则需要对舞弊行为人课以刑事法律责任,以达到打击舞弊行为,维护市场经济秩序的目的。承担刑事责任的方式有管制、拘役、有期徒刑、无期徒刑、死刑、罚金、剥夺政治权利和没收财产等。会计舞弊行为人承担刑事责任的方式主要包括拘役、有期徒刑和罚金等。

(二) 舞弊行为须承担的刑事法律责任

舞弊行为可能构成的犯罪包括两类:一类是舞弊行为本身构成的犯罪,主要有隐匿、故意销毁会计凭证、会计账簿、财务会计报告罪和提供虚假证明文件罪;另一类是以舞弊行为为手段而实施的其他犯罪,如逃税罪,虚报注册资本罪,虚假出资、抽逃出资罪,违规披露、不披露重要信息罪等。这些犯罪中,行为人为了实施逃税、虚报注册资本、虚假出资、抽逃出资,以及违规披露、不披露重要信息等行为而实施了伪造、变造会计凭证、会计账簿、财务会计报告等的舞弊行为,因而可能构成上述罪名与隐匿、故意销毁会计凭证、会计账簿、财务会计报告罪或提供虚假证明文件罪的牵连犯,按照刑法的基础理论,应在两罪名中择一重罪处断。下文将对舞弊行为本身即可能构成的两种犯罪进行详细介绍。

1. 隐匿、故意销毁会计凭证、会计账簿、财务会计报告罪

我国《刑法》第162条之一规定该罪的行为表现与法律责任:隐匿或者故意销毁依法应当保存的会计凭证、会计账簿、财务会计报告,情节严重的,处五年以下有期徒刑或者拘役,并处或者单处2万元以上20万元以下罚金。单位犯前款罪的,对单位判处罚金,并对其直接负责的主管人员和其他直接责任人员,依照前款的规定处罚。

该罪的构成要件包含四个方面:主体是一般主体,既可以是单位也可以是自然人;主观方面必须是故意,过失不构成本罪;客体是国家对企业的财会管理制度;客观方面是隐匿或者故意销毁依法应当保存的会计凭证、会计账簿、财务会计报告,情节严重的行为。也就是说,没有达到情节严重,不构成本罪。那么,应当如何认定"情节严重"?《最高人民检察院、公安部关于公安机关管辖的刑事案件立案追诉标准的规定(二)》第8条规定,下列情形应认定为"情节严重":隐匿、故意销毁的会计凭证、会计账簿、财务会计报告涉及金额在50万元以上的;依法应当向监察机关、司法机关、行政机关、有关主管部门等提供而隐匿、故意销毁或者拒不交出会计凭证、会计账簿、财务会计报告的;其他情节严重的情形。该罪的刑事责任承担方式主要是罚金、拘役和五年以下有期徒刑。

2. 提供虚假证明文件罪

我国《刑法》第229条规定该罪的行为表现与法律责任:承担资产评估、验资、验证、会计、审计、法律服务、保荐、安全评价、环境影响评价、环境监测等职责的中介组织的人员故意提供虚假证明文件,情节严重的,处五年以下有期徒刑或者拘役,并处罚金;有下列情形之一的,处五年以上十年以下有期徒刑,并处罚金:① 提供与证券发行相关的虚假的资产评估、会计、审计、法律服务、保荐等证明文件,情节特别严重的;② 提供与重大资产交易相关的虚假的资产评估、会计、审计等证明文件,情节特别严重的;

③ 在涉及公共安全的重大工程、项目中提供虚假的安全评价、环境影响评价等证明文件，致使公共财产、国家和人民利益遭受特别重大损失的。

　　该罪的构成要件有四个方面：主体是特殊主体，即承担资产评估、验资、验证、会计、审计、法律服务、保荐、安全评价、环境影响评价、环境监测等职责的中介组织的人员才可能构成本罪；主观方面是故意，过失不构成本罪；客体是国家对中介组织及其中介活动的监督管理秩序；客观方面是故意提供虚假证明文件，情节严重的行为。对于"情节严重"的认定，《最高人民检察院、公安部关于公安机关管辖的刑事案件立案追诉标准的规定(二)》第 73 条规定，承担资产评估、验资、验证、会计、审计、法律服务等职责的中介组织的人员故意提供虚假证明文件，涉嫌下列情形之一的，应予立案追诉：① 给国家、公众或者其他投资者造成直接经济损失数额在 50 万元以上的；② 违法所得数额在 10 万元以上的；③ 虚假证明文件虚构数额在 100 万元且占实际数额 30% 以上的；④ 虽未达到上述数额标准，但二年内因提供虚假证明文件受过二次以上行政处罚，又提供虚假证明文件的；⑤ 其他情节严重的情形。该罪刑事处罚分为两个刑阶：一个是五年以下有期徒刑或拘役，并处罚金，对应前文所述情节严重的情形；另一个是五年以上十年以下的有期徒刑，并处罚金，对应法条中第二款所述的情节特别严重的情形。另外，若单位犯本罪，则实行双罚制，对单位判处罚金，并对其直接负责的主管人员和其他直接责任人员，依照上述规定处罚。

思 考 题

1. 与舞弊相关的法律法规有哪些？
2. 舞弊行为人承担民事责任、行政责任和刑事责任的方式分别有哪些？
3. 如何能最有效地杜绝舞弊行为？

第九章 大数据时代的舞弊审计

[教学目标]

通过本章的学习,要求学生熟悉大数据的含义及其特征;了解大数据时代舞弊审计面临的风险和挑战;掌握大数据环境下舞弊的主要特征;知悉大数据环境下舞弊审计方法的转变;了解 Python 语言在大数据审计分析中的初步运用。

第一节 大数据时代及其特征

一、大数据的含义

"数据"(data)一词在拉丁文中是"已知"的意思,也可以理解为"事实"。2009 年,"大数据"概念才逐渐开始在社会上传播。"大数据"概念真正变得火爆,主要归因于美国奥巴马政府在 2012 年高调宣布了其"大数据研究和开发计划"。这标志着"大数据"时代真正开始进入社会经济生活。

"大数据"(big data),或称巨量资料,指的是所涉及的数据量规模大到无法利用现行主流软件工具,在一定的时间内实现收集、分析、处理或转化成为帮助决策者决策的可用信息。互联网数据中心认为,"大数据"是为了更经济、更有效地从高频率、大容量、不同结构和类型的数据中获取价值而设计的新一代架构和技术,用它来描述和定义信息爆炸时代产生的海量数据,并命名与之相关的技术发展与创新。

世界著名的管理咨询公司麦肯锡(McKinsey)对大数据的定义是:一种规模大到在获取、存储、管理、分析方面大大超出了传统数据库软件工具能力范围的数据集合。大数据具有以下特点:① 海量的数据规模,从 TB(万亿字节)级别到 PB(千万亿字节)级别;② 快速的数据流转,数据实时性强;③ 多样的数据类型,有图片、视频、微博信息等多种多样的数据形式;④ 价值密度低,单一数据的价值不大,但将相关数据聚集在一起时,就会产生很高的商业价值。由于大数据的上述四个特点,大数据时代的企业财务管理工作并不局限于单纯的财务领域,而是随着数据的产生与累积,灵活地围绕着企业生产经营管理的方方面面连续展开。

二、大数据时代的特征

大数据时代已经真正到来了,它具有以下四个方面的特征。

一是人类处理数据的能力显著增强。过去也有数据,但数据散乱,没有强大的处理能力,所以发挥不了作用。现在之所以说已经进入了大数据时代,就是因为人类的处理数据能力大大增强了。云计算和大数据是就是其中的两个方面,如果没有云计算,也就无所谓大数据,云计算能够对海量的、零散的、有价值的数据进行快速处理并产生巨大的商业价值。

二是数据整合的形式愈发明显。一般来讲,政府部门掌控了大约80%的公共数据。在企业数据方面,阿里巴巴、百度、腾讯等互联网巨头掌握了海量数据。不管是政府数据,还是企业数据,抑或是社会数据,整合的趋势愈发明显。打通政务流、企业流、社会流,技术整合趋势是必然的。由于老百姓的消费行为可以影响政府决策,所以政府希望老百姓刷卡消费,让数据归集到政府这边。

三是大数据应用领域不断扩散。大数据在政治、经济、社会、文化、生态等几乎每一个领域都有着广阔的应用前景。

四是围绕大数据应用的创新持续活跃。我们看到新业态、新模式、新体制不断出现,市场的活力也在得到不断的释放,个人的创造性也被大大激活,这是一个前所未有的时代。

在大数据时代,被审计单位的财务系统、业务系统、生产系统、管理系统产生大量的过程数据和结果数据。信息化发展较快的企业建立了数据中心,形成了集团共享及管理信息的一体化模式,即通过财务云,实现信息共享、资金管理及业务管理三位一体管理模式。

伴随着会计信息技术化,以企业资源计划(enterprise resource planning,ERP)为代表的企业信息系统的高度集成逐渐开始兴起。此时的企业信息系统已不仅仅是一个孤立的系统,而是集财务、人事、供销、生产为一体的综合性系统。与传统的财务管理工作相比,通过此种流程形成的数据并不是单纯的代表着财务结果的数字,而是具有特定经济内涵、相互关联、具有一定勾稽关系的结构性和非结构性的数据。区别于以往的单维数据,大数据时代的财务数据是多维的、全面的、系统的。这使得以往利用内部控制漏洞、修改支持性文件、漏记交易事项等手段能比较容易地通过数据分析资料予以分析识别,使得企业管理层的舞弊动机弱化,压缩了舞弊空间。

此外,在信息技术环境下,传统的人工控制越来越多地被自动控制所替代,这也给企业带来了一些有利因素:① 自动控制能有效地处理大流量交易及数据;② 自动控制比较不容易被绕过;③ 自动信息系统、数据库及操作系统的相关安全控制可以有效实现职责分离;④ 可以提高信息的及时性、准确性,并使信息变得更容易获取。这些特点使得管理层进行舞弊的机会大大减少。

第二节 大数据时代舞弊审计面临的风险和挑战

一、大数据时代舞弊审计面临的风险

相对于传统的审计方法,大数据环境下的审计取证虽然更加全面,对数据之间的相关关系分析更加精准,但是也产生了特定的风险。

(一)数据丢失、无法访问的风险

大数据时代下,审计数据以电子形式存在:一方面,电子数据的生成来源于特定的信息系统,它对信息系统的稳定性有很强的依赖性,信息系统出现问题会造成审计数据的大量丢失;另一方面,电子数据容易拷贝、复制、更改的特点,使得其在审计证明力、安全性、准确性上比较脆弱。以上两点原因,导致大数据时代的审计证据充分性虽然足够,但相关性难以保证。电子数据对存储介质有很强的依赖性,与以往的传统会计系统生成的数据相比,它们大多难以找到原件,一旦遭到破坏修复难度大,可能对被审计单位造成极大的损失,也使得审计人员无法获取审计证据。

(二)信息过量带来数据盲点

大数据的特点之一是其单位数据价值密度低,信息的冗余可能会造成审计人员被海量数据包围,无法准确把握哪些数据是有价值的。一方面,在应对被审计单位的舞弊风险时,在海量数据中准确找到可能表明存在舞弊的审计证据犹如大海捞针,增加了审计过程的盲目性,带来成本和资源上的浪费,造成审计效率低下;另一方面,海量数据模糊了审计人员的焦点,可能导致审计人员忽略重要的财务舞弊证据或者将个别现象当作一般现象,做出错误的判断,从而影响审计效果。

(三)信息系统或相关系统程序可能会对数据进行错误处理,也可能去处理那些本身就错误的数据

由于信息化的特点,各项会计事项都是由计算机按照程序自动处理的,信息系统的特点及固有风险决定了注册会计师在利用信息技术审计时必须考虑数据的准确性以支持相关审计结论,因而需要对其基于系统的数据来源及处理过程进行考虑。在应对被审计单位的舞弊风险时,审计人员需要对被审计单位公司层面信息技术控制、信息技术一般控制和应用控制了解测试。公司层面信息技术控制决定了信息技术一般控制和应用控制的基调,当被审计单位公司层面信息技术控制环节薄弱,证明被审计单位的控制风险很大,生成的数据准确性低,无法提供有说服力的审计证据。此外,如果被审计单位与安全和访问权限相关的控制存在缺陷,也可能导致数据录入不恰当地绕过合理性检查,造成数据不准确。

二、大数据时代舞弊审计风险的应对

(一)完善数据共享机制

在大数据事业正发展得如火如荼的今天,数据共享俨然成为当前的热点话题,这就需要我们积极地完善目前的数据共享机制。一方面,应当建立庞大的数据共享中心,使得审计人员可以更便利地收集所需信息;另一方面,各类被审计单位也应积极地建立数据上传体系,以使得数据可以实时、高效地由审计人员所共享。

(二)实现全面数据运用

大数据的发展使得审计人员不再拘泥于局部数据的收集,而是可以放眼于更加全面、完整的数据,这就要求审计人员结合全部数据,综合分析与运用包括承载原始信息的初始资料在内的所有数据,存在差异的数据更需要审计人员的重点关注,避免遗漏任何数据的差错。

(三)加强复合型审计人才培养

正是因为大数据的发展对审计人员提出了更高的要求,而审计人员又恰恰是切实发展大数据审计的主要力量,所以就更需要加强对审计专业人才的培养,以迎合大数据时代下审计的发展。因此,这就需要机构或企业加大人才培养上的投入,定期进行专业的培训,以实时更新审计人员的专业知识,通过专业的技能训练达到复合性人才培养的目的,进而降低可能存在的各类风险。

(四)应用安全防护措施

数据的安全问题将严重影响审计的结果,因此,我们应积极地运用各种数据安全防护措施,来维护数据的安全性。一方面,应加强数据的防护措施,预先防范各类潜在病毒的攻击,并注重信息安全的实时监控,建立完善的应急机制,以从源头维护数据安全;另一方面,应严格规范相关人员的数据应用行为,杜绝违规的操作行为引起的数据变更、破坏和泄露的现象。

三、大数据时代舞弊审计面临的挑战

大数据审计代替传统审计是大势所趋,然而,在目前阶段还存在诸多困难和挑战,需要学术界、实务界和监管层共同合作,逐步加以克服,推动大数据审计的快速落地与迭代。

(一)大数据获取成本高

能否以合适的成本获取所需的数据是进行大数据分析的关键。然而,目前很多数据的获取成本很高。从客户数据来看,在实践中,由于保密性等原因,客户只会提供部分电子数据,而且主要局限于部分财务数据,其中还有很多汇总性数据,不适合进行大数据分析。从外部数据来看,从网络上爬取公开数据也会面临高昂的成本,除了存储成本、人员成本、数据清洗成本等,更大的成本是公开数据的不可获得性或者数据质量较差。例如,要让计算机自动分析客户销售收入的合理性,就需要获取客户具体产品的实时市场价格、市场份额、技术指标等数据,然而,目前网络上关于这方面的数据非常匮乏。而且,随着大数据监管政策趋严,从网络上爬取公开数据的成本会越来越高。从会计师事务所内部积累的数据来看,由于我国会计师事务所的信息化水平仍较低,历史审计的电子数据积累不够,很难满足机器学习所需要的数据量。

(二)观念与习惯转变困难

人们通常很难改变已经习惯的生活方式。因此,企业要进行变革,首先就会遇到来自企业内部的阻力。如果是自上而下的变革,往往会面临来自中层和基层员工的阻力。从传统审计模式向大数据审计模式转变,需要员工重新学习新知识、抛弃多年来积累的经验和工作方式,必然会引发他们的抵触心理。如果是自下而上的变革,又往往需要说服上层管理者和同级部门支持变革,在未取得实质性变革成效之前,要获得他们的支持存在很大难度。从我国审计市场现状来看,会计师事务所之间的竞争还处于争夺客户阶段,尚未进化到技术竞争阶段,会计师事务所在审计模式转变方面的压力较小,主动变革的动力会较弱。

(三)大数据审计人才难得

大数据审计需要专业的复合型人才,既掌握会计审计知识,又掌握大数据技术。然而,目前这方面的人才极为缺乏。作为人才的主要供给方,目前高校教育普遍还是传统的培养模式,培养的还是传统的会计审计人才。虽然已经有部分高校开始开设智能会计、大数据会计课程或方向,但尚处于起步阶段。很多高校已经意识到向智能会计、大数据会计转型是大势所趋,正考虑积极转型,但它们普遍面临的问题是缺教材、缺师资、缺方案。因此,高校还无法向实务界大规模供给大数据审计专业人才。

(四)审计业务的复杂性

随着企业规模越来越大、业务越来越复杂,审计业务也越来越复杂。为了应对这种复杂性,现代审计发展出了一套完整而精致的方法体系。然而,即便如此,审计团队花费数月时间,也很难将所有重大错报找出来,更遑论所有错报。作为一种新型审计模式,大数据审计在很多方面优于传统审计,但囿于审计业务自身的复杂性,要很好地实现大数据审计存在诸多困难,尤其是在细节测试阶段。企业往往会提供多种产品或服务,即使同一种产品或服务,也存在不同的型号或类型。如果要深入分析每种产品或服务的账务处理是否合理,就需要让计算机学习每种产品的相关知识,而这显然是有难度的。

(五)大数据审计体系设计的复杂性

大数据审计系统应该是一个标准化或者准标准化的系统,能够用于各种审计场景。然而在实践中,审计人员面对的往往并非标准化的场景,如不同的企业、不同的产品或服务、不同的商业模式、不同的行业惯例等。因此,要想设计出一个标准化的审计系统,训练通用性的审计模型,确实存在很大难度。此外,大数据审计模式应该遵循什么思路来构建?是继承传统审计的风险评估、内控测试、细节测试三阶段模式,还是另起炉灶,采用完全不同的模式?这些问题目前还没有明确的答案,还需要在审计实务中慢慢摸索出可行的方案。

舞弊审计与法律

第三节　大数据时代的舞弊特征与方法

一、大数据环境下的舞弊特征

(一) 舞弊动机复杂化

在快速发展的共享经济与智能制造时代，商业模式不断翻新，互联网与各行业紧密结合，风险投资激发了全民创业的积极性。各企业、组织的竞争压力日益白热化。在大数据环境下，管理层的创业压力、转型压力、企业竞争压力和员工的工作压力激增。因此，新商业模式既带来大量的现金流及机会，也催生了多样化的压力，进而催生组织和员工多样化的舞弊动机。

(二) 舞弊机会多元化

大数据时代实施舞弊的途径和手段更为多元化。一方面，舞弊机会产生于企业管理中的漏洞或缺陷。新商业模式出现后，相应的内部控制完善存在摸索过程，过程的内部控制薄弱环节多、漏洞多，这些缺陷为有舞弊动机的组织或人员提供了舞弊机会。另一方面，大数据时代的互联网与传统业务深度融合，权力和资源控制更为集中，如果监管机制不健全，组织或员工易通过安全漏洞、访问控制、隐蔽的后门程序、系统脆弱性或系统间数据传递等机会实施舞弊。因此，大数据时代的新经济模式为舞弊提供了多元化的机会。

(三) 舞弊借口合理化

大数据时代在信息技术更新下的舞弊具有更强的隐蔽性，舞弊借口更为多元化，既能够依靠行业惯例等常用借口掩盖舞弊事实，又便于利用信息交换时间差、系统间数据共享程度差异性、云平台统计口径特殊性、虚拟资源池部署等阻止审计人员发现舞弊，从而向舞弊组织或人员提供推卸责任的各种借口，进而实现舞弊借口合理化。

(四) 舞弊揭示强度弱化

大数据时代背景下，舞弊发生与舞弊揭示是矛盾的对立面，被审计单位舞弊概率和损失金额决定了审计人员揭示舞弊强度，而揭示舞弊强度又决定了被审计单位舞弊概率和损失金额。大数据时代背景下，政府监管力度、审计人员能力和水平、被审计单位对业务与信息技术熟练程度等因素的改善和提高需要较长的过程，这些因素直接削弱了舞弊揭示强度。

二、大数据环境下舞弊审计方法的转变

在应对现代化财务舞弊时，传统的审计人员进行审计往往是在财务报告日之后对企业相关的会计信息进行审计抽样，通过对样本抽取的结果的审计，以样本的结果来推断企业总体的舞弊风险。但是由于云会计以及大数据的使用，财务舞弊往往是由相关

人员精心策划、蓄谋已久才实施的。因此，审计人员通过传统的审计方式来应对如今的大数据时代潮流已经存在一定困难与难度了。过去的十年中，中国证监会为应对财务舞弊行为，已开出近千张罚单，从另一个方面也说明了资本市场中对相关财务舞弊现象的监管力度大大不足。大数据与计算机技术的运用，为现代审计人员的审计工作提供了新的方法和手段，有效地突破了传统审计工作的限制与局限性。

(一) 从审计抽样到选取全部项目的转变

传统的财务舞弊审计方式的特点是样本模式的、事后的、单一维度的。由于数据的局限性，通过抽样方式对舞弊风险进行评估忽略了未被抽到的财务数据之中可能存在的舞弊，即无法避免抽样风险。单维的数据样本割裂了数据之间的勾稽关系，审计人员在对舞弊风险进行识别、评估时，往往容易忽略可能表明存在舞弊的审计证据，而满足于不充分的审计证据，增加信赖过度的审计风险。而由于大数据和云计算技术的运用，审计人员对舞弊的评估可以将所有的数据总体作为分析对象。海量的数据规模消除了可能存在的抽样风险，审计人员能够全面、系统地了解被审计单位，不仅仅包括和财务报表有关的会计信息、会计凭证、业务合同、对账单等，还可以包括业务流程、组织结构、行业状况、生产周期性等。海量的数据规模与多样的数据类型，能够帮助审计人员得出全面合理的舞弊假设。

此外，由于财务数据之间具有勾稽关系，一个步骤的错误往往会影响下个步骤，连锁反应甚至在一连串的环节中都会留下痕迹。通过云计算技术，审计人员能够获取被审计单位业务开展流程中必要的数据组，而不仅仅是代表业务结果的单维数据。借助系统模型分析，通过对这些单位价值密度低的数据进行数据挖掘等技术，关注数据之间可能存在的相关关系和印证关系，能使得以往通过审计抽样不易发现的修改会计记录、错误使用会计假设、漏记会计事项等舞弊手段在大数据的时代背景下，通过选取全部项目证伪，减小了数据遗漏可能性，审计人员针对可能表明存在舞弊的审计证据能够更加警惕。

(二) 由探寻数据间的因果关系变为关联分析

传统的审计中，审计人员通常依靠精确的、有限的"小数据"分析，利用重要性水平，找寻超出重要性水平错报背后可能存在的动因，这种方式下发现的舞弊行为往往已经达到了很严重的程度。在大数据时代下，数据主要以电子形式存在，其本身就比较复杂，大数据又具有海量的数据规模、快速的数据流转、多样的数据类型和价值密度低四大特征，审计人员可以获取海量的、实时的、多角度的、单一价值较低的数据，并利用关联分析的手段，对海量数据进行处理提纯，找出数据中隐藏的关联网。关联分析不仅仅局限于找寻数据背后可能存在的舞弊动因，还包括分析数据间的简单关系、时序关系来识别可能存在的舞弊因素。如对各类会计科目以及资产负债表、现金流量表、利润表之间的勾稽关系，按照非财务逻辑关系的规律来查找、挖掘，从而发现一些隐藏的经济活动，给审计人员提供更全面的、前瞻性的视角。审计人员通过数据分析发现数据之间可能存在的相互矛盾、不符合逻辑关系、异常值、孤立点等情况，并保持职业怀疑。

(三) 从事后分析转变为事前预测

传统的审计方法对舞弊风险的应对主要是事后的，通过对过去的信息分析整理，找

舞弊审计与法律

到财务报表中已经存在的舞弊证据。这种事后分析的模式对数据的利用仅仅是一次性的,未能充分发挥财务数据的作用。审计人员通常会设立重要性水平,当在常规的审计程序中发现的错报超过重要性水平时,才会扩大审计范围,而在重要性水平之下的舞弊很容易被忽略。这导致舞弊行为达到一定严重水平时才会引起审计人员的关注,因此,这是一种对舞弊的被动反应机制。在大数据时代,审计人员利用数据挖掘、数据分析等手段对海量实时数据进行"提纯",找寻数据背后的关系,识别表明舞弊可能存在的舞弊迹象,即舞弊预警征兆。舞弊预警征兆可分为会计处理异常、内控缺陷、分析异常、行为异常、生活方式变化、举报或暗示等。根据数据挖掘得出的真实有价值的信息,从中找出趋势,审计人员就可以在被审计单位信息公开之前建立事先的舞弊预警机制,变被动为主动,提高审计的效率。

第四节 大数据技术舞弊审计应用:基于 Python 的数据分析

一、Python 语言简介

Python 语言是一种解释型高级程序语言,支持面向对象编程设计,能够处理动态数据类型,目前已经研发出第三方程序数据库和实用性较强的应用工具。自 20 世纪 90 年代 Python 语言公开发布以来,由于其语法简洁、类库丰富,适用于快速开发活动,已经成为当下较为流行的一种脚本语言。Python 除了标准库外,还包括丰富的第三方库和扩展包,并且遵循通用性公开许可证(General Public License,GPL)协议,源代码全部免费开放。Python 拥有强大的数据获取能力,支持多种类型的文件,能够通过访问数据库的统一接口规范(DB-API)、网络抓取等方式获取外部数据。对于超过 GB 甚至 TB 级规模的数据,计算能力和工作效率远远超过传统数据分析工具和语言。Python 已经广泛应用于软件开发、科学计算、自动化运维、云计算、Web 开发、网络爬虫、数据分析、人工智能等领域。

Python 语言具有丰富和强大的库,它常被称为胶水语言,能够很轻松地把用其他语言制作的各种模块连接在一起,是一门更易学、更严谨的程序设计语言,常用于数据分析、机器学习、矩阵运算、科学数据可视化、数字图像处理、网络爬虫、Web 应用等。2017 年 5 月,Python 语言成功超越 Java 语言,名列编程语言排行榜第一位,是目前最重要的编程语言之一,并成为数据分析工作的首选编程技术。

二、Python 数据分析的优势

Python 是一门应用非常广泛的计算机语言,在数据科学领域具有无可比拟的优势。Python 正在逐渐成为数据科学领域的主流语言。Python 数据分析具有以下五方

面优势。

（1）语法简单精练。对于初学者来说，与其他编程语言相比，Python更容易上手和掌握。

（2）有许多功能强大的库。结合在编程方面的强大实力，可以只使用Python这一种语言就去构建以数据为中心的应用程序。

（3）不仅适用于研究和原型构建，同时也适用于构建生产系统。研究人员和工程技术人员使用同一种编程工具，能给企业带来显著的组织效益，并降低企业的运营成本。

（4）Python程序能够以多种方式轻易地与其他语言的组件"粘接"在一起。例如，Python的C语言应用程序接口（application programming interface，API）可以帮助Python程序灵活地调用C程序，这意味着用户可以根据需要给Python程序添加功能，或者在其他环境系统中使用Python。

（5）Python是一个混合体，丰富的工具集使它介于系统的脚本语言和系统语言之间。Python不仅具备所有脚本语言简单和易用的特点，还提供了编译语言所具有的高级软件工程工具。

三、基于Python的数据分析应用

随着大数据和人工智能时代的到来，网络和信息技术开始渗透到人类日常生活的方方面面，产生的数据量也呈现指数级增长的态势，现有数据的量级已经远远超过了目前人力所能处理的范畴。在此背景下，数据分析成为数据科学领域中一个全新的研究课题。在数据分析的程序语言选择上，由于Python语言在数据分析和处理方面的优势，大量数据科学领域的从业者使用Python来进行数据科学相关的研究工作。

Python在大数据审计分析中具有较强的适用性，具体表现在：Python能够从文件、数据库获取数据，利用网络爬虫技术抓取网页信息，获取外部数据；能够利用matplotlib绘图包、jieba分词组件等实现基本绘图、中文标签云和相似度分析功能，帮助审计人员完成确定审计重点、发现审计疑点以及审计成果展示等工作。

案 例 分 析

基于Python的A医院药品加价销售分析

本案例基于Python语言对A医院药品销售数据审计进行分析，旨在揭示A医院是否存在药品加价销售的问题。通过对药品加价率进行可视化分析，探究加价率与成本价、零售价之间的关系，进一步明确审计应该关注的重点价格区间。通过时间序列图对A医院2013—2015年执行药品"零差率"政策总体情况做出客观、全面的评价，同时关注价格异常变化的审计疑点，核查原因。通过对加价药品名称进行中文分词后按药品类型进行统计并运用词云图进行可视化展示，直观反映哪一类药品的加成最多。

审计人员首先需要充分了解被审计单位的基本情况以及信息化应用情况,分析审计目标、范围和内容,确定具体的审计需求和审计数据的来源。然后,审计人员通过确定数据来源、采集数据、数据探索、数据预处理、分析挖掘、可视化等步骤构建基于大数据审计分析流程。

1. 数据采集

数据采集是审计数据分析的关键步骤之一,采集被审计单位的财务数据、业务数据和行业数据或者跨行业、跨领域的数据。在实务中,审计人员一般通过网络爬虫等技术获取相关外部数据或者通过数据访问接口对数据库数据进行采集。

A医院管理信息系统(Hospital Management Information System, HMIS)采用甲骨文(Oracle)数据库,数据库文件大小为3.8 TB,存储了2005—2015年相关业务数据。通过与医院信息科人员沟通讨论,审计组采集了部分业务数据,主要包括病人信息、药品收发记录、门诊费用记录、住院费用记录、药品规格信息和收费价目信息,相关内容如表9-1所示。

表 9-1 数 据 准 备

数据名称	采集数据量	数据来源	采集方式
病人信息	468 044	Oracle数据库	DB-API
药品规格	1 422	Oracle数据库	DB-API
收费价目	10 279	Oracle数据库	DB-API
药品收发记录	8 867 810	Oracle数据库	DB-API
住院费用记录	20 244 144	Oracle数据库	DB-API
门诊费用记录	4 552 486	Oracle数据库	DB-API
药品集采中标目录	7 365	www.ahyycg.cn	网络爬虫

为了更加直观地进行数据分析,案例对Oracle数据库的表名和字段名称进行了中文标注处理,以增强数据的可读性。综合考虑A医院所在的地区从2012年12月15日起除中药饮片外所有药品实施零差率销售,同时为了减少数据分析的工作量,案例重点选择2013年1月—2015年12月药品收发记录中西药加价销售问题进行探索及研究。审计人员首先对2013年度的药品销售情况进行分析以发现问题,进而探究2013年1月—2015年12月各时间段存在问题的普遍性,由此说明审计发现的问题并非偶然。

审计人员利用imp命令可以将Oracle数据库备份文件(dmp格式)还原到数据库,使用PL/SQL Developer软件进行数据查询分析,通过Navicat软件的导出功能可以将数据导出为 TXT、CSV 和 XLSX 等格式的文件。

Python 语言能够从文本文件、数据库管理系统、统计软件等多种类型的数据源获取数据并将数据转化为可用的形式,并且可以将数据输出或者写入这些数据源。Python 语言还可以直接从网页、社交媒体网站和各种类型的在线数据服务中获取外部数据。

(1) 导入 TXT、CSV 和 XLSX 文件格式的数据。Pandas 库提供了大量快速便捷处理数据的函数和方法,能够高效地操作大型数据集。常用的数据导入函数是 read_csv,还可以通过 read_excel、read_table 和 read_sql 函数完成数据导入。

首先导入 Pandas 库,并命名为 pd,通过 read_excel 读取"2013 年药品收费记录.xlsx"文件后保存到二维表格型数据结构 DataFrame 中,并命名为 YP2013。

(2) 通过 cx_Oracle 第三方库导入 Oracle 数据。Python 的标准数据库接口 DB-API 支持 MySQL、SQL Server、Oracle、Sybase 等多种数据库。DB-API 提供了一致的访问接口,引入合适的 DB-API 模块,连接数据库后就可以通过执行 SQL 语句等方式完成查询和存储。

该程序首先引入 DB-API 库 cx_Oracle,利用其 connect 属性建立一个到 Oracle 数据库的连接 conn,定义一个游标 cursor,执行 SQL 查询语句提取 2013—2015 年的药品收发记录,并通过 fetchall 函数获取查询结果集(List),利用 DataFrame 转换成数据框,保存为 YP13TO15。最后关闭游标 cursor 和连接 conn。

2. 数据预处理

数据预处理是指通过检验采集数据的质量、计算特征量等手段,对数据结构和规律进行分析以及对原始数据中可能存在的缺失、异常、重复数据进行数据清洗、集成、转换和规约,形成满足大数据审计分析需要的数据。海量的原始数据中存在大量不完整、不一致的异常数据,严重影响数据分析的质量。数据的预处理一方面能够提高数据的质量,另一方面能够让数据更好地适应特定的数据分析工具。数据预处理主要包括数据清洗、数据抽取和数据计算。

(1) 数据清洗。数据清洗用于处理缺失数据和清除无效信息,如删除原始数据集中的无关数据、重复数据,平滑噪声数据,筛选清除与分析主题无关的数据,处理缺失值、异常值等。

```
YP2013.duplicated()
YP2013.drop_duplicates()
```

可以使用 Pandas 库中的 duplicated 和 drop_duplicated 方法删除重复数据。上述程序代码对 YP2013 数据框中的重复值进行检测,并删除重复值。

```
YP2013.fillna('0')
```

舞弊审计与法律

对于缺失值的处理包括缺失数据的识别和处理,使用 Pandas 库中的.isnull 和.notnull 函数判断缺失情况,使用 dropna、fillna、strip 函数完成删除对应行、数据补齐等缺失值处理。上述代码对 YP2013 数据框中的空值用 0 进行填充。

(2) 数据抽取。数据抽取主要是为了提取满足一定条件的特殊数据,可以使用 df[condition]设置过滤条件进行记录抽取。

以下代码抽取实际数量和成本价大于 0 的记录。

```
YP2013=YP2013[YP2013['实际数量']>0]
YP2013=YP2013[YP2013['成本价']>0]
```

另外,Python 还可以完成随机数据抽取、索引数据抽取和字典数据抽取等。

(3) 数据计算。Python 中可以对字段进行算术运算,将得出的结果作为新的字段,还可以根据一定的数据指标将数据划分为组别进行研究。

为了更加直观地反映药品加价和加价率情况,在 YP2013 数据框中增加"药品加价"和"药品加价率"两个变量,计算变量值,列出药品加价率大于 0 的药品信息并写入新的数据框 YPJJ2013。

```
LSZJ=YP2013['零售金额'].astype(float)
CBZJ=YP2013['成本金额'].astype(float)
YP2013['药品加价']=LSZJ-CBZJ
YP2013['药品加价率']=(LSZJ-CBZJ)/CBZJ*100
YPJJ2013=YP2013[YP2013['药品加价']>0]
```

```
YPJJ2013.sort_index(by='药品加价率',ascending=False)
```

3. 数据分析与可视化

数据分析挖掘是指根据大数据审计分析的目标,建立分类与预测、聚类分析、关联规则、时序模式和偏差检测等模型,提取数据中蕴含的价值。数据可视化能够运用标签云、气泡图、散点图、关系网络图、时间序列图等可视化技术增强审计数据的展示效果,方便审计人员以更直观的方式发现审计疑点。

上述代码实现按照药品加价率的逆序进行排序,结果如图 8-1 所示。

我们可以发现,2013 年 A 医院存在药品加价销售的情况,其中,编号 658 的螺内酯片加价率高达 133.33%,编号 815 的复方氨基酸(3-AA)注射液加价率高达 51.85%,编号 568 的氨茶碱注射液加价率达到 48%。

(1) 药品加价的可视化分析。Python 提供了丰富的数据可视化程序库,使用 matplotlib 的气泡图来观察药品加价率情况,先创建一个二维散点图,然后用点的大小来代表第三个变量的值。

YPJJ2013 - DataFrame

Index	药品ID	药品名称	产地	批号	实际数量	成本价	成本金额	零售价	零售金额	填制日期	药品加价	药品加价率
485236	658	螺内酯片	浙江亚太	1130301	1	0.03	0.03	0.0697	0.07	2013-06-01 11:04:35	0.04	133.333
403891	815	复方氨基酸（3-AA）注射液	安徽丰原	121231	2	2.7	5.4	4.1	8.2	2013-05-12 17:32:32	2.8	51.8519
477258	815	复方氨基酸（3-AA）注射液	安徽丰原	121231	1	2.7	2.7	4.1	4.1	2013-05-26 22:56:48	1.4	51.8519
497859	568	氨茶碱注射液	山西晋新	20120814	1	0.25	0.25	0.37	0.37	2013-05-27 19:26:08	0.12	48
858640	568	氨茶碱注射液	山西晋新	20120814	1	0.25	0.25	0.37	0.37	2013-10-01 04:44:41	0.12	48
780165	15201	复方托吡卡胺滴眼液	长春迪瑞	130401	1	3.78	3.78	5.08	5.08	2013-09-12 09:24:18	1.3	34.3915
957347	26401	川芎	四川.	01306030	300	0.041	12.3	0.05125	15.38	2013-11-14 09:55:36	3.08	25.0407
957346	26393	山楂	山东.	01307020	500	0.025	12.5	0.03125	15.63	2013-11-14 09:55:36	3.13	25.04
957345	26382	丹参	山东.	01306033	500	0.035	17.5	0.04375	21.88	2013-11-14 09:55:36	4.38	25.0286
957349	26425	白芍	浙江.	0130405	500	0.095	47.5	0.11875	59.38	2013-11-14 09:55:36	11.88	25.0105
957348	26414	茯苓	安徽.	01307030	500	0.066	33	0.0825	41.25	2013-11-14 09:55:36	8.25	25
164528	6585	葡萄糖注射液	山东鲁抗辰欣	1211131312	1	0.66	0.66	0.81	0.81	2013-02-20 23:11:10	0.15	22.7273
118254	551	香丹注射液	开开援生	1111161	8	0.1975	1.58	0.24	1.92	2013-02-04 14:14:32	0.34	21.519
147446	551	香丹注射液	开开援生	1111161	8	0.1975	1.58	0.24	1.92	2013-02-05 14:07:33	0.34	21.519

Format　Resize　Background color　Column min/max　Save and Close　Close

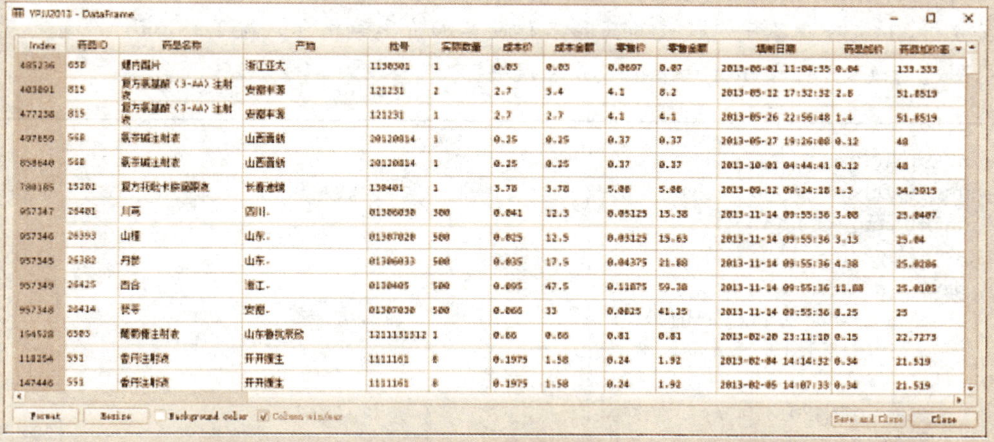

图 9-1　药品加价和加价率分析

通过.shape[0]取得 A 医院 2013 年所有加价药品的记录数量，使用 np.random.rand()函数生成随机均匀分布的气泡，以药品加价率的大小定义气泡的大小，生成的气泡图如图 9-2 所示，图(a)表示所有药品加价的气泡图，图(b)表示药品加价率大于 15%的气泡图。

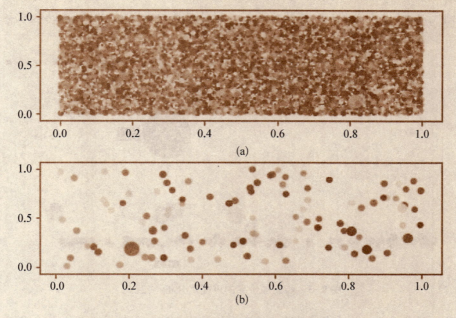

图 9-2　药品加价率的可视化分析-气泡图

从图 9-2 中可以看出一些面积较大的气泡，气泡面积越大，表明该药品加成情况就越严重。

上述气泡图虽然能够直观地反映药品加价的程度,但是无法满足审计人员的交互分析,不能查看各气泡代表的药品名称及其加价率等信息。接下来,审计人员对气泡图进行改进,引入 plotly.graph_objs 模块。

```
importplotly as py
importplotly.graph_objs as go
importnumpy as np
pyplt=py.offline.plot
trace0=go.Scatter(
    x=np.random.rand(YPJJ201310.shape[0]),
    y=YPJJ201310['药品加价率'],
    mode='markers',
    text=YPJJ201310['药品名称'],
    marker=dict(
        size=YPJJ201310['药品加价率'],
    )
)
data=[trace0]
pyplt(data,filename='YPJJ.html')
```

最终生成一个 YPJJ.html 的 Web 页面,如图 9-3 所示,审计人员只需要将鼠标移动到气泡上,该气泡对应的药品记录信息就可以显示出来,包括药品名称、成本价、零售价和加价率等。

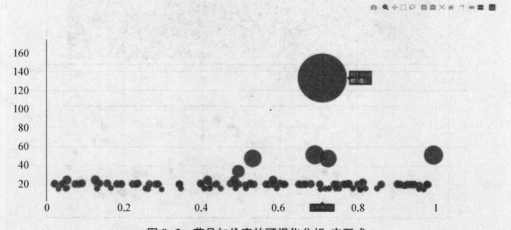

图 9-3 药品加价率的可视化分析-交互式

(2) 探究药品加价率与成本价、零售价之间的关系。一般情况下人们会认为,成本价或零售价格越高的药品加价的可能性越高,加价率也有可能越高。审计人员通过对 A 医院 2013 年药品销售数据进行分析,探究药品加价率与成本价、零售价之间的关系。

相关性分析是指研究现象之间是否存在某种依存关系,并针对具体有依存关系的现象探讨其方向和相关程度。利用相关性分析可以同时发现两个或两个以上变量之间的相关关系。Python 中 corr 函数用来计算数据之间的相关系数,可以单独对特定数据进行计算,也可以对整个数据表中各个列进行计算,计算结果如图 9-4 所示。

```
import pandas
data=pandas.DataFrame({
    "零售价":YPJJ2013['零售价'],
    "成本价":YPJJ2013['成本价'],
    "药品加价率":YPJJ2013['药品加价率']})
data.corr()
#YPJJ2013.loc[:,['零售价','成本价','药品加价率']].corr()
```

```
              零售价       成本价      药品加价率
零售价       1.000000   0.999913  -0.277623
成本价       0.999913   1.000000  -0.280394
药品加价率  -0.277623  -0.280394   1.000000
```

图 9-4　零售价、成本价与药品加价率之间的相关系数

从相关性的分析结果可以看出,药品的零售价、成本价与药品加价率之间的相关系数的绝对值小于 0.3,属于低度相关。

利用散点图对两个量间的关系进行可视化,审计人员通过 Python 语言中的 matplotlib 库创建散点图。

```
import matplotlib.pyplot as plt
plt.rcParams['font.sans-serif']=['SimHei']
plt.subplot(121)
plt.title("成本价与药品加价率之间的关系")
plt.xlabel("成本价")
plt.ylabel("药品加价率")
plt.plot(YPJJ2013['成本价'],YPJJ2013['药品加价率'],'ro')
plt.subplot(122)
plt.title("零售价与药品加价率之间的关系")
plt.xlabel("零售价")
plt.ylabel("药品加价率")
plt.plot(YPJJ2013['零售价'],YPJJ2013['药品加价率'],'ro')
plt.show()
```

最终得到药品的零售价、成本价与药品加价率之间的关系,如图 9-5 所示。

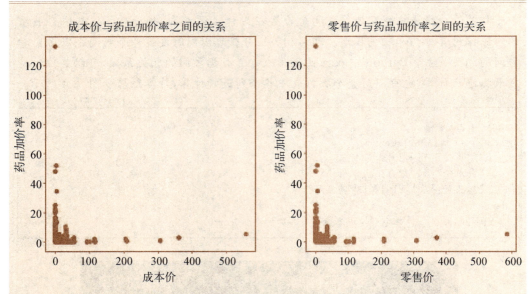

图 9-5　成本价、零售价与药品加价率之间的关系图

从图 9-5 中可以直观地看出，药品加价率与药品的零售价和成本价之间并没有特定的关联，同时分析结果提示我们，审计重点关注的药品价格范围应该集中在零售价或者成本价较低的区间内。

（3）A 医院的药品加价政策执行情况。审计人员对 A 医院 2013—2015 年药品加价进行汇总分析，进而判断 A 医院药品加价政策执行的总体情况。

```
importmatplotlib.pylab as plt
YPJJALL=YP13TO15[YP13TO15['零售总价']-YP13TO15['成本总价']>0].groupby(['时间'])['成本总价','零售总价'].sum()
YPJJALL['总加价']=YPJJALL['零售总价']-YPJJALL['成本总价']
ts=YPJJALL['总加价']
plt.xticks(rotation=45)#设置时间标签显示格式
plt.plot(ts)
```

按照时间对存在加价的药品零售总价和成本总价进行分组汇总，将零售总价与成本总价的差额作为总加价保存到 YPJJALL 数据框中。我们将"总加价"数据放在时间序列中进行分析，观察 2013—2015 年的药品加价变化情况，结果如图 9-6 所示。

从时间序列折线图可以看出，A 医院虽然未能严格执行药品加价政策，但总体药品加价呈现下降趋势。2013 年 4—6 月以及 2015 年 4 月出现小范围的波动，应该引起审计人员的关注。

上述分析能否说明 A 医院在不断加强药品价格管理，逐步规范药品加价销售呢？接下来，审计人员按照同一年度对药品加成连线，并且不同年度使用不同颜色的线条表示，同时借助 plotly 程序包对每个散点进行交互式显示。

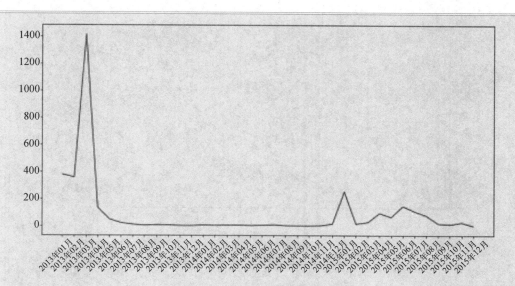

图 9-6 时间序列折线图

```
#encoding:utf-8
importcx_Oracle
importpandas as pd
importnumpy as np
from ggplot import *
conn=cx_Oracle.connect('HOSPITAL/1@localhost/orcl')
cursor=conn.cursor()
cursor.execute("""SELECT 药品ID,B.名称,产地,C.名称 入出类别名称,SUM(实际数量)数
量,成本价,SUM(成本金额)成本总价,零售价,SUM(零售金额)零售总价,TO_CHAR(填制
日期,'yyyy')||'年' as 时间 from HOSPITAL.药品收发记录 A LEFT JOIN(select DISTINCT
收费细目ID,名称 FROM 收费项目别名)B ON A.药品ID=B.收费细目ID LEFT JOIN 药品
入出类别 C ON A.入出类别ID=C.ID WHERE 入出类别ID=13AND Extract(year from 填
制日期)between 2013 AND 2015 and 实际数量>0 and 药品ID in(SELECT distinct 收费细目
ID from 收费价目 where 收入项目ID=73) GROUP BY 药品ID,B.名称,产地,C.名称,成本
价,零售价,TO_CHAR(填制日期,'yyyy')||'年'""")
YP13TO15=pd.DataFrame(cursor.fetchall(),columns=['药品ID','名称','产地','入出类别名
称','数量','成本价','成本总价','零售价','零售总价','时间'])
cursor.close()
conn.close()
LSZJALL=YP13TO15['零售总价'].astype(float)
CBZJALL=YP13TO15['成本总价'].astype(float)
YP13TO15['药品加价']=LSZJALL-CBZJALL
YP13TO15['药品加价率']=(LSZJALL-CBZJALL)/CBZJALL*100
YPJJ13TO15=YP13TO15[YP13TO15['药品加价']>0]
(ggplot(YPJJ13TO15,aes(u'成本价',u'药品加价率'))+geom_point(YPJJ13TO15,aes
(colour='时间',group='药品ID'))+geom_line(aes(colour='时间')))
```

程序的运行结果如图9-7所示,从图中可以明显地看出,随着时间的推移,药品

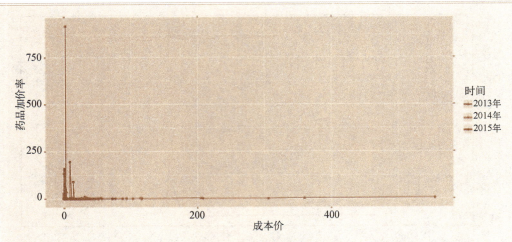

图 9-7 历年药品加价率分析结果

加成的数量在逐渐减少,但是药品加成率却在明显升高。这从另外一个侧面反映了 A 医院通过提高药品加成率变相对药品进行加价销售。

(4)分析药品加成最多的类别。接下来,我们分析哪一类药品的加成最多。首先,审计人员对 YPJJ13TO15 数据框中的药品名称进行观察后发现,药品名称中大多包含了药品的类型,如"氯化钠注射液",审计人员大致可以判断药品为"注射液",而"雷贝拉唑钠肠溶胶囊"可以推断为"胶囊"。因此,要想知道哪一类药品的加成最多,必须对药品名称中包含药品类型的词汇进行统计。

```
import collections # 词频统计库
importnumpy as np # numpy 数据处理库
importjieba # 结巴分词
importwordcloud as wd # 词云展示库
from PIL import Image # 图像处理库
importmatplotlib.pyplot as plt # 图像展示库
# 加载列表
string_data=str(list(YPJJ13TO15['名称'])) # 文本分词
seg_list_exact=jieba.cut(string_data,cut_all=False) # 精确模式分词
object_list=[]
remove_words=[u'注射用'] # 自定义去除词库
for word in seg_list_exact: # 循环读出每个分词
    if word not in remove_words: # 如果不在去除词库中
        object_list.append(word) # 分词追加到列表
```

```
# 词频统计
word_counts=collections.Counter(object_list) # 对分词做词频统计
# 词频展示
mask=np.array(Image.open('wordcloud.jpg')) # 定义词频背景
```

```
wc=wd.WordCloud(
        font_path='C:/Windows/Fonts/simhei.ttf',# 设置字体格式
        mask=mask,# 设置背景图
        max_words=2000,# 最多显示词数
        max_font_size=500# 字体最大值
)
wc.generate_from_frequencies(word_counts)# 从字典生成词云
image_colors=wd.ImageColorGenerator(mask)# 从背景图建立颜色方案
wc.recolor(color_func=image_colors)# 将词云颜色设置为背景图方案
plt.imshow(wc)# 显示词云
plt.axis('off')# 关闭坐标轴
plt.savefig('wordcloud.png',dpi=300)
plt.show()# 显示图像
```

Python 语言提供了对文本内容进行分词的 jieba 库,分词结果可以通过 wordcloud 和 matplotlib 库中相应的模块以词云图的形式可视化展示,如图 9-8 所示。

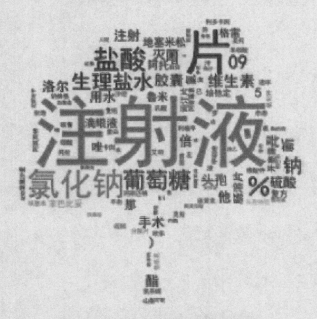

图 9-8　词云图分析加成药品的类型

从图 9-8 中可以看出,"注射液"类的药品是加成频率最高的药品之一,还有部分"片剂"也占很大的比例,因此应该对"注射液"类的加价情况重点关注。

本案例运用 Python 语言对 A 医院药品"零差率"政策执行情况进行了数据分析的一些探索。从分析过程中可以看出,基于 Python 的大数据审计分析能够帮助审计人员快速锁定审计范围,确定审计重点,提高审计工作效率;同时,能够更好地揭示数据之间的关联,并通过丰富的可视化展示方法,直观呈现数据分析的结果。

思 考 题

1. 什么是大数据？大数据时代有哪些特征？
2. 大数据时代,舞弊审计面临哪些风险？
3. 简述大数据环境下舞弊的特征。
4. 大数据环境下的舞弊审计方法有哪些变化？
5. Python在大数据审计分析中的优势体现在哪些方面？

第十章 舞弊审计文书

[教学目标]

本章是舞弊审计学理论知识在舞弊审计实务中的体现,介绍了舞弊审计文书的形式和内容,通过案例重现舞弊审计的流程。通过本章的学习,要求同学们能熟悉舞弊审计文书的格式和内容,能分辨出各种舞弊审计文书所代表的舞弊审计阶段。

一般来说,舞弊审计流程包括四个环节。

(1)发现舞弊迹象。在现实经济活动中,舞弊者通常都采取隐蔽的手段实施舞弊行为,很难发现。所以,审计人员要善于识别舞弊迹象,从而展开进一步的舞弊调查。

(2)舞弊的检查。包括制订审计计划、审计方案,设计适当的检查程序,以确定舞弊者、舞弊程度、舞弊手段及舞弊原因。舞弊审计的工作底稿除满足一般要求外,还要做到逻辑严密、证据确凿。

(3)出具舞弊审计报告。

本章依据舞弊审计流程分别列举了舞弊防范文书、舞弊发现文书以及舞弊调查文书。

第一节 舞弊防范文书

降低舞弊损失最有效的方法就是预防舞弊的发生。舞弊防范是指为防止系统性、制度性和管理性的舞弊,减少财务舞弊发生的概率,控制财务舞弊现象的渗透和蔓延,避免舞弊损失,防范财务风险,而在单位组织内部设置的业务监督与控制、检查与测试、报警与提示的即时跟踪、侦查与预报系统。为了方便企业检测自身舞弊防范措施的有效性,美国注册舞弊审查师协会设计了舞弊防范测试表(见表10-1)。

舞弊审计与法律

表 10-1 舞弊防范测试表

一、对所有公司职员是否都持续提供反舞弊培训？
○ 职员是否清楚何为职业舞弊？
○ 员工是否清楚舞弊对公司及全体员工的影响，包括利益损失、负面宣传、失业、降低员工士气及工作效率？
○ 在不知如何进行道德决策时，员工是否知道该去何处寻求帮助，畅所欲言？
○ 公司的各种言行是否向员工表明了对舞弊的零容忍态度？

二、是否建立有效的舞弊检举机制？
○ 对于已知或潜在的违法行为，员工是否知道如何表达他们的担忧？
○ 是否设有员工匿名检举通道，如第三方热线？
○ 员工是否能够匿名或私下举报可疑活动，而不必害怕被报复？
○ 是否告知员工举报将会得到及时彻底的处理？
○ 举报政策和机制是否也对供应商、顾客和其他外部团队适用？

三、为了提高员工的舞弊检测意识，公司是否采取或宣传以下积极措施？
○ 是应该积极地找出舞弊行为还是消极应对？
○ 公司是否表示会通过审计员的舞弊评估问卷积极找出舞弊行为？
○ 日常舞弊审计外是否进行突击检查？
○ 是否持续使用审计软件，如果是，全公司是否都知情？

四、管理层是否诚实正直？
○ 是否通过员工调查来对管理行为的诚实正直性进行某种程度的考核？
○ 绩效目标是否现实？
○ 在管理人员的绩效考核和绩效相关报酬中是否加入防范舞弊的目标？
○ 对于舞弊风险，公司是否通过董事会或其他管理层如审计委员会来建立、实施及测试监管？

五、舞弊风险评估是否能提前识别，并降低公司遭受内外舞弊的可能性？
○ 是 ○ 否

六、是否建立强力的反舞弊控制并按照以下几个方面进行有效操作？
○ 合理的职责分工
○ 使用授权
○ 财产保管
○ 轮岗
○ 强制休假
是否设有内部审计部门，如果有，是否拥有足够的资源和权限进行有效操作，无须受到高层领导的过度干预？
○ 是 ○ 否

七、雇用政策是否包括以下内容（在法律允许范围内）？
○ 工作经历确认
○ 刑事和公民背景调查
○ 信用度调查
○ 药物筛选
○ 教育背景确认
○ 推荐信调查

八、对犯毒瘾、患有精神或情绪障碍，或出现家庭问题或经济困难的员工，员工福利项目是否给予适当的扶持？
○ 是 ○ 否

九、公司是否实行开放政策，允许员工自由发泄工作压力，并且在情况恶化前帮助管理者适时缓解员工压力？
○ 是 ○ 否

十、是否通过匿名调查来评估员工士气？
○ 是 ○ 否

第二节 舞弊发现文书

ACFE《2020年舞弊防范与调查报告-亚太版》揭示了亚太地区舞弊线索的来源主要是匿名举报、管理层中期自查以及内部审计(见图10-1)。

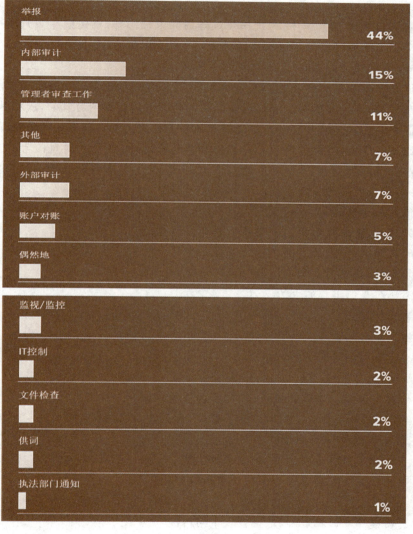

图 10-1 舞弊线索的来源

在内部审计以及管理层自查过程中,为了找准管理的重难点,通常以问卷调查的方式在全公司进行浅层次却又囊括各个层面的初次调查。初次审计问卷的内容应当通俗易懂,这样才能赢得调查者的信任和配合,最终取得完整有效的问卷,才能循序渐进向深层次延伸。内部审计调查问卷的开卷语范例以及问卷的内容范例如下:

舞弊审计与法律

尊敬的各位领导及职工代表：

首先感谢您多年来对内部审计工作的理解和支持！

"一流的企业，需要一流的内部审计。"今天的内部审计已经发生了实质性的变化，它被定义为一种独立、客观的确认与咨询活动。通过对企业的风险管理、内部控制及治理程序的评价，实现企业价值增值及运作效率的提升。一个优秀的内部审计部门，应成为企业的经济良医、部门的战略伙伴，而不仅仅是公司的警察。我们正在向这一目标努力……

在即将到来的20××年，为进一步做好内部审计工作，确定明年审计工作重点，我们在全公司范围内组织了这次问卷调查，征求工作意见，查找管理薄弱环节，识别经营风险，调查职工关注的热点，征集明年审计项目。

此调查表请各单位发至主要领导和人事、财务、物供、设备、工程、经营、销售方面的管理人员、职工代表填写。请被调查者在每题选项的圆圈内打"√"，或按具体要求填写。调查表请在××月××日前交回审计部办公室。本次问卷的结果将形成内部审计新的风险地图，形成各级领导及部门共享的资源，形成员工对风险可识别、可预警、可防范的机制。我们希望更多的人认识内部审计、支持内部审计、分享内部审计成果，共同构建我们的免疫系统。

我们最后要说的是：

您的思路，也许正是我们苦苦寻觅的真知灼见；

您的点评，将会成为我们工作的依据；

您的支持，将化为我们回报企业关怀的动力！

谢谢您对我们工作的大力支持！

××审计部

20××年××月××日

首次开展审计问卷调查的内容

单位：　　　　姓名：　　　　职务：　　　　职称(工种)：

1. 您对内部审计工作的性质、内容了解程度如何？

   ○ 很了解　　　　○ 一般了解　　　　○ 不了解

2. 您认为，目前审计部职工队伍素质如何？

   ○ 整体水平较高　　○ 整体水平不高　　○ 正在起步，有待提高

3. 审计人员在基层审计的工作效率如何？

   ○ 高　　　　　　○ 一般　　　　　　○ 较低

4. 您在接待审计人员时，是否存在下列情况？

   ○ 遇到审计人员故意刁难　　○ 审计人员将审计证据用于不当用途
   ○ 态度生硬　　　　　　　　○ 吃、拿、卡、要
   ○ 私下交易　　　　　　　　○ 违背授权原则，自作主张
   ○ 纪律涣散

5. 您在接到审计报告，与审计部交换意见时，情况如何？

○ 容易沟通而不失原则 　　○ 容易沟通而丧失原则 　　○ 不容易沟通

6. 审计人员在基层审计的态度如何？
○ 好 　　○ 一般 　　○ 较差

7. 您觉得目前审计部门的权威性怎样？
○ 高 　　○ 一般 　　○ 较低

8. 审计部提出的审计整改建议或管理建议是否可行？
○ 没有针对性 　　○ 可行,具有较高的价值
○ 可行与否无所谓,反正我们都要接受

9. 你希望审计部在企业的定位是哪种角色？
○ 企业里的经济良医 　　○ 企业里的经济警察
○ 部门的战略伙伴 　　○ 以上角色兼而有之

10. 您认为审计部门当前工作的侧重点应该在哪些方面？
○ 深入开展内部控制制度评审,促进各单位完善内部控制制度
○ 加强对财务工作的监督,加大查处"假账"的力度
○ 加大对领导干部经营行为的监督力度
○ 为企业防范经营风险服务
○ 管理职能评价
○ 公司治理评价

11. 您觉得对领导者的离任经济责任审计达到了预期的效果吗？
○ 效果很好 　　○ 一般 　　○ 较差

12. 如何看待审计部开展对领导干部的现职审计？
○ 将审计的"关口前移",可以防患于未然
○ 现职审计没有必要,一定程度上干扰领导者的正常经营
○ 对我来说无所谓

13. 目前审计部开展的任期经济责任审计主要针对全资子公司和分公司的主要负责人,下一步有无必要开展以下范围任期内经济责任审计？
○ 公司机关部处室 　　○ 非全资控股子公司 　　○ 经营开发实体
○ 其他你认为的单位：请填写在括号内（　　）

14. 你认为以下哪些业务部门应纳入审计的范围？请排序。
○ 采购部门 　　○ 财务部门 　　○ 销售部门
○ 劳动人事部门 　　○ 安全部门
○ 其他你认为的重点：请填写在括号内（　　）

15. 你认为公司内部审计应重点关注以下哪些方面？
○ 生产经营 　　○ 基本建设 　　○ 检修工程
○ 对外投资 　　○ 重大经营决策 　　○ 职工福利
○ 制定规划 　　○ 财务 　　○ 采购
○ 国家政策变化方面 　　○ 自然灾害、意外事故 　　○ 销售

○ 其他你认为重要的方面：请填写在括号内（　　）

16. 职工关心的热点一直是审计部审计的重点内容，你认为下面哪些方面是你关注的热点？
○ 职工岗薪工资　　○ 社会保险情况　　○ 福利基金使用
○ 职务与职称通道　○ 其他你认为的热点：请填写在括号内（　　）

17. 你认为销售审计的重点应在下面哪些方面？
○ 销售政策　　○ 销售价格　　○ 售后服务　　○ 销售流程
○ 应收账款　　○ 销售结算
○ 其他你认为的重点：请填写在括号内（　　）

18. 在审计部开展的物资采购审计中，你认为下面哪些内容值得审计关注？
○ 价格　　○ 数量　　○ 时间　　○ 质量
○ 采购员　○ 分供方　○ 采购制度　○ 结算
○ 服务　　○ 其他你认为重要的内容：请填写在括号内（　　）

19. 如果你认为应该开展预算执行审计，根据公司全面预算管理内容，预算执行审计可以从下列内容开展，请你选出最需要审计的五项内容：
○ 采购成本　　○ 修理费用　　○ 技术开发费　○ 职工培训费
○ 子弟学校经费　○ 离休医疗费用　○ 休养费用　　○ 退休医疗费用
○ 疗养费用　　○ 劳保费用　　○ 接待费用　　○ 老干部经费
○ 警卫消防费　○ 防暑降温费　○ 办公房屋大修　○ 计划外用工
○ 民兵训练费　○ 绿化费　　　○ 劳动保护费　○ 外事费

20. 您对本单位经营业绩和财务数据真实性的认识？
○ 真实可信　　　　　　○ 有一定的可信度
○ 没有得到发挥　　　　○ 无法判断

21. 企业的业务内容具体可划分为下列七类循环，你认为审计部在开展内部控制制度审计时，哪些是值得关注的重点环节？
○ 生产循环　　　　○ 购置与付款循环　　○ 融资与投资循环
○ 销售与收款循环　○ 工薪与人事循环　　○ 仓储与存货循环
○ 货币资金循环

22. 您对开展工程项目审计的看法如何？
○ 开展工程项目审计不但很有必要，而且要加大力度
○ 工程审计不应局限于工程概预算，而应将重点前移
○ 有预算等部门把关，不用另行审计

23. 您需要项目审计在哪些方面提供保证服务和咨询服务？
○ 内部控制制度　　○ 标杆项目经验的咨询　　○ 不需要

24. 您认为工程项目审计范围的重点是以下哪些？
○ 检修项目　　　　○ 一般技措项目　　○ 技改（重措）项目
○ 其他项目：请填写在括号内（　　）

25. 在项目发包方式上,以下哪些应作为重点审计?
   ○ 招投标   ○ 直接发包   ○ 总承包   ○ 其他
26. 您认为工程项目审计重点应放在哪五个环节?
   ○ 设计   ○ 招投标   ○ 施工   ○ 结(决)算
   ○ 后评估   ○ 筹资   ○ 设备采购   ○ 材料采购
   ○ 概预算审查 ○ 资金支付   ○ 设计变更、签证管理
27. 您认为对检修工程审计应关注哪些方面?
   ○ 工程的立项及计划额的确定
   ○ 工程发包过程   ○ 施工现场管理
   ○ 工程量审核   ○ 预算审批
28. 检修费用管理哪些方式更好?
   ○ 工程款支付   ○ 协议保产   ○ 单价包干
   ○ 按预算定额核算 ○ 按工时定额核算 ○ 其他
29. 在钢/吨检修费用预算问题上,您认为以下因素是否真实?
   ○ 有缺口,不够用   ○ 虽然有缺口,但潜力很大
   ○ 没有缺口,完全够用   ○ 不知道
30. 揭露工程转包、挂靠最好的方式是什么?
   ○ 工程招标制   ○ 公示制
   ○ 依靠合理定价避免承包商获得超额利润 ○ 举报及监管有奖制度
31. 您认为对于工程转包、挂靠,审计应重点关注哪些方面?
   ○ 工程管理部门   ○ 合同管理部门   ○ 产权单位
   ○ 施工单位   ○ 以上所有部门
32. 您认为审计和稽查中发现的问题应该采取什么方式进行披露?
   ○ 登报公示   ○ 向集团公司领导反映
   ○ 向职工大会报告   ○ 按问题性质,有的披露,有的可以不披露
   ○ 与被审计或被监督单位见面通气
33. 对审计部工作的建议和要求(请以文字说明)。

第三节　舞弊调查文书

舞弊调查是审计人员用来证明舞弊事实、收集舞弊审计证据、取得舞弊审计结论的重要过程。下文以 3A 公司挪用组织资财的舞弊审计案例为例介绍各阶段调查文书内容。

(1) 在不能确定舞弊是否存在的情况下,为进一步发现线索而编制审计程序表(见表 10-2),主要内容是确定审计目标和审计程序。

表 10-2　舞弊审计程序表

单位名称：3A 公司		签名	日　　期	索引号	页次
项目：挪用组织资财的舞弊审计	编制人	于某	2020-07-06	1-1	1
截止日期：2020 年 6 月 30 日	复核人	金某	2020-07-06		
一、审计目标 1. 确定 3A 公司内部控制制度是否建立健全 2. 通过审计调查,确定挪用组织资财的舞弊是否存在 3. 确定挪用组织资财的舞弊是否构成经济犯罪 4. 如果构成经济犯罪,涉案金额等因素有可能对 3A 公司造成的经济损失					
二、审计程序				执行情况	
1. 调查、测试内部控制制度的健全性、有效性 2. 进行分析性复核,确定是否有异常 3. 根据发现的线索深入追查				已执行 已执行 已执行	

（2）根据舞弊审计程序表中的审计程序编制内部控制调查表（见表10-3）及内部控制调查结论表（见表10-4）。一般来说，如果一个组织具备完善的内部控制制度、良好畅通的信息沟通系统以及合理有效的激励约束机制，那么内控制度就是比较健全的，产生舞弊的概率就比较小，所以确定是否存在舞弊的第一步是要确定企业内部控制是否健全有效。针对不同的舞弊风险需要制定不同的内部控制调查表，比如涉及挪用组织资财的就要调查财务管理制度是否健全，涉及转移收入舞弊的就要调查收入管理制度，涉及贪污受贿的就要调查贷款核销等资金管理制度。由此可见，内部控制调查程序的对象并非一成不变的，需要根据舞弊风险所涉及的控制活动有针对性地选择调查。

表 10-3　内部控制调查表

单位名称：3A 公司		签名	日　　期	索引号	页次
项目：内部控制调查	编制人	金某	2020-07-06	1-2	1
截止日期：2020 年 6 月 30 日	复核人	于某	2020-07-07		
调 查 内 容			是	否	备注
1. 财务会计机构是否独立			是		
2. 财务会计机构是否健全				否	
3. 财务会计机构人员是否充足				否	

（续表）

调 查 内 容	是	否	备注
4. 业务分工是否明确并考虑批准、执行和记录职能分离的内部牵制原则		否	
5. 出纳人员是否不兼管收入、费用、债务、债权账簿的登记工作以及稽核、会计档案保管工作		否	
6. 会计人员上岗前是否有充要的岗位培训,并取得会计从业上岗证		否	
7. 是否定期对财务人员进行培训,以满足知识更新的需要		否	
8. 会计人员离职、轮换是否办理交接手续,并由财务主管监交,会计人员流动是否频繁,是否发生过重要员工离职及解雇等情况		否	
9. 银行日记账和现金日记账是否采用订本式	是		
10. 银行对账单与银行账簿的核对工作是否由出纳员以外的人员进行		否	
11. 有价证券应收(付)票据是否设置了备查登记簿		否	
12. 原始凭证是否都经审核人员和有关领导审核无误	是		
13. 是否有企业财务收支审批制度		否	
14. 空白支票和印章是否分开由专人保管,印鉴单位章、名章是否分管		否	
15. 现金保险箱是否有专人掌握钥匙和密码		否	
16. 是否有会计核算业务手册		否	
17. 固定资产总账是否每年与固定资产管理部门台账核对相符	是		
18. 应收账款、其他应收款是否定期催收清理		否	
19. 已核销的应收款是否编制备查记录,以便催收、核算		否	
20. 存货总账是否每月与存货管理部门明细账核对相符		否	
21. 近年来财务部门所承担的职能、组织结构和内部职责划分方面有何变化		否	
22. 以前年度审计中是否发现会计控制存在重大问题		否	
23. 本年度会计控制是否存在重大变化		否	
审计小结：3A 公司财务机构不完备；没有建立健全财务管理制度,并且制度执行不力,风险很高			

表 10-4　内部控制调查结论表

单位名称：3A 公司		签名	日　　期	索引号	页次
项目：内部控制调查	编制人	韩某	2020-07-07	1-3	1
截止日期：2020 年 6 月 30 日	复核人	于某	2020-07-08		
审计结论或者审计查出问题摘要及其依据		3A 公司没有独立的财务机构，财务主管和报账员由一人兼任，而且长期未进行财务检查和审计。审计发现 3A 公司在几家银行开有数个账户，并且银行对其账户管理不严，唐某可以随意从账户中提取几十万元额度的现金，也可以随意从账户划拨资金到个人账户				
潜在风险及影响		挪用组织资财舞弊风险			
审计意见及建议		加强内部控制			
复核意见		结论可以确认			

（3）当内部控制调查认为存在重大舞弊嫌疑时，对内部控制调查程序中的高风险部分进行进一步复核证实。审计人员通常采用红旗标志法、分析性程序、拓展性询问等舞弊预警技术发现舞弊线索，如分析性复核审计流程表（见表 10-5）、分析性复核审计结论表（见表 10-6）。再通过审阅法、复核法、核对法、盘存法、观察法、函证法、鉴定法、抽查法等舞弊反应技术寻找确切证据证实舞弊现象的存在，如函证审计流程表（见表 10-7）及函证审计结论表（见表 10-8）。

表 10-5　分析性复核审计流程表

单位名称：3A 公司		签名	日　　期	索引号	页次
项目：分析性复核审计流程	编制人	金某	2020-07-08	2-1	1
截止日期：2020 年 6 月 30 日	复核人	于某	2020-07-09		
一、审计目标					
确定挪用组织资财舞弊嫌疑是否存在					
二、审计流程					执行情况
1. 获得科目余额明细表 2. 对科目余额明细表进行分析					已执行 已执行

表 10-6 分析性复核审计结论表

单位名称：3A 公司		签名	日　　期	索引号	页次
项目：分析性复核	编制人	韩某	2020-07-09	2-2	1
截止日期：2020 年 6 月 30 日	复核人	于某	2020-07-10		
审计结论或者审计查出问题摘要及其依据		通过分析性复核,发现 3A 公司 2013—2020 年 6 月的应收账款持续增加,截至 2020 年 6 月 30 日,应收账款余额 1 046.76 万元			
潜在风险及影响		挪用组织资财舞弊风险			
审计意见及建议		加强内部控制管理			
复核意见		结论可以确认			

表 10-7 函证审计流程表

单位名称：3A 公司		签名	日　　期	索引号	页次
项目：函证审计流程	编制人	金某	2020-07-10	3-1	1
截止日期：2020 年 6 月 30 日	复核人	于某	2020-07-11		
一、审计目标					
确定挪用组织资财舞弊嫌疑是否属实					
二、审计流程					执行情况
1. 编制应收账款明细表 2. 函证债务人 3. 对未回函的债务人,检查原始凭证					已执行 已执行 已执行

表 10-8 函证审计结论表

单位名称：3A 公司		签名	日　　期	索引号	页次
项目：函证	编制人	韩某	2020-7-11	3-2	1
截止日期：2020 年 6 月 30 日	复核人	于某	2020-7-12		
审计结论或者审计查出问题摘要及其依据		经函证,已回函的金额为 326 万元,有 720.73 万元的债务人未回函。审计小组对未回函的余额抽查原始凭证,发现没有正规发票,全部用白条入账,白条上有唐某的批示。审计小组向唐某询问时,唐某未提供进一步证据			

舞弊审计与法律

(续表)

潜在风险及影响	挪用组织资财舞弊风险
审计意见及建议	加强内部控制管理
复核意见	结论可以确认

第四节 舞弊报告文书

舞弊报告是指内部审计人员以书面或者口头的形式向组织管理层或者董事会报告舞弊发现、调查情况以及调查结果。舞弊报告包括两个方面：一方面是在舞弊调查过程中的报告；另一方面是舞弊审查程序结束后的报告。在舞弊检查过程中出现下列情况时，内部审计人员应当及时向组织管理层报告：可以合理确信舞弊已经发生，并需要深入调查；舞弊行为已经导致对外披露的财务报表严重失实；发现犯罪线索，并获得了应当移送司法机关处理的证据。本节主要介绍舞弊审查程序结束后的舞弊审计报告。

虽然《第 2204 号内部审计具体准则——对舞弊行为进行检查和报告》对舞弊审计报告做了一些说明，但我国的注册会计师审计准则和国家审计准则对舞弊审计报告还没有明确的规定，在审计实务中也没有形成规范格式。舞弊审计报告通常按一定的逻辑顺序进行安排，如按照舞弊审计流程或者舞弊审计资料的重要性。审计报告的正文包括摘要与建议、具体舞弊事实和具体建议。

摘要与建议部分是为报告使用者简要地介绍本次舞弊审计的基本情况，具体包括四个方面。

（1）审计背景。比如：执行该项舞弊审计的原因，是源于例行的审计，还是因为舞弊专项审计；审计对象与企业的关系，是某一部门、某一层次雇员还是企业整体（如企业管理舞弊）。

（2）审计的目标和范围。审计报告中必须载明委托人与审计师事先约定的审计目标，通常的目标是舞弊风险评估、查出舞弊者与舞弊事实、提出审计建议。受审计技术的限制，舞弊审计是有局限性的，舞弊审计报告中需要列明审计范围，如审查了书面资料、相关企业雇员提供了证词、获取了嫌疑人证言等。

（3）审计结论。通过归纳和整理所搜集的审计证据，审计师应当发表审计意见：是否存在舞弊行为；如果存在，列明舞弊的类型、舞弊者及舞弊金额。审计结论必须简明扼要、观点正确，还必须列明审计师判断舞弊存在与否的依据。

（4）审计建议要点。审计师的建议通常包括如何完善内部控制、是否应当起诉舞弊者等。

审计报告中具体舞弊事实的阐述部分，如果在舞弊审计过程中没有发现舞弊现象，就发表无保留意见（见图 10-2）；如果在舞弊审计过程中发现了舞弊现象，并且取得了法律要求的认罪声明,就发表非无保留意见(见图10-3)。在存在舞弊事实的审计报告中,舞弊具体事实部分必须分项列出涉及舞弊人员、舞弊手段与方法以及舞弊的具体金额,审计师还应该分别说明不同审计程序所获得的证据对舞弊事实的印证。比如:发现嫌疑人涂改原始凭证、伪造报销单据或者收款不入账;证人证词,如另一位雇员提供证言证实其帮助嫌疑人进行凭证涂改;嫌疑人陈述,如嫌疑人在审计师出示相关证据后承认自己挪用了公司现金。

> ××公司董事会:
> 　　我们已经就××公司资产被盗用的可能性进行了舞弊审计。我们的审计是根据公司内审人员对公司文件的常规审计而进行预测的。
> 　　我们的审计是根据合法的检查技术,包括但不限于:检查文件和记录;与相关人员的自愿谈话,以及在特定环境下收集其他需要的证据。因为舞弊中常有隐瞒和欺骗,所以不能保证舞弊肯定不存在。但是,根据我们的检查结果,没有发现表明违反民事或刑事舞弊法规的行为存在的证据。

图 10-2　无保留意见

> ××公司董事会:
> 　　我们已经就××公司资产被盗用的可能性进行了舞弊审计。我们的审计是根据公司内审人员对公司文件的常规审计而进行预测的。
> 　　我们的审计是根据合法的检查技术,包括但不限于:检查文件和记录;与相关人员的自愿谈话,以及在特定环境下收集其他需要的证据。因为舞弊中常有隐瞒和欺骗,所以不能保证其他舞弊肯定不存在。在舞弊审计过程中,××部××先生自愿签字承认他自己盗用资产人民币××元。
> 　　根据我们的审计结果和××先生的供认,我们认为,如果在法庭上,他的行为将被证明违反了民事和刑事的相关舞弊法规。

图 10-3　非无保留意见

　　舞弊审计报告不仅要对舞弊现象进行确认,还要出具建设性的建议,通常包括完善内部控制的建议和起诉舞弊者的建议。审计师的责任是在揭露舞弊现象的同时帮助企业建立完备的舞弊防范体系,而不仅仅是纠错。但是当舞弊者的行为侵犯他人权益并达到了犯罪标准时,审计师应当建议企业起诉舞弊者。当舞弊行为侵犯了较大的社会利益时,为了避免形成铤而走险获取高额舞弊利益的不良风气,为了消除舞弊所带来的负面影响,及时起诉舞弊者才能够真正引起社会的高度重视,从而产生正面预防作用。

第五节 案例解析

【案例介绍】

转移收入舞弊审计案例及分析

李三喜 薛慈允 王慎云

2020年7月初,某集团审计部派出审计小组,对其所属的水泥设计院进行例行中期审计。在审计过程中,审计小组通过分析性复核发现水泥设计院2020年3—6月的销售收入直线下滑。审计小组向财务人员了解情况,财务人员解释说水泥设计院的客户资料一直由业务部门保管,2020年2月,业务部门的计算机出现严重故障,客户资料丢失,严重影响了水泥设计院的业务收入。审计小组就此问题询问了部分业务人员,有人反映水泥设计院以前的客户现在由华某设计院提供服务,华某设计院由水泥设计院部分业务骨干出资组建。审计小组认为以上情况有转移收入舞弊的重大嫌疑,立即将情况向集团审计部汇报,同时提出实施舞弊检查的建议。集团审计部对此高度重视,立即责成审计小组组成专案审计组,并制订舞弊检查审计计划和审计方案,安排审计时间为2020年7月9—14日。专案审计组由余某、吴某、许某组成,于2020年7月9日开始审计调查,并编制了工作底稿,如表10-9、表10-10、表10-11、表10-12、表10-13、表10-14所示。

表10-9 转移收入舞弊审计程序表

单位名称:水泥设计院		签名	日 期		
项目:转移收入舞弊	编制人	余某	2020-07-09	索引号	1-1
截止日期:2020年6月30日	复核人	许某	2020-07-09	页次	1
一、审计目标 1. 确定收入内部控制制度是否建立健全 2. 审计调查转移收入舞弊嫌疑是否属实 3. 确定转移收入是否构成经济犯罪 4. 构成经济犯罪的涉案金额以及可能造成的经济损失					
二、审计程序				执行情况	索引号
1. 调查、测试收入管理的内部控制制度是否健全有效 2. 对收入明细表进行分析性复核,确定是否有异常 3. 询问相关人员,根据发现的线索深入追查 4. 抽查以前的原始凭证,编制客户明细表,通过逐户走访大客户,调查是哪几家大客户与华某设计院有业务往来				已执行 已执行 已执行 已执行	

表 10-10　收入内部控制调查表

单位名称：水泥设计院		签名	日　期		
项目：收入内部控制调查	编制人	许某	2020-07-09	索引号	1-2
截止日期：2020 年 6 月 30 日	复核人	余某	2020-07-10	页次	1
调查内容			是	否	备注
1. 是否建立专门的销售部门				否	
2. 是否编制销售预算				否	
3. 是否向管理层定期汇报销售的实际情况				否	
4. 财务部门是否掌握客户名单、销售合同			是		
5. 销售发票是否和销售合同进行核对			是		
6. 是否向欠款客户寄发对账单				否	
7. 对账单的差异金额是否及时进行处理				否	
8. 坏账的核销是否经过审批			是		
9. 销售折扣是否经过审批				否	
审计小结：水泥设计院没有建立健全收入管理制度,组织机构设置不全,制度执行不力,收入管理风险很高					

表 10-11　分析性复核审计流程表

单位名称：水泥设计院		签名	日　期		
项目：分析性复核审计流程	编制人	吴某	2020-07-10	索引号	2-1
截止日期：2020 年 6 月 30 日	复核人	余某	2020-07-11	页次	1
一、审计目标 确定转移收入的舞弊嫌疑是否属实					
二、审计程序				执行情况	索引号
1. 收入明细表 2. 对明细表进行分析				已执行 已执行	

表 10-12　收入询问明细表

单位名称：水泥设计院		签名	日　期	索引号	2-2
项目：询问		编制人　许某	2020-07-11	页次	1
截止日期：2020 年 6 月 30 日		复核人　余某	2020-07-12		
审计结论或者审计查出问题摘要及其依据		专案审计组通过询问的方法得知水泥设计院的客户资料一直由业务部门保管，但由于业务部门的计算机出现严重故障，客户资料丢失，严重影响了水泥设计院的业务收入。专案审计组就此问题还询问了部门业务人员，有人反映水泥设计院以前的客户现在由华某设计院提供服务，华某设计院是由水泥设计院部分业务骨干出资组建的			
潜在风险及影响		转移收入风险			
审计意见及建议		加强收入管理			
复核意见		结论可以确认			

表 10-13　审计抽查流程表

单位名称：水泥设计院		签名	日　期		
项目：审计抽查流程		编制人　吴某	2020-07-12	索引号	3-1
截止日期：2020 年 6 月 30 日		复核人　余某	2020-07-13	页次	1
一、审计目标 确定转移收入舞弊嫌疑是否属实					
二、审计程序				执行情况	索引号
1. 抽查以前的原始凭证，编制客户明细表 2. 通过逐户走访大客户，调查是哪几家大客户与华某设计院有业务往来 3. 向工商局查询华某设计院的出资人是否有水泥设计院的业务骨干				已执行 已执行 已执行	

表 10-14　审计抽查明细表

单位名称：水泥设计院		签名	日　期	索引号	3-2
项目：审计抽查		编制人　许某	2020-07-13	页次	1
截止日期：2020 年 6 月 30 日		复核人　余某	2020-07-14		

(续表)

单位名称：水泥设计院		签名	日 期	索引号	3-2
审计结论或者审计查出问题摘要及其依据	专案审计组抽查以前的原始凭证，编制客户明细表；通过逐户走访大客户，发现有93%的客户和华某设计院有业务往来；向工商局查询结果表明，水泥设计院的主管业务副院长等9名业务骨干是华某设计院的股东				
潜在风险及影响	转移收入风险				
审计意见及建议	加强收入管理				
复核意见	结论可以确认				

【案例解析】

(1)《第2204号内部审计具体准则——对舞弊行为进行检查和报告》将舞弊行为归纳为损害组织经济利益的舞弊和谋取组织经济利益的舞弊两类。本案例转移收入舞弊审计属于损害组织经济利益的舞弊审计。损害组织经济利益的舞弊是指组织内外人员为谋取自身利益，采用欺骗等违法违规手段使组织经济利益遭受损害的不正当行为。转移收入舞弊虽具有一定的隐蔽性，但一般会留下蛛丝马迹、出现异常现象，通过分析性复核、对比分析可以发现舞弊的嫌疑。本案例就是通过分析性复核，发现水泥设计院2020年3—6月的销售收入直线下滑、存在转移收入舞弊的重大嫌疑。

(2)通过内查外调相结合方法确定了转移收入的舞弊嫌疑属实的审计结论。从内查来看，专案审计组通过实施调查、测试收入管理内部控制制度，发现水泥设计院没有建立健全收入管理制度，组织机构设置不全，制度执行不力。一般认为，一个单位内部控制不健全、制度执行不力，存在舞弊的可能性就增大。专案审计组在此基础上，实施对收入明细表的分析性复核，揭示了转移收入舞弊端倪。从外调来看，专案审计组抽查了以前的原始凭证，编制了客户明细表，为外调做好准备，并根据客户明细表逐户走访大客户，调查核实有哪几家公司和这些大客户有业务往来。调查结果发现，有93%的客户和华某设计院有业务往来。为了进一步从外部取证，审计小组向工商局查询华某设计院的出资人是否有水泥设计院的业务骨干，查询结果是水泥设计院包括主管业务副院长等九名业务骨干是华某设计院的股东。至此，本案例转移收入舞弊已经真相大白。

第十一章 舞弊审计实务案例

[教学目标]
本章重点通过财务报表舞弊、资产滥用舞弊、腐败舞弊等三种类型的典型案例展示舞弊的识别和查处,并进行动因分析和提出对策,有助于增强学生对舞弊审计的综合认识和实践能力。

第一节 财务报表舞弊审计类案例

案例 1

康美药业财务报表舞弊审计失败案例分析

上市公司财务舞弊与审计失败研究——基于康美药业案例研究

刘 礼

▶ 一、案例介绍

(一)案例公司简介

康美药业是在 2001 年上市的,股票代码为 600518。康美药业在中国的医药行业中处于领先位置,主要生产和销售医药方面的产品,先后通过了一系列国际认证。除了医药相关的业务外,康美药业还涉及房地产和建材相关的业务。

(二)舞弊行为

2019 年 4 月 29 日,康美药业声称自己的 299 亿元现金不翼而飞,引起了社会各界的关注和监管部门的调查。中国证监会在 2019 年 5 月 17 日公布了对康美药业调查的相关进展,通报了康美药业在 2016—2018 年存在的重大造假行为。一是康美药业伪造银行单据来虚假增加银行存款。二是康美药业使用虚假凭证来增加收入。三是康美药业通过关联方用自己的资金来购买自己的股票,操纵股价。

二、案例分析

（一）舞弊动因分析

1. 贪婪因子

第一，康美药业为了自己的利益不择手段，屡次通过行贿手段来达到自己的目的。除了在业绩上为了讨好投资者造假之外，"行贿门"事件更能体现康美药业的贪婪之心。通过中国裁判文书网可以查到康美药业涉及的一系列行贿案的判决书。最近的是2019年3月为了在四川阆中市进行投资而贿赂了20万元港币给当地市委书记。相关媒体报道称这是康美药业被曝出的第五个行贿案件了。在过去的15年中，康美药业向中国证监会和药监局等监管机构都有不同金额的行贿行为。为了谋求利益满足自己的贪婪之心，毫无道德底线可言。这样的企业怎么能做到不财务舞弊呢？

第二，康美药业的老板马兴田喜欢投机赚取暴利。投机的行为是高风险的，如果出现不可控因素，那么投入的资金就会血本无归。我国房地产行业一直都是一个暴利行业。康美药业看中了房地产行业的暴利，在2012年就开始涉足房地产行业。汇润地产正是康美药业实际控制人妻子名下的公司，该公司投资开发了很多楼盘。康美药业在被调查之前声称2019年要在地产行业投入165.5亿元。这无疑是一笔庞大的资金，想要得到这一部分资金就需要有好看的报表数据。康美药业这种不脚踏实地、喜欢投机的行为下面隐藏着一颗贪婪的心。

2. 需要因子

第一，康美药业一直存在存款和贷款都很高的问题，虽然账上有300亿元的资金，但是2019年2月份20亿元的债务都没办法偿还。这可以看出康美药业300亿现金的质量是不高的。上市以来，康美药业数次融资，股权融资金额大概为160亿元，债券融资更是达到了526.5亿元，借款融资也有123.95亿元。此外，康美药业的前十大股东的股权几乎全部都质押出去了。这些情况都可以说明康美药业特别需要钱，在巨大的资金需求下，康美药业有舞弊的动机。

第二，避免强制退市。核准制度下，"壳资源"显得特别的重要。对上市公司的审核严格导致上市公司把壳看成了无价之宝。想要得到上市公司的这个壳，企业会付出非常大的成本。所以，为了保住这个壳，企业往往会不择手段。经过研究发现，康美药业最近四年的经营现金流净额连扣非净利润的一半都不到，毛利率比同行业的同仁堂和中国中药高得多。这意味着公司赚了很多纸面财富，涉嫌利润虚增。虚增利润就可以帮助康美药业继续保壳，康美药业可能认为只要留得青山，其他的东西都是会有的。

3. 机会因子

康美药业的内部控制是无效的。根据康美药业披露的信息可以发现，康美药业2018年的内控审计报告是否定意见。这就说明康美的内控存在很大问题。此外，有专家曝出，在他去康美药业调研的时候，发现康美药业的股东大会根本没有交流，就是一个走过场的会议。全公司的员工和管理层的言行都没有一点大公司的样子，让人感到很失望。马兴田自己也承认康美药业的公司治理存在严重的问题，管理层和实际控制人完全凌驾于内部控制之上，导致财务舞弊也不足为奇。

4. 暴露因子

第一，财务舞弊暴露可能性低。康美药业为自身的舞弊行为披上了"合理化"的外衣。舞弊的手段虽然说不怎么高深，但是由于康美药业的公司治理、内控存在很多缺陷，实际控制人的权力完全左右了内部控制。还有外部审计机构独立性不够、审查监管不到位和审计机构的固有缺陷，如审计的时间、成本和效益、合理保证等固有缺陷都会让舞弊更难被发现。因此，康美药业舞弊成本是很低的。

第二，财务舞弊暴露后处罚较轻。在此案例中，300亿元的存款和企业所受的处罚完全是没有可比性的。我国对舞弊的处罚一直都太轻。这就导致规规矩矩做实业的企业赚不到大钱，而那些走舞弊这条邪道的企业却一夜暴富。在这种大环境下，企业很难安心去做实业，反而容易走上舞弊的道路，因为财富的诱惑实在是太大了，然而暴露后的处罚却显得不痛不痒。

（二）审计失败分析

1. 独立性缺失

独立性是审计进行的前提条件。如果审计机构失去了独立性，那么审计报告是不可信的。自从康美药业上市以后，正中珠江会计师事务所一直在为其进行年报审计。该事务所是康美药业 IPO 时合作的中介机构，双方有 19 年的合作时间了。在这 19 年的合作期间里，外界不断对康美药业存款和贷款双高的问题发出质疑，甚至还有人去证监局举报，可是正中珠江一直都假装不知道，在 2017 年之前一直出具的是标准审计意见。康美药业在 2017 年发生的重大会计错误也没有被正中珠江发现。这很可能是利益使事务所把职业道德放到了一边。从康美药业每年审计费用的记录可以看出，正中珠江这 19 年的相伴换来了康美药业 3 235 万元的回报。试想，要是康美药业这 300 亿元没有消失，那么正中珠江还会为了这块每年接近 200 万元的肥肉做一些不光彩的事情吧。

2. 缺少职业怀疑态度与应有的关注

正中珠江在 2017 年出具的标准审计意见让人对审计师是否执行函证产生疑问。虽然康美药业账上有存款 300 亿元，但是如果是康美药业伪造的，那么审计师通过银行第三方机构取得函证信息，一下就能辨别真伪。还有审计师对于存货是否产生过怀疑，是否进行过监盘。审计师如果保持了应该有的怀疑态度，那么应该采用有效的方法去监盘，而不只是完全委托所谓的专家去做。货币资金一直都是重点审计的对象。出现这么大的问题说明审计师严重失职，其连最基本的怀疑态度都没有。

3. 未充分比较分析

存货和销售收入等勾稽关系以及存货的减值准备和周转率都没有考虑。康美药业这次更正的内容中，主营业务收入调减了 88.98 亿元，主营业务成本调减了 76.62 亿元，以此估算所调整业务的毛利率为 13.9%。纵观康美 2016—2018 年的财务数据，除了销售额较小的食品和中药材贸易外，没有哪个业务板块毛利率低于过 20%，远远高于行业平均水平。这样的大幅调整显然不是单一业务计算误差所致。无论涉及多少业务板块，这些板块的高毛利率面纱就要被揭开。

4. 审计员素质较低

我国审计相关从业人员的构成不是很合理,存在一些素质不高的审计人员,事务所缺乏经过高标准训练的职业人才。我国还存在着很多不规范、低水平的事务所。这些小所会产生不正当的竞争。他们往往追求利益而不讲求质量。这就会对整个市场秩序产生影响。此外,审计工作强度特别大,而且还要随时出差,员工离职率特别高。企业为了降低成本往往会聘请非专业的实习生来做相关的审计工作,这大大地降低了审计员的平均素质,也会给事务所带来很大的风险。

三、相关对策

(一)防范财务舞弊

1. 遏制贪婪之心

加强企业文化建设,帮助公司上下树立正确的价值观。加强公司员工的思想道德教育,把诚实守信作为企业文化的根本,从根源上切除贪婪之心。预防企业高管贪婪之心的关键在于心理预防,在于通过教育来提升企业高管的素质。我们应该建立更多的方法和媒介,积极地培训和发展这种高标准的价值观,从根源上减少企业高管的贪婪心理。贪婪心理与错误的价值观念有非常重要的关联。要通过相关的学习和教育让企业高层自觉去树立正确且不动摇的价值观念。引导企业高层人员主动去追求更高层次的需求,合理地对待物质上的需求,把注意力放在提升自己的素质上。引导企业高层人员给自己定一个更高的道德修养目标,建立辨别是非对错的能力,增强对不良诱惑的抵抗力。让企业高管远离享乐主义和不好的生活方式,从思想上建立拒贪防线。康美药业应该创建学习诚信文化的风气,加强企业员工的道德建设。与此同时,也要注重对财务人员能力的培养。由于会计知识每年都有变化,公司应该加强对财务人员综合能力的培训,并定期对财务人员进行评价和考核。

2. 减少舞弊机会

为完善内部控制制度,监管部门要对康美药业的内部控制制度进行审查,并定期评价制度的执行情况。此外,强化内部审计的监督,要更加全面、准确地识别和评估公司的风险。首先,针对康美药业舞弊案,应制定公司在出现管理层舞弊时的"应急反应"机制。比如,如果出现公司总经理兼任董事长舞弊的情况时,公司可以启动内部审计部门避开总经理和董事长直接向内部审计委员会和股东大会上报的程序,并及时与负责审计的会计师事务所和法律顾问进行沟通。其次,内部审计人员应面向全公司开展反舞弊培训,开通舞弊举报渠道,设立奖励制度,使公司各部门职工树立揭发舞弊的责任意识。同时,内审人员应运用风险管理的审计方法应对管理层的舞弊。最后,内部审计部门应顺应内部审计环境的变化,搭建体系化的大数据审计实务框架,设计以职能研究驱动风险管理的审计全流程作业平台,同时运用便捷的审计分析工具快速定位公司在审计、经营等方面的风险,识别业务、内部控制等流程的缺陷,从而建立一整套有效的审计监控体系,为预防和发现管理层舞弊提供可能。

3. 完善上市制度，推进注册制

一方面，实行注册制。在注册制下，发行方发行股票的限制条件被降低。如果上市成功，竞争遵循的是市场化原则，能力强的公司可以获得很好的发展，能力差的公司则被市场淘汰。当证券市场撕开了退市出口之后，加上注册制的推行，上市公司将不再具有"壳资源"这种属性。企业自身的价值由自身的运营管理决定。企业经营管理得当，市场的反应会很好，市价就会相应地提升；企业经营管理不当，就会被市场淘汰、被投资者摒弃，垃圾股永远是垃圾股，不会再借助"壳资源"的属性翻身了。这预示着中国资本市场的未来是朝着市场化发展的，这也是A股市场向市场化改革的一大进步。

另一方面，完善退市机制。企业上市以后的地位就几乎稳定。康美药业这一类的财务造假公司敢于铤而走险，正是因为一旦东窗事发，很大可能面临的只是中国证监会的行政处罚，上市公司地位却能保住。正所谓"留得青山在，不怕没柴烧"。如果上市公司一旦没有了价值就可以顺利地实现退市，那么资本市场资源将会得到更加合理的分配和利用。

4. 加强监管、加重处罚

一方面，证监会应加大监管力度。证监会应该对上市公司进行重点检查，有效防范上市公司的造假行为。证监会应该坚持问题导向、风险导向，有针对性地把有限的监管资源用到突出的问题上。

另一方面，完善社会监督体系，构建企业信用档案。在全社会跨部门建立全方位的企业信用评价机制，将曾经因为造假受到过证监会处罚的企业和事务所作为证监会重点检查和监督的对象。同时，重视上市公司同行业、媒体和社会公众的监督，开辟专门的渠道，使真实有效的举报和监督信息能更好地反映至监管部门，从而有效防范上市公司舞弊。

（二）防范审计失败相关对策

1. 提高审计独立性

独立性就是灵魂，没有了灵魂，审计的质量是没有保障的。现在还存在很多像康美药业一样19年都没有换过事务所的企业。企业应该在一定时间之后就更换合作的事务所。如果长期不换事务所，就算审计师发现该企业有舞弊问题也很难做出正确的判断和处理。为了改变现在审计独立性日渐下降的趋势，相关部门应该制定更严格的措施来禁止事务所和企业之间有损独立性的联系。

第一，改变审计的委托模式。现有的委托模式对审计的独立性有很大的影响，因为涉及很多利益关系，没法完全做到客观和公正。可以委托管理者和股东的"第三方"来进行审计。例如，可以选择审计委员会和证券交易所来担任审计受托方这个角色。另外从审计费用的角度来说，可以考虑选择保险公司来担任付款的那一方，让保险公司对风险进行评估，然后再决定付款额，最后的风险全部由保险公司承担。这样一来，事务所和被审计单位就没有直接的利益关系了，并且保险公司的利益就和社会公众、审计报告的质量是一致的。

第二，将鉴证业务与非鉴证业务分开。为了避免非鉴证服务影响鉴证业务的独立性，该两项业务不应该由同一个事务所来承接。事务所可以分别设立从事两个方面工作的独立部门。事务所也可以把非鉴证服务独立出去,创立一个完全独立的中介机构。但是要想切实地把这两个业务分离开,还是需要在有相关法律的前提下才能取得相应的效果。

第三,要经常更换主审会计师。审计的独立性很大程度上是由主任会计师决定的。如果被审计单位长期不换主任会计师,很容易产生固化思维。这对发现被审计单位的问题是不利的。

2. 时刻保持怀疑的态度

在整个审计期间,审计师都应该时刻保持怀疑的态度。审计师应该对企业提供的财务资料保持怀疑,对来自不同地方的审计证据也要保持怀疑,这样才能有效地防范风险。审计师对审计的资料保持怀疑,可以很快地发现其中存在的问题,工作效率也会有很大的提升。在与客户交谈时,要对客户的诚信保持怀疑并进行分析。如果客户的诚信存在问题,那么就解除合作,这样才能减少事务所承担的风险。

3. 充分利用分析性复核

在审计工作中,虽然审计质量是第一位的,但是也要考虑投入成本的多少,因为审计资源毕竟是有限的。事务所想要在保证质量的同时获得丰厚的利润,只有通过充分地利用审计资源来降低成本获得利润。分析性复核的运用可以大大地提高审计的效率,合理地分配审计资源,达到质量和收益的平衡。

4. 提高会计师的素质

第一,提高会计师的专业技能。一方面,要提高选拔人才的标准,完善会计师人才选拔的考试制度,增加更多相关知识的考试科目。另一方面,应该建立更加完善的后续教育和培训的相关制度,解决现有会计师年龄大、学历低的问题。可以每年对会计师进行年鉴考核,如果通过不了就取消证书。相信有这种制度的存在,会计师提升自己能力的主动性会特别高。定期对审计人员进行考核和评价,防止其在其位不谋其政。对入职的审计人员进行严格的挑选,同时建立相应的培训、考核和评价体系。企业对事务所的更换应该严格地按照规定进行,让碌碌无为的事务所下台,让具有胜任能力的事务所为公司做贡献。此外,监管部门应该强化对事务所的监督,对违法和违规的事务所提出整改建议和做出处罚。

第二,加强会计师的道德建设。职业道德与会计师的独立性有很大关系。前者是后者的基础和内在动力。会计师只有具备了高标准的职业道德才能抵抗利益的诱惑,才能受到尊重和信任。每一位审计界的会计师都应该把荣誉放在首位。职业道德就是获得荣誉的保证。所以,应该建立会计师的道德建设体系,把自律和他律结合起来,只有这样,我国会计师的整体素质才会有较大的提高。

5. 进行风险导向审计

风险导向审计站在企业战略的高度对企业进行审计,比传统的方法更能有效地发现企业的问题。风险导向审计是在对企业有透彻了解的基础上进行的。只有这样,才能从根本上控制企业的风险。这种新方法的有效性和科学性已经得到了实践证实。我国的相关部门应该对这种审计方法大力地推广。

案例 2

财务报表舞弊审计案例

审计失败的思考——基于科龙电器的案例分析

陆菁琦　程姣姣

一、案例介绍

科龙电器始创于1984年,顺德容桂镇的潘宁在简陋的环境中带领百余工人开始了科龙电器的发展历程;1996年,科龙电器H股在香港联交所上市,成为首家在香港上市的乡镇企业;2000年,公司在深圳交易所A股上市。然而,自上市以来,公司便开始大额亏损,科龙的巅峰时代从此结束;2002年公司易主,当年就扭亏为盈,之后几年财务状况良好,直到2005年中国证监会介入调查。2006年7月16日,中国证监会对科龙电器及其负责人的违法行为给予严厉的惩罚,并同时给予永久性市场禁入的处罚。

存在严重舞弊行为的科龙在被调查前的那几年里,事务所为何未查出严重问题,到底是企业掩饰得毫无瑕疵还是事务所故意而为之?身为旁观者的我们又该如何看待?本文通过透析科龙电器,挖掘舞弊的手段,总结审计失败的原因。

二、案例分析

（一）舞弊的理论概述

舞弊通常伴随着三种情况,俗称"舞弊三角"。

1. 舞弊的动机或压力

上市公司科龙电器在2000年、2001年已经连续两年亏损,根据《公司法》和《证券法》的规定,上市公司出现连续三年亏损等情况,其股票将暂停上市,退市预警。因此,如果2002年年报显示继续亏损的话,公司将面临退市的风险。管理层为避免公司退市,虚增2002年利润,使其扭亏为盈。

2. 舞弊的机会

舞弊的机会一般源于内部控制制度在设计和运行上的缺陷。科龙电器的董事长全权掌管公司的一切活动,其他内部监督机构形同虚设,所以实施舞弊的机会很大。

3. 为舞弊行为寻找借口的能力

只有能够对舞弊行为予以合理化,舞弊者才会做出舞弊行为,做出舞弊行为之后才能心安理得。科龙电器的管理层会认为实施这一行为是为了挽救上市公司,保护投资者的利益。

综上所述,科龙电器存在舞弊的可能性。接下来将详细介绍科龙的舞弊手段。

（二）舞弊的手段

公司为了达到某种目的进行舞弊的手段及表现形式多种多样。公司会根据自身需要采用不同的方法进行舞弊，以达到目的。上市公司舞弊的主要方式是粉饰财务报表，操纵会计利润，误导报表使用者对公司业绩或盈利能力的判断；而其他公司主要是基于税收方面的考虑。总之，舞弊者根据目的不同，会采取不同的舞弊手段。下面具体揭露科龙电器的舞弊手段。

1. 利用资产负债表项目进行舞弊

减值准备中坏账准备的可操作性最强，企业会计准则对坏账准备的计提没有具体要求，企业可自行确定计提的方法及计提的比例，这就给企业留下巨大的操作空间。对于应收账款数额巨大的企业，利用坏账准备金操纵利润的效果很是显著。科龙公司采用了以后年度转回以前年度的减值准备来达到调高利润的目的。

2. 利用利润表项目进行舞弊

（1）虚增收入和收益。科龙公司未根据收入确认的五原则来恰当地进行收入的确认，从而导致收入的虚增，进而导致利润的虚增。该公司主要是通过伪造出库单和伪造销售发票的形式，使其在形式上达到收入确认的条件，从而达到虚增的目的。

（2）调节管理费用。对于管理费用的大起大落，还频繁涉及减值准备的大额计提与转回，我们有何理由不去关注舞弊行为呢？

3. 关联方交易导致的舞弊

事后的调查数据显示，科龙电器公司未充分披露其大量利用关联交易的事实。实际上，科龙电器大量利用关联交易进行采购和销售业务，涉及的金额巨大，关联方导致的不正常交易是科龙电器舞弊的主要形式之一，对虚构报表起到了至关重要的作用。

（三）审计失败的原因分析

总体来说，科龙电器审计失败的原因不外乎两个：一是被审计单位的原因；二是注册会计师的问题。

1. 被审计单位的责任

（1）被审计单位经营失败。虽然经营失败不等同于审计失败，但经营失败是引发审计失败的一大诱因。科龙电器2002年的经营形势与过去亏损的两年没有太大的变化，想要达到经营者盈利的预期，仅依靠真实的交易无法完成目标，所以就产生了造假的想法。如果企业通过业务循环的改进、新市场的开拓等一系列积极的做法，使企业真正盈利，审计失败自然而然也不会存在。但要达到实质上的盈利，一个连年亏损的企业是需要时间去经营的，绝非一朝一夕就能起死回生。因此，经营的失败也就使舞弊成为可能，进而使审计失败成为可能。

（2）被审计单位的内部控制形同虚设。内部控制能防止或发现并纠正重大错报。公司的管理层、治理层以及内部监督机构相互监督，这样一种良性的循环有利于公司财务制度的透明性以及规范性。科龙电器在内部控制方面存在很严重的缺陷，管理层只受董事长一人的控制，由董事长一人做主，在连续两年亏损后，为了避免公司退市，董事长指示财务部门虚增利润，使其扭亏为盈，同时协同销售部门做假出库处理，利润达到形式上的成立。这一重大的管理层舞弊却并未被内部审计机构予以纠正,究竟是因为舞弊手段高明导致其未有所察觉,还是由于受到高层的压力而故意为之?原因应该是显而易见的。上市公司的内部控制形同虚设,为管理层造假提供了有利的机会。如何使内控达到有效的执行以及如何应对管理层凌驾于内部控制之上,是我们如今应该思考的问题。

2. 注册会计师的责任

科龙电器所涉及的审计失败原因归纳如下。

(1) 审计程序不恰当,主要包括以下三个方面。

① 关联交易所实施审计程序的不恰当性。后期的调查表明,科龙电器公司存在大量利用关联交易的事实。实际上,其大量利用关联交易进行采购和销售业务,涉及的金额巨大,对于这些较为明显的不合理之处,事务所并未保持该有的职业谨慎,未按照审计准则的要求执行恰当的审计程序。这些谜团在事务所三年的审计报告中均未反映。

② 对下属公司审计程序不到位。科龙电器的组织结构非常复杂,公司间相互持股、交叉持股的现象导致审计师在审计时容易疏忽,在科龙电器的审计中,未对关联交易很多子公司根据重要性进行审计。

③ 盘点抽样不合理。科龙电器属于制造业,其销售的商品为其最为主要的存货,对该类存货的盘点应该予以足够的职业谨慎;相应地,盘点程序不能只是流于形式,而应该做到检查进库单、出库单以及仓库保管记录的连贯性,以及财务账、仓库账与实物的一致性。事务所在审计时,为了减少审计的工作量,存货的盘点流于形式,最终也导致没有发现该公司通过压库的方式造假,即存货并未出库而确认收入的行为。

(2) 审计执行环境存在缺陷,主要包括以下三个方面。

① 违规成本与收益的不对称性。舞弊被查处和处罚力度是注册会计师考量是否与被审计单位合谋进行舞弊的一大因素。然而,我国对审计舞弊的处罚力度偏轻,一般仅限于行政处罚,如警告、暂停执业、撤销等,很少涉及民事责任。科龙电器事件被揭露后,中国证监会介入调查,但并未对事务所作出严厉的处罚。可见,审计舞弊行为的高收益和处罚不力的低成本,对审计师舞弊起到了推波助澜的作用。

② 企业双重角色的不利影响。企业一般是审计业务的委托人,同时也是被审计的主体,这样的双重身份极有可能催生审计失败。企业作为委托人,有权选择执行审计业务的事务所、决定收费等事宜,如果企业管理层不够诚信并且有舞弊的动机,在选择事务所时就偏向于选择愿意为企业出具管理层偏好的审计意见的事务所,即所谓的"购买审计意见"。企业聘请事务所对本企业进行审计,在一定程度上有"自我评价"的倾向。所以,这一审计的执业环境会对会计师的独立性造成不利影响,会计师会受制于被审计单位,为被审计单位出具不真实的审计意见。科龙电器在这一问题上也不例外。

③ 连续审计的不利影响。连续多年审计同一企业会带来一系列的审计问题。对于会计师而言,在了解被审计单位及其环境时带有主观评价性,会受以前年度对被审计单位的了解的影响,这样往往具有片面性;对于事务所而言,连续审计往往会对被审计

单位产生依赖,对自身独立性会产生不利影响;对于被审计单位而言,连续审计会使其了解事务所一贯的审计作风,从而预测到事务所会使用的审计程序,方便其隐瞒事实,更不利于会计师察觉到舞弊的迹象。

注册会计师行业作为解决公司委托代理问题的桥梁,必须要建立起足够的公信力。因此,希望审计行业能足够重视形象受损的危害性,在执业中提升职业素养,为企业的健康和良性竞争提供保障。

第二节 资产滥用舞弊审计案例

贪污组织资财舞弊审计案例及分析
杨 忠 李三喜 张永凤

一、案例介绍

2020年7月初,某银行审计室的红旗标志系统发出警告:重庆分行国债兑付资金科目出现红旗。审计室立即将情况向总行审计部汇报,同时提出实施舞弊审计建议。总行审计部接受建议并组成专案审计组,制订审计计划、审计方案,安排审计时间为2020年7月9—14日。专案审计组由安某、陈某、崔某组成,9日开始审计调查,编制审计工作底稿如表11-1、表11-2、表11-3、表11-4、表11-5、表11-6所示。

表11-1 贪污组织资财舞弊审计程序表

单位名称:重庆分行		签名	日期		
项目:贪污组织资财舞弊	编制人	安某	2020-07-09	索引号	1-1
截止日期:2020年7月4日	复核人	陈某	2020-07-09	页次	1
一、审计目标 1. 确定重庆分行国债兑付资金内部控制制度是否建立健全 2. 确定贪污组织资财舞弊嫌疑是否属实 3. 确定贪污组织资财舞弊是否构成经济犯罪 4. 如果构成经济犯罪,确定涉案金额和可能造成的经济损失					
二、审计程序				执行情况	索引号
1. 调查、测试国债兑付资金内部控制制度是否健全有效 2. 对拨付给重庆分行的国债兑付资金进行详细核查,确定是否有异常 3. 对重庆分行兑付给债权人的国债资金进行详细核查,确定是否有异常 4. 对异常情况进行详细追查				已执行 已执行 已执行 已执行	

表11-2 国债兑付资金内部控制调查表

单位名称：重庆分行		签名	日 期		
项目：国债兑付资金内部控制调查	编制人	陈某	2020-07-09	索引号	1-2
截止日期：2020年7月4日	复核人	安某	2020-07-10	页次	1
调查内容				是	否	备注
1. 是否建立健全国债兑付资金管理制度				是		
2. 国债兑付资金管理体制是否适应国债兑付资金的全过程管理要求					否	
3. 拨入的国债兑付资金是否有交接手续				是		
4. 拨入的国债兑付资金是否有核查手续				是		
5. 国债资金兑付是否有专人管理				是		
6. 国债资金兑付是否有专人审批				是		
7. 国债资金兑付是否实行严格的内部牵制制度					否	
8. 国债资金兑付是否有完整的单据流转制度				是		
9. 国债资金兑付原始凭证是否完整				是		
审计小结：重庆分行建立健全了国债兑付资金管理制度，但内部牵制制度执行不力，风险很高						

表11-3 上级拨入国债兑付资金审计流程表

单位名称：重庆分行		签名	日 期		
项目：上级拨入国债兑付资金审计流程	编制人	崔某	2020-07-10	索引号	2-1
截止日期：2020年7月4日	复核人	安某	2020-07-11	页次	1
一、审计目标 确定上级拨入国债兑付资金是否有问题					
二、审计流程			索引号	执行情况	
1. 获得上级拨入国债兑付资金明细表 2. 获得重庆分行接收国债兑付资金明细表 3. 获得重庆分行接收国债兑付资金交接单 4. 核对是否有差异				已执行 已执行 已执行 已执行	

表 11-4　上级拨入国债兑付资金审查表

单位名称：重庆分行		签名	日　期	索引号	2-2
项目：上级拨入国债兑付资金	编制人	崔某	2020-07-11	页次	1
截止日期：2020 年 7 月 4 日	复核人	安某	2020-07-12		
审计结论或者审计查出问题摘要及其依据	专案审计组对上级拨入国债兑付资金明细表和重庆分行接收国债兑付资金明细表、交接单进行详细核对，没有发现问题				
潜在风险及影响	贪污组织资财舞弊风险				
审计意见及建议	无问题				
复核意见	结论可以确认				

表 11-5　拨付国债兑付资金审计流程表

单位名称：重庆分行		签名	日　期		
项目：拨付国债兑付资金	编制人	陈某	2020-07-12	索引号	3-1
截止日期：2020 年 7 月 4 日	复核人	安某	2020-07-13	页次	1
一、审计目标 确定拨付国债兑付资金是否有问题					
二、审计流程				索引号	执行情况
1. 对各期次国库券兑付数，重新设立手工分户账 2. 逐笔翻阅储蓄划转传票，与会计分户账核对					已执行 已执行

表 11-6　拨付国债兑付资金审查表单位名称：重庆分行签名

单位名称：重庆分行		签名	日　期	索引号	3-2
项目：拨付国债兑付资金	编制人	陈某	2020-07-13	页次	1-1
截止日期：2020 年 7 月 4 日	复核人	安某	2020-07-14		
审计结论或者审计查出问题摘要及其依据	经专案审计组审查，确认 2020 年 7 月 4 日，重庆分行对国家债券投资科目进行了调整，其中有两笔资金划转到活期储蓄存款科目。经过调阅相关工作日的传票和反复查证，证明是总会计姚某贪污国债兑付资金				
潜在风险及影响	贪污组织资财舞弊风险				
审计意见及建议	加强国债兑付资金管理				
复核意见	结论可以确认				

二、案例分析

(一) 舞弊类别

贪污组织资财舞弊审计属于损害组织经济利益的舞弊审计

《第2204号内部审计具体准则——对舞弊行为进行检查和报告》将舞弊行为归纳为损害组织经济利益的舞弊和谋取组织经济利益的舞弊两类。损害组织经济利益的舞弊是指组织内外人员为谋取自身利益,采用欺骗等违法违规手段使组织经济利益遭受损害的不正当行为。贪污、挪用、盗窃组织资财是直接损害组织经济利益的舞弊情形之一,如今具有向高管人员蔓延的趋势,而且数额越来越大。

(二) 发现嫌疑

本案例中贪污组织资财舞弊审计是通过红旗标志法发现嫌疑的

红旗标志也称舞弊风险因素,是指组织经营环境中可能存在故意错报的高风险征兆,警示舞弊发生的可能性及特征。一般来说,管理方面的"红旗"主要有以下几个方面:管理人员遭受异常压力或期望业绩;资金短缺,影响营运周转;未加解释的会计政策变更;管理层的薪酬与经营成果挂钩;会计人员或信息技术人员等变动频繁或不具备胜任能力;存在异常交易或大量的调账项目;内部审计人员难以获取充分、适当的审计证据等。员工方面的"红旗"主要有以下几个方面:主管有不法前科记录;员工有大额负债或具有吸毒、赌博等不良嗜好;由某人处理某项重要交易的全部业务;会计信息系统失效或内部控制设计不合理等。其实,红旗标志法的实质是组织内的管理层在总结以往舞弊情况发生的基础上,整理归纳出一整套舞弊发生的可能性最高的相关经验,并用文字将之展示出来,以警示他人注意舞弊发生的可能性以及发生的特征和基本情况,它的完整性和准确性受"红旗"标志制作者的经验、专业知识和工作深度、广度等相关因素的影响,因而红旗标志法在舞弊审计工作中的使用具有一定的局限性。

(三) 调查措施

本案例中,专案审计组通过实施调查和测试国债兑付资金管理、内部控制,详细核查某银行拨付给重庆分行的国债兑付资金和重庆分行兑付给债权人的国债资金,并对异常情况进行详细追查等舞弊审计程序,确认2010年7月4日重庆分行对国家债券投资科目进行了调整,其中把两笔资金划转到活期储蓄存款科目;再经过调阅相关工作日的传票和反复查证,证明重庆分行总会计姚某贪污国债兑付资金的犯罪事实。

第三节 腐败舞弊审计类案例

收受贿赂或回扣舞弊审计案例及分析
李三喜　张爱莲　肖　文

一、案例介绍

2020年7月初,某银行审计部派出审计小组,对其上海分行进行例行中期审计。在审计过程中,审计小组通过分析性复核发现上海分行贷款核销的比率偏高,比全国同类金融机构高出40%左右,涉及金额达2.8亿元。审计小组认为以上情况有收受贿赂或回扣舞弊的重大嫌疑,立即将情况向总行汇报,同时提出进行舞弊检查的建议。总行对此高度重视,立即责成组成专案审计组、制订舞弊检查审计计划和审计方案,确定审计时间为7月7—12日。专案审计组由高某、陶某、温某组成,并于7月7日开始审计,编制审计工作底稿如表11-13、表11-14、表11-15、表11-16、表11-17、表11-18所示。

表11-7 收受贿赂或回扣舞弊审计程序表

单位名称:某银行上海分行		签名	日 期		
项目:收受贿赂或回扣舞弊	编制人	高某	2020-07-07	索引号	1-1
截止日期:2020年6月30日	复核人	陶某	2020-07-07	页次	1
一、审计目标 1. 确定贷款核销内部控制制度是否建立健全 2. 审计调查贷款核销舞弊嫌疑是否属实 3. 确定贷款核销舞弊是否构成经济犯罪 4. 确定构成经济犯罪的涉案金额以及可能造成的经济损失					
二、审计程序				执行情况	索引号
1. 调查、测试贷款核销管理的内部控制制度是否健全有效 2. 对贷款核销明细表进行分析性复核,确定是否有异常 3. 如有异常,根据发现的线索深入追查 4. 抽查原始凭证、原始文件				已执行 已执行 已执行 已执行	

表 11-8 贷款核销内部控制调查表

单位名称：某银行上海分行		签名	日　　期		
项目：贷款核销内部控制调查	编制人	陶某	2020-07-07	索引号	1-2
截止日期：2020 年 6 月 30 日	复核人	高某	2020-07-08	页次	1
调查内容			是	否	备注
1. 是否建立健全贷款核销管理制度			是		
2. 贷款核销管理体制是否适应贷款核销管理要求				否	
3. 贷款核销是否经房贷部经理审核			是		
4. 贷款核销是否经风险管理部门审核				否	
5. 贷款核销是否经主管副行长审批			是		
6. 贷款核销是否经行长审批			是		
7. 贷款核销是否经风险管理部门追踪检查				否	
8. 贷款合同是否建立台账			是		
9. 内部审计部门是否对贷款核销进行过审计				否	
审计小结：上海分行贷款核销管理制度建立健全，但贷款核销管理体制不顺，组织机构设置不全，制度执行不力，贷款核销风险很高					

表 11-9 分析性复核审计流程表

单位名称：某银行上海分行		签名	日　　期		
项目：分析性复核审计流程	编制人	温某	2020-07-08	索引号	2-1
截止日期：2020 年 6 月 30 日	复核人	高某	2020-07-09	页次	1
一、审计目标 确定贷款核销的舞弊嫌疑是否属实					
二、审计流程				执行情况	索引号
1. 获得贷款核销明细表 2. 对贷款核销明细表进行分析				已执行 已执行	

表 11-10　贷款核销明细表

单位名称：某银行上海分行		签名	日　期	索引号	2-2
项目：贷款核销明细表	编制人	陶某	2020-07-09	页次	1
截止日期：2020 年 6 月 30 日	复核人	高某	2020-07-10		
审计结论或者审计查出问题摘要及其依据	专案审计组运用排序、筛选的方法，对贷款核销明细表中的贷款核销数据进行分析，列出了贷款期限 2 年以内、贷款金额 1 000 万元以上的可疑客户清单，涉及金额达 2.8 亿元				
潜在风险及影响	违规贷款核销风险				
审计意见及建议	加强贷款核销管理				
复核意见	结论可以确认				

表 11-11　审计抽查流程表

单位名称：某银行上海分行		签名	日　期		
项目：审计抽查流程	编制人	温某	2020-07-10	索引号	3-1
截止日期：2020 年 6 月 30 日	复核人	高某	2020-07-11	页次	1
一、审计目标 确定贷款核销舞弊嫌疑是否属实					
二、审计流程				执行情况	索引号
1. 审查可疑的已核销贷款人的贷款资格是否合规、业务经营是否正常、贷款核销理由是否成立				已执行	
2. 审查可疑的已核销贷款审批文件是否齐全、核销程序是否完备、审批人是否为同一人或同几人				已执行	
3. 审查可疑的已核销贷款原始文件是否有可疑之处				已执行	

表 11-12　审计抽查表

单位名称：某银行上海分行		签名	日　期	索引号	3-2
项目：审计抽查	编制人	陶某	2020-07-11	页次	1
截止日期：2020 年 6 月 30 日	复核人	高某	2020-07-12		

(续表)

审计结论或者审计查出问题摘要及其依据	经审查,可疑的已核销贷款人的资格符合规定,业务经营正常,但贷款核销理由比较牵强。可疑的已核销贷款经办人均为风险处孔某,审批人均为风险处处长战某。可疑的已核销贷款均有当地法院的法律文书作为证据,经办人均为法院工作人员邹某。专案审计组到法院进一步核实,发现法院档案中并没有相关法律文书,法律文书为邹某伪造
潜在风险及影响	违规发放个人住房按揭贷款风险
审计意见及建议	加强个人住房按揭贷款管理
复核意见	结论可以确认

二、案例分析

(一) 舞弊类别

收受贿赂或回扣舞弊审计属于损害组织经济利益的舞弊审计。《第2204号内部审计具体准则——对舞弊行为进行检查和报告》将舞弊行为归纳为损害组织经济利益的舞弊和谋取组织经济利益的舞弊两类。损害组织经济利益的舞弊是指组织内外人员为谋取自身利益,采用欺骗等违法违规手段使组织经济利益遭受损害的不正当行为。收受贿赂或回扣属于损害组织经济利益的舞弊情形之一。在现实生活中,收受贿赂或回扣舞弊行为是一种比较常见的舞弊行为,影响极其恶劣,应作为舞弊审计的重点之一。

(二) 发现嫌疑

收受贿赂或回扣舞弊具有高度的隐蔽性。在内部审计手段有限的情况下,审计查处难度非常大。一般来说,收受贿赂或回扣舞弊很大一部分是通过举报发现的,也有一些通过红旗标志法和分析性复核法发现。本案例内部审计人员实施了分析性复核程序,获取证据并确认贷款核销的舞弊嫌疑。

(三) 调查措施

专案审计组实施了审计抽查程序以确认贷款核销舞弊嫌疑。这里特别要说明的是,收受贿赂或回扣舞弊审计的取证难度较大,在可能会造成较大损失的情况下,可以寻求司法途径解决取证难题。

第四节 管理层舞弊审计案例

金亚科技的财务舞弊案例研究——基于舞弊 GONE 理论
邓小东　李　昉

一、案例介绍

（一）案例情况

成都金亚科技股份有限公司（以下简称"金亚科技"）成立于 1999 年 11 月 18 日，于 2007 年完成股份制改革，2009 年在深圳证券交易所完成股票发行上市（股票代码 300028），属于首批在创业板上市的公司之一。金亚科技的主要业务覆盖数字化网络终端产品及电子通信设备，是集研发、生产、销售、售后服务于一体的广播电视设备制造业公司。上市后的金亚科技不断通过收购来增加企业的市值，在 2015 年 2 月因高价收购天象互动等异常举动引起中国证监会的关注，终于在四个月后，中国证监会对此展开调查，初步认为金亚科技可能涉嫌违反相关法律法规。经过约三年的调查、审理，发现金亚科技不仅在 2014 年年度财务报告中出现财务造假，更是早在 2009 年公司首次公开发行股票的申报材料中就记载虚假财务数据。因此，2018 年 8 月 8 日，金亚科技的股票从开市起处于停牌状态，截至 2019 年 4 月，该状态并未变更。

1. IPO 申报材料中存在虚假数据

金亚科技为了在 2009 年首次公开发行股票的竞争中处于不败之地，不惜在提交的申请材料中使用虚假财务数据，虚增 2008 年和 2009 年上半年的营业收入及利润。虚增部分的金额与实际金额的比率最低值接近 50%，最高值超过 100%，虚增幅度创历史新高。2016 年 8 月 22 日，中国证监会对此展开立案调查，认为金亚科技存在欺诈发行股票的行为，终于在 2018 年 6 月 25 日查实金亚科技确实涉嫌违法犯罪行为，并由中国证监会将此案移交给公安机关进行审理。

2. 上市后虚假记载财务报告

金亚科技在 2014 年为了达到扭亏为盈的目的，不惜在当年度财务报告的披露中使用虚假数据，虚增银行存款和预付工程款两项均达到上亿元。其中，前者虚增部分高达 2.2 亿元，后者虚增部分高达 3.1 亿元。另外，虚增营业收入 73 635 141.10 元，虚增营业成本 19 253 313.84 元。

3. 中介机构未勤勉尽责

2014 年金亚科技财务报表审计报告由立信会计师事务所负责出具。在审计过程中，立信会计师事务所未严格执行审计准则，未能做到勤勉尽责，存在几处较重要的审计问题。在货币资金业务循环函证程序中，未按审计准则对于发函地址存在不确定性的情况实施进一步的审计程序；在采购与付款业务循环中，未及时关注询证函地址，保证发函地址与发票地址的一致性;同时,对待金额较大的合同未保持职业敏感度以及应有的职业怀疑,合同形式的完整性无法得到确保,导致可能出现因管理层舞弊而产生的重大错报风险。华泰联合证券作为金亚科技的保荐机构,应对申请人是否达到符合上市的条件以及相关上市文件材料的准确与完整承担应有的保证职责,并对相关材料做出合理审慎的查询及确认。很显然,华泰联合证券并没有做到这些,间接导致金亚科技涉嫌欺诈发行。

(二)相关处罚

1. 金亚科技及相关责任人

金亚科技的相关当事人在公司上市后未严格遵守证券法律法规,给投资者以及社会带来一定程度的危害,金亚科技被予以警告,并被罚款60万元;第一大股东周旭辉被予以警告,罚款90万元并终身不被允许进入证券市场;其他相关责任人均受到相应处罚。截至2019年4月4日,金亚科技因虚假陈述给客户带来损失,被法院判定共赔偿约4 000万元,收到一审民事判决书已超过1 000例。

2. 中介机构

作为金亚科技的年度财务报表审计的承接者,立信会计师事务所被没收90万元业务收入,并被罚款290万元;对金亚科技2014年年度财务报表审计业务具有签字权的两位注册会计师分别被罚款10万元。中国证监会也对金亚科技的保荐机构以及相关保荐人员进行全面调查,若存在相关保荐人员的疏忽以及保荐机构工作程序设定不合理,华泰联合证券及相关保荐人员也会受到相应处罚。

二、案例分析

(一)金亚科技财务造假手法和表现

1. 伪造财务数据

2013年,金亚科技净利润跌入谷底,经会计师事务所审计后披露的年度财务报表中显示净利润为-1.21亿元。作为创业板的上市公司,金亚科技的董事长以及相关高层领导明白利润亏损的严重性以及下一年度利润目标的关键性,如果2014年无法扭转亏损局面,金亚科技的股票可能会遭受停牌风险。为避免出现这一局面,金亚科技董事长兼实际控股人周旭辉重新制定年度利润目标,金额高达3 000万元。同时为保证该年度的利润目标最终实现,金亚科技财务负责人将年度目标利润拆分至各个季度,并与各季度真实利润数据进行比较,若真实利润数据低于目标利润,则经周旭辉批准后按最终确认的利润数据做账并且对外披露。金亚科技的财务工作人员也严格执行这一利润目标,通过虚增往来款项、存货、收入以及成本等手段将具体的数据金额做入每个月的账中。为了合理避开审查,金亚科技实行双账套做账模式:003账套用于记录公司日常真实交易记录,方便公司进行内部账务的核查与监督;另一个006账套则用于记录为达到年度目标利润进行的虚假交易记录,并以此制作年度财务报告对外披露。

2. 虚列预付工程款

通过2015年4月3日金亚科技对外披露的2014年度财务报告可以发现,合并资产负债表的非流动资产科目期末余额栏位显示金额为 3.1 亿元,后 2016 年 1 月 18 日公布的自查报告表示,因涉及虚假交易对该笔金额进行调减,追其根源,不难发现这笔高达 3.1 亿元的金额与 2014 年金亚科技的一笔大额建设工程施工合同预付工程款相吻合。该施工合同用来完成金亚科技子公司的一个建设项目,合同乙方为四川宏山建设工程有限公司。然而令人惊讶的是,该合同并没有得到甲乙双方的签字及盖章,连银行的付款单据也是伪造的,金亚科技因此完美地虚增了预付工程款 3.1 亿元。

3. 虚增利润总额

在金亚科技 2014 年年度财务报表中,虚增利润总额高达 0.8 亿元,该金额与当期应披露的实际利润总额的比值达到 300% 以上,可见虚增部分的利润总额占比异常之高。为避免出现退市风险警示的情况,金亚科技在 2014 年用尽一切方法将年度报告披露的数据做得漂亮,包括伪造合同、虚假构建客户关系、虚假制作银行单据、虚假填列材料与产品的收发单以及少计相关期间费用与成本等方式,以达到将当年年度报告利润总额扭亏为盈的目的。

(二) 基于 GONE 理论的金亚科技财务舞弊动因分析

会计舞弊 GONE 理论表示,公司之所以会出现财务舞弊行为,是因为行为主体受贪婪、机会、需要、暴露四个因子共同作用的结果。其中:贪婪和需要两个个别风险因子从个人和组织的角度揭示了造成舞弊压力的原因是利益需求与期望值相差过大;机会和暴露两个一般风险因子则从环境的内部与外部角度阐明了导致舞弊机会的原因是相关制度建立得不健全。

1. 贪婪维度分析

贪婪因子侧重的是一种心理因素,是舞弊行为人在职责工作内对个人利益追求的无限膨胀。个人欲望如果不能以理智加以遏制,行为人极有可能突破现有会计规范,并极力隐瞒自己侵害他人利益的行为。同时,舞弊行为人所处的职位越高,那么其通过舞弊所造成的损失越重大,而且被发现的概率会降低。从金亚科技披露的年报中可以看出,该公司的控股股权和实际控制权主要集中在周旭辉手中,同时周旭辉还担任公司董事长(2016 年 1 月 18 日自查报告中表示已辞职)。在 2017 年年度报告中,周旭辉的持股比例为 27.98%,占股 5.38% 的王仕荣为周旭辉的姐夫。2015 年 7 月 15 日,金亚科技董事会通过了以 2.2 亿元的高价购买天象互动 10% 股权的议案,而该股权的持有者正是时任金亚科技的董事长周旭辉,周旭辉个人占用公司 2.17 亿元的款项。由此可见,这笔交易背后的目的十分明显,完全是周旭辉满足个人需求的行为。同时,纵观周旭辉个人经历与性格,不难发现其激进与求成心切的一面。在金亚科技上市前期,周旭辉就通过不断开展推广会来吸引投资者;金亚科技上市后,更是通过不断收购来做大市值,2012 年与著名女星完婚也为接下来的造假事件埋下了贪婪的种子。一股独大使权力缺乏制衡,实际控制人兼董事长降低了董事会决议的客观性和独立性,使其借助职务之便谋求个人利益,从而走上粉饰报表的造假之路。

2. 需要维度分析

需要因子是舞弊行为产生的关键因素,是其根源所在,我们通常也称之为动机因子。对于公司而言,最主要的需求是获取资本市场的认可、筹集资金以及保持增长。实现这一需求的关键点是公司的实际业绩水平要与外部监管部门的标准达到一致,如果存在差异,尤其是低于监管部门所要求的标准时,组织需要就会产生驱动作用,可能使行为人采取舞弊的方式来满足融资或保牌的需求。金亚科技在上市之前已在2004年3月、2006年11月和2007年6月经历了三次增资,以此来扩大公司的生产规模。但显然这还不足以使金亚科技处于同行业领先地位,为加速公司发展,公司选择首次公开发行股票筹集更多资金,但公司当时的业绩并不满足中国证监会对在创业板上市的公司首次公开发行股票的条件规定,金亚科技在申报材料中虚增了2008年以及2009年上半年的营业收入与利润,以达到IPO条件。金亚科技上市后,公司业绩持续下滑,2013年已出现亏损局面,为了避免2014年继续亏损导致面临退市风险,金亚科技通过财务造假、虚增利润,使其达到股票上市规则规定的红线标准。

3. 机会维度分析

机会因子是促成舞弊行为达成的时机,舞弊行为人认为其造假行为精巧细密,能够不被发现且免于受到处罚。金亚科技造假行为的产生主要表现在以下两个方面:① 公司治理结构存在缺陷。董事会在上市公司内部治理结构中通常占据着重要位置,而在金亚科技中,董事会中的成员与高级管理层人员交叉重合,导致董事会应有职权并不能得到发挥。同时,金亚科技的监督结构并不完善,在金亚科技监事会的三名监事中,有两名为企业内部职工,他们的行为和决策往往受到领导的影响。在这样的内部治理结构中,监事会和董事会都没能发挥实质性的作用,往往会因为一股独大而为财务舞弊创造机会。② 内部控制形同虚设。公司内部审计机构能否发挥应有的效力对于公司财务报告内部控制的最终实现有着至关重要的作用。金亚科技在2015年7月审计主任离职后出现大段时间的职位空缺,致使该时间段内的内部控制得不到有力监督,公司财务人员严格遵守企业会计准则得不到保证,财务造假行为有了可乘之机。

4. 暴露维度分析

暴露因子是由两方面构成的:一方面是舞弊行为被发现并对外披露的概率;另一方面是对舞弊行为人惩罚的性质及程度。相较于探讨对行为人进行何种惩罚,更为关键的是从源头上加以遏制,即加强发现机制。注册会计师作为公司经济活动的外部监督者,在接受业务委托后,能否利用职业判断发现被审计单位财务造假行为是暴露的关键所在。作为金亚科技年度财务报表审计业务的承接者,立信会计师事务所及相关审计人员在审计过程中遇到合同形式不完全以及大金额异常合同时,未能保持职业敏感度,未进一步实施相关审计程序。当金亚科技的财务造假事件成为既定事实后,中国证监会对金亚科技以及周旭辉本人予以行政处罚,但罚款金额远远小于违法所获得的收益,这对于不断挑衅法律底线的行为人未能达到警醒以及威慑的效果。

三、相关对策

(一) 遏制个体贪婪需求

管理者的控制权与剩余索取权达不到平衡,是形成贪婪因子的主要因素。贪婪是属于个人道德层面的内容,是管理者缺乏诚信的表现。因此,要加强公司管理者的诚信建设,提高管理人员的职业操守意识,制定相关制度对不诚信的行为给予处罚,同时在公司股权结构比例上要重点注意避免出现一股独大的局面。在涉及重大事项时,要充分发挥董事会和监事会相互制衡的作用,从而遏制个体的贪婪需求。

(二) 降低不良组织需求

随着数字化时代的飞速发展,金亚科技研发、生产、销售电子产品这一制造销售模式受到巨大冲击。在严峻的市场环境下,公司积极转型,但因主营业务模式太过传统,转型结果不尽如人意。金亚科技发展增长缓慢,为改善经营业绩,急需增加资金支持,为达到 IPO 资格提供虚假资料,并在上市后进行财务报告造假从而募集更多资金。究其原因,还是金亚科技已经无法从现行的银行信贷机构获得融资,导致其铤而走险。为降低该情况发生概率,应进一步完善信贷市场,成立专门的金融机构为合适企业提供贷款。

(三) 减少舞弊机会

完善金亚科技的内部治理结构,保障董事会成员的基本职权,使董事与高级管理层人员保持独立,充分发挥董事会在内部治理结构中客观公正的作用。为提高监督的有效性,在聘任监事时不能直接由大股东进行选派,应严格执行聘任制度,客观公正地选出合适人员,保证监督时不受其他机构控制。同时应高度重视内部控制管理制度建设,对于重要岗位工作人员,如有离任情况应及时准备替补,缩短职位空档期,从而使内部控制循环得以有效地运行,减少舞弊机会。

(四) 完善舞弊暴露的发现机制

加强注册会计师的职业判断能力以及违法成本,是完善舞弊暴露发现机制的有效途径。注册会计师不仅要具备专业性和客观性,还要提高职业敏感度和发现问题的能力。尤其是大额、异常行为,不能一笔带过。同时,外部监管者需要加强监管力度,提高违法成本,对行业违法违规行为进行客观、公正的鉴定。在审计过程中,审计人员执行的每一项审计程序应严格遵守审计准则,若因未遵守审计准则造成财务造假行为未被发现,应对相关责任人及签字注册会计师处以实质性的处罚,提高公正性和威慑性,让违法犯罪者三思而后行。

第五节 员工舞弊审计案例

一、案例介绍

银行业作为经营货币业务的高风险行业,其面临的风险既有外部的也有内部的。银行防范外部风险应以提高自身的科学决策及管理水平、经营实力和市场应变能力为重要手段;防范内部风险应在防止员工操作风险和舞弊行为方面下大力气。光大银行内部审计部门在审计过程中非常重视员工舞弊行为的审计工作。2014 年,在对某分行的常规审计过程中,发现某分行信用卡中心主任王某的舞弊行为,就是典型的例子。

(一)审计过程及方法

1. 发现可疑线索,初步锁定审计方向

在员工舞弊行为审计中发现可疑线索是所有工作的基础。那么如何在茫茫大海中寻找可疑线索呢?

(1)初步了解。审计人员需要对被审计分行的整体业务、机构、人员状况进行深入分析,了解被审计单位经营特点、业务结构、资产质量、特殊采购装修事项等,多维度进行筛选甄别,寻找有价值的可疑线索。审计人员不仅需要具有丰富的审计经验、较强的业务能力,更需要高度的职业敏感和对问题孜孜不倦的探索精神。具体来说,分析的内容包含但不限于以下情况:不良贷款的构成,寻找不良贷款形成较多的机构及人员;特殊采购装修事项,分析并跟踪供应商的选择及资质情况;对重点岗位、关键人员的情况进行排摸等。

(2)依托总行下发的数据包进行数据筛选。对数据进行分析、比较,找出其中的规律,对有疑点的往来进行追踪查证,锁定违规嫌疑人,然后纵向追索违规嫌疑人前后1~2年的账户往来,同时横向追索与违规嫌疑人往来密切的其他人员1~2年的账户往来情况。最后组内开展讨论和研究,利用总行多项系统收集违规嫌疑人的基本情况、业务状况以及其他需要的信息,从而分析拟定可疑线索并上报领导,明确每个项目关于员工舞弊行为审计的初步方向。

(3)本案例线索的发现。数据抽样时发现某分行2012年8—12月从HY公司共计采购POS机具4 872台,单价1 300元,合计633万余元。这一现象引起了审计人员的关注和疑惑:一方面,分行采购机具的单价及总额较大,采购价格明显高于市场批发价;另一方面,该分行通过购买大量POS机具进行市场营销的模式与区域内其他分行多采用的租赁模式存在较大差异。

2. 深入开展非现场核查,初步发现违规事实

(1)非现场初步核查。开展非现场初步核查是做好员工舞弊行为审计工作的第二步。为了寻找可疑线索及异常往来数据,审计部门安排专人进行非现场核查,充分利用相关业务系统顺着发现的线索进行核查,从多方面收集有价值的信息。涉及信贷的线索,通过对公信贷和个贷系统进行核查;涉及财务的问题,通过思爱普(SAP)系统进行数据分析;涉及人员的问题,通过相关账户及人力资源系统了解相关情况;通过银码系统了解企业的注册资金、法人及经营范围等。核查人员会通过寻找往来数据的特征、发生的频率、往来的对象等关键因素,大胆假设,试图建立相关信息之间的逻辑对应关系,寻找可能存在的违规行为。必要时,核查工作还会延伸到被核查人员涉及的相关机构或部门、经办的所有业务,并建立其中的关联性,对员工舞弊行为进行初步认定。

(2)本案例线索的非现场排查。根据上述线索,非现场阶段审计人员对王某、POS机具供应商、供应商关系人(法人、股东、财务)等账户进行了重点排查。初步发现王某与POS机具供应商密切关系人存在大额异常资金往来,涉及收受红包、支付购房首付款等违规行为。

3. 严密部署现场审计,最终确认舞弊行为

(1)现场审计。现场审计阶段对员工违规事实进行确认是员工舞弊行为审计的关键。现场审计只有在掌握足够信息以及对违规嫌疑人充分了解的基础上才可能取得突破,具体可细分为以下四个步骤。

一是通过调阅相关档案资料及凭证、实地走访企业等方式进一步确认违规事实,对非现场发现的疑点进一步查实、查透。

二是通过调阅违规嫌疑人的人事档案,与人事部门、分行领导访谈,充分了解违规嫌疑人的基本情况。此项工作要把握知悉范围,避免消息走漏。

三是通过与违规嫌疑人谈话并由当事人书面陈述的方式对问题进行最终认定。通过合理设计谈话顺序、时间、地点来营造氛围(审计人员已掌握全部违规事实,并努力帮助违规嫌疑人纠正违规行为),在谈话中要利用已掌握的信息,通过分拆瓦解、各个击破的方式寻求突破。访谈中一方面须注意倾听查找可疑情况,另一方面须做好相关记录,最终从违规程度较轻、违规事项风险相对较小的地方入手,抽丝剥茧,还原事实经过,寻找问题的根源。在违规嫌疑人基本承认违规事实后,要求违规嫌疑人当场做出书面陈述并签字确认,审计人员全程陪同。

四是根据谈话情况整理排查函,将相关线索交被审计单位进行深入排查及处理后续工作。为便于分行有的放矢地开展工作,排查函中必须明确具体的排查要求,并要求分行及时采取有效措施,消除风险隐患。最终,分行根据银行问责管理的相关规定,视违规事项的损失情况、风险程度对责任人进行问责,起到警示全行的作用。

开展员工舞弊行为审计,除了认真落实上述四个步骤外,更重要的是团队的协作与配合,仅仅依靠个人的能力是无法完成整个违规事实认定工作的。

(2)本案例的现场检查。现场审计初期,调阅POS机具供应商的相关账户资料,了解到HY公司成立于2011年8月,注册资金仅3万元,并且自成立以来仅与该分行有过业务往来。该分行选择如此资质的供应商并在短期内发生大额采购的做法,引起了审计人员的关注。通过调阅传票,了解到分行购买的是深圳市某公司K301型POS机具,而且采购未经分行招标流程。经上网及电话咨询公司代理商,采购价应在800元/台(少量采购价格);此外,审计人员还实地暗访了HY公司,了解企业的实际经营情况。

审计人员抽调了王某的档案了解其基本情况,重点包括从业经历、住房用车情况、信用卡情况和个人财产情况。从相关档案了解到,王某2009年4月以外包人员身份入行,2010年4月转正,2012年年初提为信用卡中心副主任(二级部门副经理级)。2011年购车,2012年购房,在行里有一笔住房按揭贷款80万元、一笔薪资贷29.8万元,信用卡额度高达90万元,频繁用于套现,每个月用于偿还信用卡分期、住房贷款所需资金高达十几万元,而其每个月的固定收入不到5 000元。

根据上述疑点,审计部门领导及相关审计人员连夜与负责此事的分行信用卡中心负责人王某谈话,起初王某抗拒与侥幸心理较强,故意绕开关键话题,寻找各种理由百般推脱,但审计人员利用已经掌握的大量事实,包括POS机具市场价格、供应商情况、其本人购房情况、信用卡使用情况等,最终攻破了王某的心理防线,他承认了相关违规事实。谈话结束后,他留下一句"现在我心头的这块石头终于可以放下了",这句话给审计人员留下了深刻的印象。

基于审计手段及时间的限制,审计人员及时整理排查函交分行进行深入排查。分行领导高度重视,组织专人深入排查,最终确定了相关机具的实际采购价,并组织人员对全行固定资产进行盘点，确保账实相符；排查中还发现违规员工所管理的部门通过虚构交易笔数，多支付商户补贴款等问题。

（二）审计结果与成效

1. 追回银行财产损失

审计人员经过认真周密的审计，查清主要违规事项如下：一是弄虚作假，误导分行从 HY 公司高价采购 POS 机具，导致分行多支付采购资金 239.8 万元；二是使用并出借信用卡套现 344 万元，间接参与企业经营，存在利益输送；三是未区分设备产权设置利润分配比例，导致银行权益受损。

分行高度重视违规款项追缴和违规人员问责问题，收缴了违规资金 262.3 万元，同时原定 2013 年 8 月拟再次向 HY 公司按 1 300 元/台采购 3 000 台 POS 机具的计划也停止执行；根据银行问责管理办法进行了问责，对信用卡中心副主任王某予以开除，冻结其信用卡使用额度。

2. 引导员工树立正确的职业道德信念

分行针对审计中暴露出的部分员工合规意识不强的问题，以此为警示，邀请总行监察党务部进行了全行合规教育。在此基础上，分行拟定计划，通过"请进来、走出去"等多种方式，多次在全行开展合规教育，以提高全行各层级员工的合规意识，强化员工的职业操守。

3. 完善员工舞弊行为防范监督机制

员工舞弊行为审计工作，深究细查表面合法合规而背后隐藏着巨大的道德风险并给银行造成严重资产损失的员工，起到了应有的威慑作用，为员工遵章守法营造了一个良好的环境，完善了风险防范监督机制。

二、案例分析

（一）员工舞弊行为形成原因分析

（1）价值观念偏差及守法意识淡薄是导致员工舞弊行为发生的根本原因。个别自制力差的员工受拜金主义、享乐主义的影响，逐渐背离了应有的诚实守信的道德观念，法治观念淡薄，做事不计后果。分析每一个个案的发生原因，无一例外地表现出人的趋利性。

（2）员工思想教育滞后及抱有侥幸心理是导致舞弊行为发生的重要因素。一是个别基层行没有正确处理加快业务发展和加强员工学习教育之间的关系，忽视和放松了对员工思想道德的关注和教育，缺乏长期、有效的学习教育机制，教育形式单一，内容陈旧，流于形式，不能真正触及员工的内心深处，无法取得应有的教育效果；二是大部分员工在违规时抱有侥幸心理，往往觉得自己违规的事项比较隐蔽，如通过行外账户或自己控制的账户（家人或不相关第三者）进行资金划转、间接与授信企业发生资金往来等，不易被他人所察觉。

（3）个别基层行内部控制不力是员工舞弊行为发生的重要原因。部分分行偏重对经营指标的追求，对内部控制管理的考核只看结果，忽视内部控制管理的内容和全过程，检查工作往往点到为止、重形式不重实质，这种不作为在一定程度上也加剧了风险的演化,"铁规章"并没有起到应有的约束和震慑作用。2012年来,总行组织了多次全行系统的风险排查工作,通过下发数据要求分行逐户、逐个进行排查。但从实际执行效果来看,一些分行仅由相关管理部门(监察或合规)的负责人针对总行下发的数据通过电话方式进行谈话,既无谈话记录,也无细致的排查,当然起不到任何警示作用,一定程度上助长了违规员工的违规意愿,令其觉得自己的违规事项是不容易被发现的,即使发现也很容易蒙混过关。

(4) 市场寻租行为成为员工舞弊行为发生的诱因。一些员工所掌握的权力往往能够给企业和相关个人带来巨大的利益,因此,这些员工常常成为一些牟取不正当利益的企业和个人的寻租目标。一些企业也把这种寻租方式作为一种常用的"公关手段",一些职业操守水平较低的人员往往抵御不住利益诱惑,失去理智,从而引发内外勾结案件。

(二) 加强员工舞弊行为审计的几点启示

经常地对员工开展思想和法制教育可以从源头上预防员工舞弊行为的发生,同时还应加大对违法违规违纪员工的审计和处罚惩戒力度。从审计角度来看,有以下四个方面的体会。

(1) 高度重视员工舞弊行为审计工作。从目前检查情况看,银行业面临的内部控制与案防形势日益复杂和严峻,员工舞弊行为在一定程度、一定范围内还是普遍存在,而且有蔓延的趋势。个别员工违规的性质较为恶劣、违规所得金额巨大,容易诱发案件风险以及银行的声誉风险。因此,审计人员应高度重视员工舞弊行为审计工作,建立长效机制,力争做到早发现、早制止、早解决。

(2) 提高业务能力和专业敏感性。员工舞弊行为审计工作,需要审计人员对相关线索保持足够的敏感性,在充分掌握信息的基础上,模拟各种情况,大胆假设推断,在非现场阶段做好充足准备,"胸有成竹"才能在现场阶段直接将相关问题查实落地。现场阶段需要速战速决,通过非现场准备的充分信息,迅速突破违规人员的心理防线,决不让违规事实的确认因各种因素的干扰而拖延。

(3) 注意工作方式方法。违规事项认定后,考虑到审计时间、手段等客观因素的限制,具体情况可交由分行相关部门深入查实。但是,核实过程中审计人员应与分行充分沟通,通过督促、指导与沟通,协助分行还原违规事项的全貌,并对人员进行问责。

(4) 加大处罚惩戒力度。出现舞弊行为的员工多数在作案前是不计后果的,但有些长期预谋作案的内部员工似乎也在考虑自己的作案成本及得失。如果说开展员工警示教育能够起到使员工从思想上不想去作案的作用,那么严厉的处罚和惩戒可以使有作案预谋的人感到法律的震慑力,从而打消不良的念头。因此,在对问题查实查透的基础上,对重大违规违纪人员进行问责,"违规必查,违规必究",加大违规成本和处罚力度,才能起到真正的威慑和警示作用。

员工舞弊行为的防范需要全行共同努力,而不能仅仅依赖审计部门。各分行要建立严密的内部风险防控体系,完善内部管理制度,充分发挥中后台部门的监督职责,实现对前台业务人员的有效制约和对支行的有效管理。要运用综合管理监督平台,加强对异常交易的持续监测,进一步加大对员工异常行为的监督力度,防范员工操作风险和舞弊行为的发生。

主要参考文献

[1] 美国注册舞弊审查师协会 ACFE：《2020 年 ACFE 全球舞弊调查报告》。
[2] 中国企业反舞弊联盟、普华永道：《2018 中国企业反舞弊联盟现状调查》。
[3] Albrecht W. Steve：《舞弊检查》，李爽，吴溪，等译，中国财政经济出版社，2005。
[4] 叶雪芳：《舞弊审计》，经济科学出版社，2008。
[5] 尹平：《舞弊审计》，中国财政经济出版社，2012。
[6] 李华：《舞弊审计学》，中国时代经济出版社，2013。
[7] 张庆龙：《内部审计学》，中国人民大学出版社，2017。
[8] 李华、王素梅：《舞弊审计学（第二版）》，中国时代经济出版社，2018。
[9] 张建平：《内部审计学（第二版）》，东北财经大学出版社，2020。
[10] 张苏彤：《法务会计：理论·实务·案例·习题》，首都经济贸易大学出版社，2019。
[11] 刘家义：《论国家治理与国家审计》，《中国社会科学》2012 年第 6 期。
[12] 刘礼：《上市公司财务舞弊与审计失败研究——基于康美药业案例研究》，《安徽商贸职业技术学院学报（社会科学版）》2019 年第 3 期。
[13] 陆菁琦、程姣姣：《审计失败的思考——基于科龙电器的案例分析》，《会计师》2016 年第 11 期。
[14] 杨忠、李三喜、张永凤：《贪污组织资财舞弊审计案例及分析》，《中国内部审计》2010 年第 11 期。
[15] 李三喜、薛慈允、王慎云：《转移收入舞弊审计案例及分析》，《中国内部审计》2010 年第 10 期。
[16] 李三喜、张爱莲、肖文：《收受贿赂或回扣舞弊审计案例及分析》，《中国内部审计》2010 年第 9 期。
[17] 邓小东、李昉：《金亚科技的财务舞弊案例研究——基于舞弊 GONE 理论》，《江苏商论》2019 年第 10 期。
[18] 中国光大银行股份有限公司审计部：《员工舞弊行为审计案例》，《中国内部审计》2016 年第 10 期。

后　　记

　　江西财经大学会计学(含注册会计师方向)和法学均为全国一流本科专业,而且学校较早探索开设交叉专业,是全国较早开设法务会计方向、业界较有影响的本科院校之一。我校围绕培养具有"信敏廉毅"素质的"应用型、复合型"财经法律人才的目标,结合法学专业和会计审计专业特色,于2010年10月开始"法学(法务会计方向)"本科招生和培养,至今已培养了10批500多名法务会计复合型专业人才。我校还成立了法务会计研究中心,在法律硕士下开设了法务会计研究方向。

　　为进一步满足法务会计特色专业建设和人才培养需要,构建完整的法务会计专业核心课程体系,我们成立了法务会计系列教材编委,计划出版《法务会计原理》《舞弊审计与法律》《经济犯罪侦查》《证据学》系列教材,并已于2020年出版了《法务会计原理》。《舞弊审计与法律》作为法务会计方向主干课程之一,编委成立了《舞弊审计与法律》教材编写组。编写组由从事法务会计、审计教学与研究的高校教师及实务专家组成。编写组广泛结合法务会计和审计实务,收集整理前沿案例资料,经过反复论证、召开专题研讨会,在形成大纲、初稿,并广泛听取同行专家意见的基础上,经修改最终完成本书的撰写。《舞弊审计与法律》一书主要的特点有体系性、前瞻性和实践性。

　　第一,体系性。根据我国当前及未来职业岗位人才需求情况,结合法务会计职业标准和舞弊审计教学的特点,遵循从理论到实践的基本思路,框架上依次包括教学目标、基本理论、案例参考、思考题,帮助学生形成系统的舞弊审计知识体系。

　　第二,前瞻性。本书介绍了美国注册舞弊审查师协会(ACFE)、普华永道、中国企业反舞弊联盟等国际著名反舞弊机构的最新研究成果,阐述了舞弊审计的前沿理论,重点介绍了新技术大数据舞弊审计,力图体现前瞻性。

　　第三,实践性。本书借鉴政府审计、社会审计和内部审计等实务部门的实践和见解,着重阐述舞弊的防范、发现、调查与处理,重点介绍了热点案例,并列示了应用文书规范,对舞弊审计的实操具有较强的指导性。

　　本教材由贺三宝、杨书怀担任主编,余鹏峰、伍素贞、常虹担任副主编。全书写作提纲由编写组全体会议讨论确定,组织、协调和统稿由贺三宝负责。编写本教材的具体分工如下:

　　贺三宝,管理学博士,应用经济学博士后(撰写了法务会计方向的第一篇博士后报告),江西财经大学图书馆馆长,法务会计研究中心主任、硕士生导师,中国法务会计研究会学术委员会委员,中国政法大学法务会计研究中心特聘研究员。负责写作提纲的拟定、全书统稿及第一章、第五章、第十章的撰写。

杨书怀，管理学博士，应用经济学博士后，广东金融学院会计学院教授、硕士生导师，负责审定以及第二章、第六章、第九章的撰写。

余鹏峰，法学博士，江西财经大学法学院讲师，中国政法大学在站博士后，负责第二章、第三章的撰写；陈景芳，软件工程硕士，会计师，参与第二、三章的撰写。

伍素贞，中国人民大学法学院法学博士生，负责第七章、第八章的撰写。

常虹，会计硕士，江西省审计厅综合处副处长，负责第九章的撰写。

饶斌，管理学博士，江西财经大学会计学院副教授，负责第四章的撰写。

肖洁，管理学博士，江西财经大学会计学院讲师，负责第十一章的撰写。

此外，法务会计方向专业学位硕士生易杜娟、谢凌云、高海丹为本书的写作收集了大量研究资料，并分别参加了第五章、第六章和第十章的撰写工作。本教材得以面世，要特别感谢江西财经大学法学院、会计学院领导和导师张蕊教授的大力支持以及复旦大学出版社方毅超老师的热忱帮助。

法务会计属于新兴交叉学科，《舞弊审计与法律》在教材编写过程中力求符合专业方向特色、理论与实践相结合，可以作为法务会计、会计、审计相关专业的教材，也可以作为法学、会计相关专业的参考学习资料。但因作者水平有限，教材编写内容如有不妥之处，敬请各位专家学者和广大读者指正。

江西财经大学法务会计研究中心主任　贺三宝

2021 年 10 月 8 日

图书在版编目(CIP)数据

舞弊审计与法律/贺三宝,杨书怀主编.—上海:复旦大学出版社,2022.9
(复旦卓越.法务会计系列)
ISBN 978-7-309-16313-1

Ⅰ.①舞… Ⅱ.①贺… ②杨… Ⅲ.①会计检查②审计法 Ⅳ.①F231.6②D912.2

中国版本图书馆 CIP 数据核字(2022)第 125179 号

舞弊审计与法律
WUBI SHENJI YU FALÜ
贺三宝　杨书怀　主编
责任编辑/李　荃

复旦大学出版社有限公司出版发行
上海市国权路 579 号　邮编:200433
网址:fupnet@fudanpress.com　http://www.fudanpress.com
门市零售:86-21-65102580　团体订购:86-21-65104505
出版部电话:86-21-65642845
上海崇明裕安印刷厂

开本 787×1092　1/16　印张 14　字数 315 千
2022 年 9 月第 1 版
2022 年 9 月第 1 版第 1 次印刷

ISBN 978-7-309-16313-1/F·2902
定价:39.00 元

如有印装质量问题,请向复旦大学出版社有限公司出版部调换。
版权所有　侵权必究